JN099195

ハーバード・ビジネス・レビュー流
データビジュアライゼーション

スコット・ベリナート
著

DIAMONDハーバード・ビジネス・レビュー編集部
訳

ダイヤモンド社

GOOD CHARTS:

The HBR Guide to Making Smarter, More Persuasive Data Visualizations

by

Scott Berinato

ハーバード・ビジネス・レビュー流

データビジュアライゼーション

目次

はじめに

新しい言語と
必要な技能

良いも悪いもない。
考え方次第だ
　——シェイクスピア

データが支配する世界の、アイデアが通貨となる知識経済の中で、ビジュアライゼーションは共通言語になっている。チャート、グラフ、マップ、ダイアグラム（アニメーションGIFや絵文字までも）が、文字や口語、文化を超えて人々が互いに理解し、つながり合うのに役立っている。こうした視覚言語は、世界中のあらゆる場所で日々使われている。

　カーナビのマップは交通量の多い濃い赤のラインを避け、すいている黄緑のルートを教えてくれる。天気予報アプリは、画像や起伏のあるトレンドラインによって一目で予報が確認できる。フィットネスのアプリは、歩数、睡眠パターン、食生活などをシンプルなチャートで表示し、光熱費の請求書にも、近隣住民のエネルギー使用量と比較できるチャートが載っている。

　新聞や雑誌、ウェブサイトは、読者を引きつけ、複雑なストーリーを伝えるためにビジュアライゼーションを活用している。ソーシャルウェブはデータビジュアライゼーションに溢れていて、実用的なものもあれば、出来の悪いもの、洞察に富んだもの、単純に見て楽しいものもあるが、どれも拡散されることを競い合っている。

　スポーツ中継では、アメリカンフットボールのファーストダウンのラインから、より複雑な野球の配球の図解、ボールの軌道や投球と打球の傾向を示すスプレーチャートに至るまで、生のプレーにビジュアルデータを重ねている。

　データビズ（データビジュアライゼーション）が日常生活に浸透していることに気づかないこともあるかもしれないが、我々はそれを期待するようになっている。その言語を自分は「話す」ことができないと思っていても、毎日耳にし、理解している。

　今こそ話せるようになる時だ。ITのコンシューマライゼーションやソーシャルメディアの普及がビジネスを変えたように、我々の生活にデータビズが普及していることで、ユニットミーティング、セールスプレゼンテーション、カスタマーリサーチの報告書、勤務評価、起業家のピッチ、そして役員会でも、良いチャートがますます求められている（注1）。プレゼンの資料に貼り付けられたエクセルの折れ線グラフを見た幹部は、なぜフィットネスアプリのようなシンプルで見やすいチャートではないのかと思っている。経営ダッシュボードの円グラフやドーナツチャート、複数のトレンドラインの分析に時間を費やしているマネジャーは、どうして天気アプリのように見やすくなく、理解しやすいと「感じる」ことができないのかと不思議に思う。

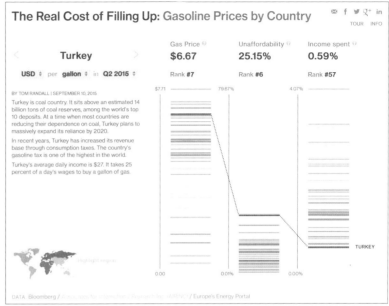

The Real Cost of Filling Up: Gasoline Prices by Country

TOUR INFO

⟨ **Turkey** ⟩

USD ⇕ per **gallon** ⇕ in **Q2 2015** ⇕

	Gas Price	Unaffordability	Income spent
	$6.67	**25.15%**	**0.59%**
	Rank #7	Rank #6	Rank #57

BY TOM RANDALL | SEPTEMBER 10, 2015

Turkey is coal country. It sits above an estimated 14 billion tons of coal reserves, among the world's top 10 deposits. At a time when most countries are reducing their dependence on coal, Turkey plans to massively expand its reliance by 2020.

In recent years, Turkey has increased its revenue base through consumption taxes. The country's gasoline tax is one of the highest in the world.

Turkey's average daily income is $27. It takes 25 percent of a day's wages to buy a gallon of gas.

$7.71   79.67%   4.07%

TURKEY

0.00   0.01%   0.00%

DATA: Bloomberg / ... / Europe's Energy Portal

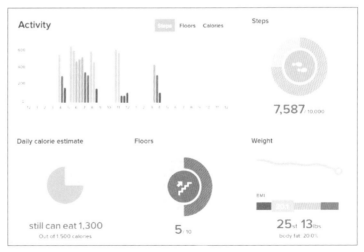

データビジュアライゼーションは、スポーツのライブ中継からニュース、フィットネスアプリまであらゆるものに使われている。

ビジネスの新しい共通言語

　この新しい言語を話すには、新しい思考法が必要だ。ビジネス界で急速に進化している「ビジュアル思考」だ。良いチャートを作ることは、もはや特別なスキルでもなければ、あれば便利なスキルでもなく、必要不可欠なスキルだ。エクセルやグーグルのスプレッドシートでボタンをクリックして、データセットから基本的なチャートを作ったことしかなくても、もっと上を行く同僚が周囲から注目を集めていることはわかっている。今日、表計算ソフトの基本を知らないマネジャーを雇う会社はないだろうし、近い将来には、ビジュアル思考を持たず、良いチャートを作成できない人は雇用されなくなる。

　データビズは競争力のある企業にとって不可欠になっている。ビジュアル思考を備えたマネジャーを十分確保できていない企業は後れを取るだろう。インフォメーションデザイナーの採用と育成に投資しているカールソン・ワゴンリー・トラベルのイノベーション担当バイスプレジデントのビンセント・ルブネテルは、明快なビジュアライゼーションを作成できないビジネスマネジャーやリーダーは価値が低いと指摘する。「メッセージをシンプルで理解しやすくできないなら、おそらくそのトピックを十分理解していない。ビジュアライゼーションはおそらく、情報を効率的に理解するのに役立つベストな方法だ」

　アクセンチュア・テクノロジー・ラボのチームが、米プロバスケットボールNBAのチームのシュートパターンのビジュアライゼーションを作成すると、注目されて拡散された（注2）。その後、同社のコンサルタントらは、同じように直感的な反応をクライアントから得られるチャートを作りたいと、チームに支援を求めるようになった。そこでアクセンチュアは、コンサルタントのためにオンラインと対面式の「ビジュアル・リテラシー・カリキュラム（VLC）」を構築。VLCが社内で成果を挙げたため、同社はこれをクライアントにも提供し、社内のコンサルタント向けにビジュアライゼーションのキャリアトラックも開発している。

　NBAヒューストン・ロケッツのゼネラルマネジャー、ダリル・モリーは、ビジュアライゼーションについてこう明言する。「データの視覚化が必要なことはこの業界の誰もが知っているが、失敗しがちだ。我々はそれに投資している。業界の人々がビジュアルを間違って使っている中で、自分たちが正しく使えていれば嬉しいものだ」

　では、「正しい」ビジュアライゼーションとは何か。「間違っている」ビジュアライゼーションとは。

良いチャートとは

　ビジュアライゼーションの台頭により、その正しい方法についての意見が多く飛び交っている。そして、間違ったチャートに対する厳しい批判も

同様だ。ルールを確立する取り組みの大半に欠けているのは、視覚的に考えることの包括的な視点と、良いチャートを作成するためのフレームワークと再現可能なプロセスだ。

この新しい言語に堪能になり、仕事上で成長するために活用し、組織に競争力を与えるためには、まずは良いチャートを判別できなければならない。

このグローバル収益のチャートはどうだろう。良いチャートだろうか。

グローバル収益

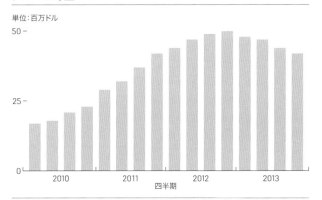

単位：百万ドル

出所：企業調査

ビジュアライゼーションを作成する際に知っておくべきことは、これに尽きる。良いチャートか。効果的か。見やすく、理解しやすいか。主張が理論的に示されているか。上司をうならせるほどのものか。

では改めて、このチャートは良いチャートだろうか。

そつがないように見える。ラベルの表示もいい。無駄な装飾もなく、色の使い方も賢明だ。そして、「収益は数年健全に成長した後、頭打ちになり、減少に転じている」という明快でシンプルなストーリーを語っている。このチャートを、エドワード・タフテ、ステファン・フュー、ドナ・ウォンといったデータビジュアライゼーションの専門家らが提唱するルールや理論に照らし合わせたら、おそらくほとんど合格だろう（注3）。

でも、だからと言って「良いチャート」と言えるだろうか。

マネジャーの大半が愛用するデータビズのツールである、エクセルやグーグルのスプレッドシートで短時間に作ったものよりは優れているだろう。それらのツールは、データを入力した行をワンクリックすればチャートにできる。CEOや株主に向けたプレゼンでは、エクセルのオプション機能を使ってより手の込んだ、ダイナミックなチャートに見せたかもしれない。3Dのオプションを好む人が多いのは、目を引くように思えるからだ。

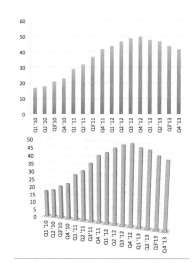

エクセルなどのツールはチャートをほぼ瞬時に作成できるが、だからといってそれが良いチャートと言えるだろうか？

これらのツールはデータと隣り合わせにあり、非常に使い勝手がいい。しかし、データビズが普及したことで、デザインに優れ、よく練られていて、説得力があり、触発されるようなチャートやグラフを目にする機会が増えるにつれ、前ページの2つのようなチャートでは不十分であることを我々は認識している。その理由を説明できなくてもだ。マネジャーたちが使うように、エクセルは自動的に、何も考えずにデータセルを視覚化する。そうやって作られたものは、見た目はスプレッドシートよりはいいが、レベルは低い。

つまり、この2つのチャートは最初のチャートほど良くない。しかし、それでも疑問は残る。最初のチャートは良いチャートだろうか。

その答えはわからない。コンテクスト（文脈や背景）がわからなければ、私も、あなたも、プロのデザイナーもデータサイエンティストも、タフテもフューもウォンも、誰にもそのチャートが「良い」かどうかは判断できない。コンテクストがなければ、チャートは良くも悪くもない。単にうまく作られているか、お粗末かどうかだ。

チャートの価値を判断するには、チャートのタイプは適当か、いい色を選択したか、軸のラベルが正しいかといったことよりも、もっと深い理解が必要だ。こうしたことも多少は役立つだろうが、コンテクストがなければ実用性に欠ける。それよりもはるかに重要なのは、「誰が見るのか、見る人は何を求めているのか、彼らは何を必要としてい

るのか、自分は何を伝えたいのか、何を示すことができるのか、何を見せるべきか」を理解することだ。そして、そのうえで知るべきなのが、「どう見せるか」だ。

最初のチャートは役員会で提示するには良いチャートではないかもしれない。役員は四半期収益を把握しているので、あなたの話には耳を貸さず、スマホをチェックし、ともすれば時間の無駄だと腹を立てる。彼らは、収益のトレンドを覆すために投資すべき市場を探しているのかもしれない。その場合には、地域別の収益の変化を示せば良いチャートになるだろう。

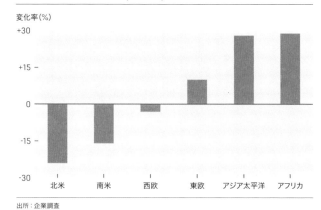

地域別の収益トレンド（10年Q1〜13年Q4）

変化率(%)

出所：企業調査

同じデータからまったく別のチャートができた。

上司から「収益のトレンドについて、今度1対1で話そう」と言われたら、チャート自体は悪くな

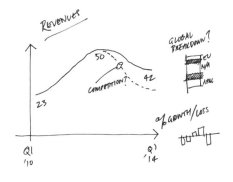

いが、やりすぎかもしれない。その場合、チャートを改善するには、ホワイトボードを使って収益データに関するアイデアを探るといい。ホワイトボードの利点はその場で書き込めることだ。

しかし、将来の計画を立てる経営委員会との戦略的なオフサイトミーティングに使うなら、これはおそらく良いチャートではない。過去しか示していないチャートでどうやって未来を語ることができるだろう。そうしたコンテクストの場合、この収益予測のチャートのように、将来のシナリオを複数示したものが適切だろう。

もしミーティングの相手が、会社の基本的な情報を必要としている新任のマネジャーなら、そう、最初のチャートは良いチャートだ。

ルールや常套句の枠を超えて

ここで挙げたシンプルな例は、チャートの価値は主に出来栄えで決まる（実際はそうではない）とか、チャートの質はプレゼンのルールにどれだけ従っているかで測りうる（実際にはできない）という考えからあなたを解放するはずだ。ウィリアム・ストランクとエルウィン・ブルックス・ホワイトの共著『英語文章ルールブック』（荒竹出版）を読んでも必ずしも文章が上手く書けるわけではないように、ビジュアルという言語の「文法」を学んでも良いチャートが作れるとは限らない。

ジョセフ M. ウィリアムズは名著 *Style: Toward Clarity and Grace*（未訳）で、なぜ文法のルールブックが不十分かをこう説明している。

「明確にせよ」と指示するのは「ボールを真正面から打て」と指示するようなものだ。それはわかっている。わからないのは、そのやり方だ。明確に文章を書く方法を説明するには、常套句だけでは足りない。

私が理解してほしいのは、こういうことだ。なぜ明確に思える文章とそうではない文章があるのか、そして、なぜ読者によってその判断が異なるのか。なぜ受動態は能動態よりも良い選

収益予測：3つのシナリオ

単位：百万ドル

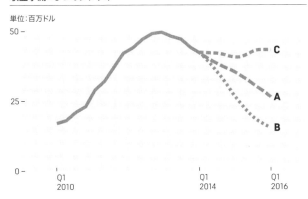

択になり得るのか。なぜスタイルに関するお決まりの説明が不十分あるいは間違っているのか。より重要なのは、私はその理解を個人の見解の寄せ集めからではなく、「文章は短く」という説明よりも有用な一貫した理論体系から成り立たせたい（注4）。

ライティングついてのウィリアムズの主張は、データビズにもそのまま当てはまる。ルールの枠を超え、ビジュアライゼーションを見た時に何が起きているのかを理解する必要がある。なぜいいと思うチャートとそう思わないチャートがあるのか。明確なチャートと雑然としたチャートは何が違うのか。

例えば、折れ線グラフではなくマップを使うべきだとどうやってわかるのか。あるチャート作成のルールブックには、はっきりとこう書かれている。「地理が関連していない限りマップにはしない」（注5）。これは、「ボールを真正面から打て」というのと同じだ。地理が関連しているかどうか、どうやってわかるのか。「関連」とはどういう意味か。役員会で提示する地域別の収益増加を示すチャートでは、地理が最も関連性の高い要因ともいえる。だとしたら、右上のようなマップにするべきなのか。

マップはチャートよりも地域別の収益を明確に表すだろうか。地域別の収益の重要性を役員に説得するのに役立つだろうか。そもそも、説得しよ

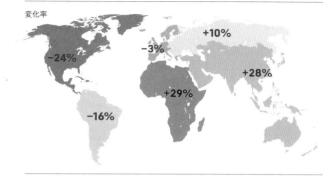

地域別の収益トレンド（2010年Q1〜2013年Q4）

変化率

+10%
−3%
−24%
+28%
+29%
−16%

出所：企業調査

うとしているのか。このデータをマップにすることは、手間をかけるだけの価値があるのか。

これらの問いは、プレゼンのルールではわからないコンテクストを引き出すためのものだ。何もルールは不要だとか、有用でないと言っているのではない。もちろん必要であり役に立つ。しかし、ルールは解釈が様々で、良いビジュアライゼーションを作ることに関しては、時に恣意的で、望ましくない結果をもたらすことさえある。ルールはコンテクストに応じるものであって、コンテクストを設定するものではない。

チャートが「正しい」か「間違っている」かを気にするのではなく、「良い」かどうかに焦点を当てよう。ウィリアムズが指摘するように、「なぜ」棒グラフもしくは折れ線グラフにするのか、あるいは、チャートを作らないことを選択するのか、その理由を理解するための理論的な根拠が必要だ。

プレゼンのルールを多少無視した実際的なビジュアライゼーションは、データに誤りがあって、間違ったメッセージを伝え、聞き手を引き込まない美しい出来栄えのチャートよりもはるかに価値のある「より良い」チャートだ。データビジュアライゼーションが実際的であるほど、その出来栄えについてはある程度、寛容になれる。

あなたが作成するチャートは、下の「良いチャートのマトリックス」の右上のゾーンに位置しなくてはならない。良いチャートを作るために視覚的に考えることを学ぶのが、本書の主題だ。

良いチャートのマトリックス

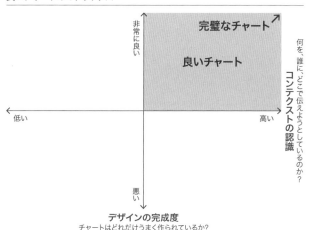

ビジュアル思考の必要性

ビジュアル思考を学び、実践する必要性を高めたのは、関連する3つの傾向だ。1つは、上述したようにビジュアライゼーションの大幅な増加だ。我々が目にする製品やメディアのデータビズがより高度になり、質が高まったことで、消費者生活とビジネスの双方で提供されるチャートへの期待感が高まっている。

2つ目の傾向は、データの量と速度が増したことだ。膨大な情報があまりにも速いスピードで飛び込んでくるため、抽象化かつ単純化し、処理するのに役立つ新しいコミュニケーションの方法が求められている。

例えば、ボーイング社のエンジニアはヘリコプターのように離着陸するオスプレイの運用効率の向上を目指している。オスプレイのセンサーは離着陸のたびに1テラバイトのデータを生成し、分析する。10回の飛行で米国議会図書館の全蔵書に匹敵するデータが作られる（注6）。あらゆる形式の生のデータを精査するのは無謀に思われたが、5人のチームが7カ月にわたって効率化の方法を模索。だが、結果は失敗に終わった。

ボーイングはその後、ノイズからシグナルを抽出するためビジュアル分析に切り替えた。それから2週間もせず、データサイエンティスト2人が非効率性と保守の不具合を特定したが、シグナルの検出には至らず、経営陣にそれを伝えなくては

ならなかった。複雑なビジュアライゼーションを簡略化して経営陣に示すと、オスプレイの保守コードの変更が承認され、結果、運用は改善した。「この手の話を説明するのは難しい」と、オスプレイのプロジェクトに携わったボーイングのテクニカルフェロー、デイビッド・カシクは言う。「最終的には、人々が実際に理解できるような形でストーリーを伝えなくてはならない」。その形がビジュアルだ。

こうした専門的なデータに限らず、企業が作る財務分析やマーケティング分析といった一般的なデータも、加工しなければ効果的に処理できないほど複雑化している。

3つ目の傾向は、大衆化だ。歴史的に一部のテクノロジーは民主化を遂げてきた。イノベーションのコストが低下して入手が容易になり、誰にでも簡単に使えるようになる。その例は多数あり、ページメーカー（アルダスが開発したDTPソフトの草分け）やHTMLは、それぞれ独自の方法で誰でも出版ができるようにした。世界初の表計算ソフト、ビジカルクの共同開発者ダン・ブリックリンは、その民主化によって「一部の人が週20時間かけていた仕事を15分に短縮し、彼らをはるかにクリエイティブにした」と語る（注7）。

テクノロジーの利用者が突然、少人数の専門家から大衆に変わると、良くも悪くも様々な試みが盛んになる（HTMLはジオシティーズで作る派手なサイトだけでなく、グーグルの誕生にもつながった）。

データビズも例外ではない。かつては高度な技術を持つ少数の地図製作者、データサイエンティスト、デザイナー、プログラマー、研究者が独占していたニッチな分野だったが、現在はあらゆる人が参加するにぎやかな実験段階にある。データを視覚化するツールは、手頃な価格で（無料の場合もある）簡単に使えるようになった（ドラッグ&ドロップだけのものもある）。データセットをアップロードすれば、数秒でカスタムメイドのビジュアライゼーションを作成できるサイトも数多く登場している。

ビジュアライゼーション・プログラミングの寵児となっているソフト会社、タブロー・ソフトウェアは、データビジュアライゼーションにおけるワードプロセッサのような存在になることを目指しており、「ビジュアルの文法」とデザインを人々に指南している。

一方で、ビジュアライゼーションの元となる膨大な量のデータも、インターネットを通じて制限なく蓄積され、また安価に入手できるようになった。データの視覚化は実質的にコストがかからないため、大勢の人が挑戦している。しかし、ドラッグ&ドロップ式のソフトでは、ルールブックと同じで良いチャートを作成できるとは限らない。マネジャーは、視覚的に考えることを今学んでおけば、現在の過渡期が終わりを迎えた時、急速に進化するツールを最大限活用するのに役立てられるはずである。

本書の構成

喜ばしいのは、ビジュアライゼーションは手強く思えたとしても、学ぶのが難しい言語ではないことだ。シンプルなプロセスを習得すれば、質も効果も大きく変わる。ビジュアライゼーションの「アート」や「サイエンス」という表現を聞いたことがあると思うが、本書で伝えることを的確に表すのは、アートとサイエンスに共通する「クラフト」（技能）という言葉だ。家具職人がアートとサイエンスの知識を持ち、最終的に機能的なものを作り上げるイメージだ。

見習いの家具職人は、家具そのもの、つまり家具の歴史、使われ方、製作に必要な材料や用具を理解することから技能を学び始めるだろう。そして、良い家具を作る手順を学び、おそらく大量の家具を作る。また、家具を設置して、空間や顧客ごとにどう機能するかを学ぶ。最終的にスキルが深まり、独自の芸術性や巧みで機能的な細部を加えられるようになる。

良いチャートを作る方法を学ぶことはこれと似ており、本書も同じように進めていきたい。PART1「**理解する**」では、ビジュアライゼーションの大まかな歴史と、チャートに関するアートとサイエンスの概要を解説する。視覚認知科学、デザイン思考、その他の分野の専門家らの見識を紹介し（そして時に反論し）、ビジュアライゼーションとは何かや、チャートが我々の目を捉える仕組み

を解き明かす。

このセクションは、基本知識を提供するだけでなく、まったく新しい分野を学ぶことに対するあなたの不安を和らげるはずだ。チャート作りのレベルを上げるのにプロのデザイナーやデータサイエンティストになる必要はない。

基礎知識があれば、より良いチャートを作り始められる。PART2「**作成する**」は、本書の実践面の中核を成し、チャートを改善するシンプルなフレームワークを解説する。4タイプの基本的なビジュアライゼーションを実践するために、身につけるべき（または採用すべき）ツールとスキルを把握する。そして、何を見せたいのかを熟考し、ドラフトを作る方法を学ぶ。このプロセスは思うほど大変ではない。1時間ほどで、エクセルでよく作られる基本的なチャートを大幅に改善できる。

もともとビジュアルが苦手だから自分には困難だと反論する人もいるかもしれない。でも、おそらくそれは事実ではない。研究によると、我々は自らをビジュアル思考型か言語思考型か明確に認識しているが、その区別は存在しない可能性がある（注8）。また、誰しも新しい言語をマスターしなくても基本を学べばコミュニケーションが取れるのと同じで、基本的な視覚言語力を向上させることは可能である。

PART3「**磨く**」では、洗練された巧みなビジュアルとして、印象的で説得力あるチャートを作るための重要なスキルを指南する。デザインの「や

るべきこと」と「やってはいけないこと」を列挙するのではなく、デザインのテクニックとそれが生み出す印象を結びつける。どのようなテクニックを使えばチャートが「すっきり」した印象になるか、あるいは見る人がすぐに理解できるシンプルなものになるか、といったものだ。

このセクションでは、事実を明確に伝えるだけでなく、人々の考えを変え、行動を促すチャートの作り方を学ぶ。また、説得の境界や、なぜ一部のテクニックは一線を超え、不正な操作となるのかを考える。

最後に、PART4「**提示する・実践する**」では、チャートの見せ方とストーリーの使い方によってチャートをさらに効果的にし、目だけでなく心をつかむ方法を解説する。自分と他人のチャートに対する「批評セッション」を行うことで、自分の核となるアイデアを見つけ、生み出せるようにするためのフレームワークも伝授する。

さらに、急増する威圧的なチャート批判への対処法も教えよう。そうした批判はオンラインやツイッター上で日常的に見られ、データビズに熱心な人々がビジュアライゼーションを公に評価している（注9）。

本書は全体を通して1つの議論を展開しているが、4つのパートはそれぞれ、読者がニーズに応じて情報やひらめきを得られる資料として単独でも成り立つ。各章の最後には重要なコンセプトのまとめを掲載した。なお、チャートを使ったプレゼンを控えている人は、「**提示する・実践する**」のセクションから読むといい。チームと一緒にビジュアルに関する課題を検討するなら、「**作成する**」のセクションを。本書が手引書として、ボロボロになるまで読み古されることを願っている。

最後に、関連データについてなど、いくつか説明したい。まず、本書ではビジュアルコミュニケーションを意味する言葉として、「ビジュアライゼーション」「データビジュアライゼーション」「データビズ」「インフォメーションビジュアライゼーション」「インフォビズ」「チャート」「グラフ」「インフォメーショングラフィックス」「インフォグラフィックス」など、多くの単語を使っている。それぞれに特定の定義を与える人がいることは認識しているが、それについては触れていない。本書では、これらの単語は一般的な表現として読みやすさや文章を洗練させるために使い分けている。

次に、データを見つけ、収集、構築、整理、処理するという、データの話だけでも1冊の本ができるが、本書はビジュアライゼーションのプロセスに焦点を当てるため、事前にデータを収集している。また、読者が表計算ソフトやその他のデータ操作ツールを理解し、日常的に使用していることを前提としている。より複雑なデータ分析とデータ操作について知りたい場合は、第4章で詳しく説明した「ペア分析」の手法を使って、専門家と共に作業することをお勧めする。

そして、本書に掲載されている大半のチャートとそのコンテクストは、実際の状況やデータに基づいている。一部については、特定の個人や組織、機密情報を保護するために、データ、チャートのタイトル、名称、その他の属性を変更した。

良いチャートがもたらす効果

最後に、カタリン・チオバヌの話を紹介したい。彼は最近、物理学の博士号を取得し、カールソン・ワゴンリー・トラベルのマネジャーとしてビジネス界に入った。物理学者として彼は、視覚的に思考することを学んでいた。膨大なデータを分析するのに必要不可欠だったからだ。

「科学の世界では、分析のためにビジュアルツールを多数使用していた」とチオバヌは言う。「ビジネスの世界に入ってみると、すべてがエクセルをベースにしていた。そこから伝えられる量は非常に限られていると感じた。とてつもなく限られている」

チオバヌは、会社が出張とストレスについて調査したデータをパリでのイベントでクライアントに見せる準備をしていた。クライアントが旅行費の統計や出張のストレスについて精通していることを彼は知っていたが、それ以上のことを伝えたかった。「私が伝えたいことはエクセルファイルの中にはなかった。伝えたかったのは、出張のストレスは個人的なものであるということだ。人の

問題なのだ」

考え抜いた結果、チオバヌはこの散布図を作成した。

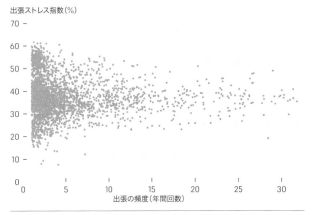

出張のストレスを最も感じるのは誰？

出張ストレス指数（%）

出所：カールソン・ワゴンリー・トラベル（CWT）ソリューショングループ 出張ストレス指数調査（2013年）

このチャートをプレゼンで示すと、速やかで直感的な効果を発揮した。パーセンテージを示す表やトレンドラインにはできない、個の感覚を点が表現している。チオバヌは、出張頻度ごとに棒グラフにした人々のカテゴリーではなく、「すべての人」を点で描くことで個人に焦点を当てた。「すべての点が誰かを表している」とチオバヌは言う。「我々が扱っているのはデータの塊ではなく、人であることに気がついた」。チャートのタイトルにある「誰」という言葉も、人間性を強調している。

クライアントはこのビジュアライゼーションか

らその場で新たな知見を得た。彼らは、旅行頻度が高いほどストレスが多い、つまりチャートの右にいくほど上に上がる正の相関関係を示すと想定していたが、このチャートでは、旅行頻度が高くなるとストレスは大きくも小さくもなり、ストレスは「常態化」している。旅行頻度の低い人は、ストレスの量に大きなばらつきがあることもわかる。

クライアントのグループはその理由を熱心に議論した。滅多に出張をしない人の中には、どんな旅行もご褒美とみなし、遅延やエコノミークラスの窮屈さを気にしない人がいるかもしれない。あるいは、旅行中の家庭と仕事のスケジュールを自ら調整しなければならず、留守をすることのスト

レスが増している人もいるかもしれない（どちらの仮説もさらなる調査で裏付けられた）。クライアントはこのグラフだけをベースに、プログラムやサービスをどう変更できるかを議論した。

「話し合いは白熱した」とチオバヌは振り返る。「再契約率やエンゲージメントの面で、大きな成果があった」。チオバヌの同僚や上司も感心し、彼のビジュアライゼーションは尊敬を集めた。「この後、幹部からデータセットの見せ方を相談されたり、チャートの改善に手を貸してほしいと頼まれたりした。私にとって成功を収めた瞬間の1つだ」

それは良いチャートだった。

PART1
理解する

Understand

第 1 章

データビズの
略史

新しい言語を作った
アートとサイエンス

データビジュアライゼーションがコミュニケーションツールから急速に発展する学際的なサイエンスになるまでをざっと振り返ろう。

ビジュアライゼーションの黎明期

この世界で最初のデータビジュアライゼーションは、おそらく1人の狩猟採集民が別の狩猟採集民に食べ物の場所を知らせるために地面に棒で描いた地図だろう。データが世界についての情報であり、コミュニケーションが人から人への情報伝達で、人が五感を使ってコミュニケーションを取り、そして五感のうち視覚が脳の活動の半分以上を占めているならば、ビジュアライゼーションは生存のための戦術であったに違いない（注1）。新しいトレンドではなく、原始的なものだ。

ビジュアライゼーションはおそらく長い間、洞窟に描かれた絵に限られていた。それが地図、カレンダー、系図（家系図など）、楽譜、構造図へと広がった。ある意味ではそろばんもデータのビジュアライゼーションだ。それはさておき、話を進めよう。17世紀後半から18世紀初頭に表が登場し、空間的な規則性を生み出したことで、多くのデータがはるかに容易に読めるようになった。2世紀にわたって表がこの分野を独占した。

今日のデータビジュアライゼーション、つまりチャートやグラフが生まれたのは1700年代後半で、1786年にウィリアム・プレイフェアが折れ線グラフや棒グラフを多用した著書 *The Commercial and Political Atlas*（未訳）を出版した。彼は後に円グラフも生み出している。

インフォグラフィックの歴史の始まりとしてよく挙げられるのが、1861年にチャールズ・ミナードが、ナポレオン軍がロシア遠征で兵力を失っていく様子を描いた有名なダイアグラムだ。

ほぼ同時期に発表された、フローレンス・ナイチンゲールによる「鶏頭図」も功績が称えられている。クリミア戦争での英兵の死亡者を表したこのダイアグラムは、最大の死因が病死であることを明らかにし、病院の衛生状態を改善させたとして評価されている。

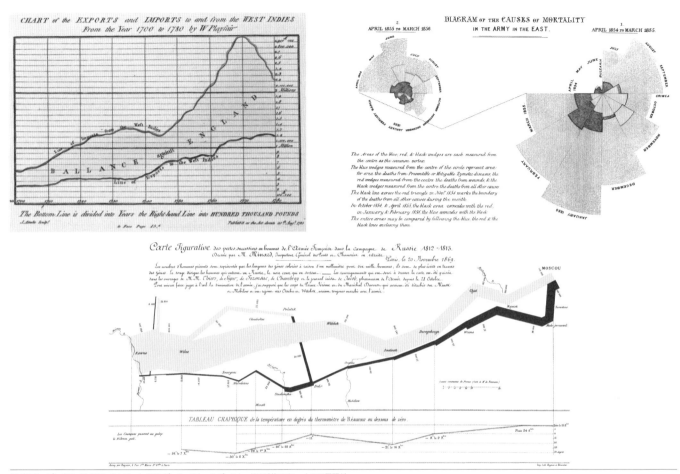

ウィリアム・プレイフェア、フローレンス・ナイチンゲール、チャールズ・ミナードは近代のチャートの三巨頭だ。

産業革命から20世紀へ

　チャートが産業革命と共に発展したのは偶然ではない。ビジュアライゼーションとは抽
象化であり、複雑さを軽減する手段だ。工業化は人類の生活に先例のない複雑さをもたら

Fig. 3. Disposition of a Family Income of from $900 to $1000

This cut shows an attempt to put figures in popular form. The eye is likely to judge by the size of the pictures rather than by the angles of the sectors

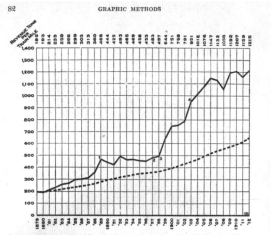

Fig. 80. Yearly Average of Revenue Tons per Train Mile on the Pittsburgh and Lake Erie Railroad. The Slanting Line Shows a Progressive Average

Here we have the data of Fig. 79 plotted in a curve which can be interpreted easily and accurately This chart may be considered a model of good practice in curve plotting. All of the work, including the lettering, has been done by hand, thus insuring better results than can usually be obtained from printing

20世紀前半にウィラード・ブリントンが出版したGraphic Methods for Presenting Factsはチャートの作成を指南し、チャートを批評した。

した。鉄道会社はチャート作成のパイオニアで、体制図や、「鉄道走行マイル当たりのR/T（レベニュートン）」（折れ線グラフ）や「鉄道ターミナルの車両はしけ」（2軸の予定表）などの運行データを作成した（注2）。

鉄道会社の高度な製図にインスピレーションを受けて生まれたのが、1914年にウィラード・ブリントンが著したGraphic Methods for Presenting Facts（未訳）で、データビジュアライゼーションについての初のビジネス書とされる。

ブリントンは鉄道会社のチャートなどを多数分析し、改善を提案。データを提示するための規則を文書化し、チャートの種類の選び方を例を挙げて説明した。なかには時代をしのばせるものもあり、地図に最適な押しピンの種類や、ピンを結ぶためのピアノ線の使い方（「ガスの炎で加熱し、焼きなましの処理をする」）なども記されている。

ブリントンのその後のアイデアも先駆的だった。1つのグラフに線を重ねるのではなく、スモールマルチプル（彼はそう呼んではいないが）を使っている。同じ軸のシンプルなグラフを複数表示する方法として現在では一般的だ。ブリントンはまた、比較的最近の発明だと思われているバンプチャートやスロープグラフの例も示している。彼はスパイダーグラフには懐疑的で（「ごみの山に廃棄」されるべきと指摘した）、また、現代の専門家らより1世

紀も前に円グラフの有効性に疑問を呈している。

　さらにブリントンは、「エグゼクティブのための曲線」を作成する手順を指南。「適切なグラフにすれば、（ビジネスの）完全なストーリーを細部まで伝える」ことができるとした。

　19世紀半ばまでに、米国政府はデータ主導型の複雑な組織となり、かつてない規模で抽象化の必要性が高まった。政府にとって幸運だったのは、チャート作成のパイオニアであるメアリー・エレノア・スピアを採用したことだ。数十の政府機関で働き、アメリカン大学で教鞭をとった彼女は、多忙な中で指南書を2冊発表した。1952年の*Charting Statistics*（未訳）は、政府機関で「長年データの分析と発表をする中で遭遇した問題」を受けて書かれた。同書を改訂し、発展させたのが1969年の*Practical Charting Techniques*（未訳）だ。

　スピアの著書はブリントンのそれと同様、良識的なアドバイスに満ちているが、現在では廃れたものもある（様々なクロスハッチングパターンによって白黒チャート上の変数を識別するなど）。スピアは時代を先取りし、1952年にカラーテレビでチャートを示すためのヒントとテクニックを解説している。

　地図学者のジャック・ベルタンは、チャート作成の実用的なアドバイスに理論的基盤を与えようとした。自身の転機となった1967年の著書『図の記号学』で、インフォメーションビジュアライゼーションの理論を提唱。チャートの選び方や使い方に焦点を当てるのではなく、現代のデータビズの理論にも通じる基本的な体系を説いた。彼はデータを「符号化」する上での7つの「視覚変数」を定義した。位置、大きさ、形、色、濃淡、方向、きめ、だ（注3）。

　ベルタンはまた、今日に至るまで深い影響を与えている2つの概念を確立した。1つは「表現の原理」だ。伝えたいことはすべて伝え（それ以上でもそれ以下でもない）、誤った方向に導いてはならない、というものだ。これは普遍的な概念で、編集作業ともいえる。作家、作曲家、演出家、料理人など、クリエイティブな分野の人々は誰しも作品を本質的要素に絞り込む努力（苦労と言ってもいい）をしている。

　もう1つが「効果の原理」だ。データを示すベストな方法を使う、つまり、データの意味を最も効果的かつ正確に伝える視覚的な形式を選ぶことだ。位置がデータを示す上でベストなら、それを使う。色の方が効果的な場合は色を使う。

　「効果の原則」の方が明らかに厄介だ。なぜなら今日でも、どんな方法が「ベスト」あるいは「最適」なのかを判断するのは困難だからだ。何がベストなのかは多くの場合、慣例や好み、入手しやすさによる。何がベストなのかを我々はいまなお科学的に探究している。デジタルインタラクティビティとアニメーションの世界においては、何がベストかはプリントメディアとデジタルメディアで異なり、デジタルメディアの中でも異なる可能性があり、その探究は複雑化している。

ベルタンの後を継いだのが、1970年代に活躍した統計学者で科学者のジョン・テューキーだ。彼はメインフレーム（大型汎用機）の時代から3D散布図を使用していた。テューキーの功績は、「探究」のビジュアライゼーションと「検証」のビジュアライゼーションの概念を広めたことだ。これらの用語については後述する。

ジョック・マッキンレーは1986年、ベルタンの研究に基づいた有力な博士論文を発表した（注4）。ソフトウェアでデータを自動的に符号化することに焦点を当て、人々がビジュアルを作成することよりも、ビジュアルで表現されたものに着眼できるようにした。マッキンレーはまた、ベルタンの視覚変数に8つ目の変数「モーション」を加えた。PC時代の黎明期にコンピュータサイエンスを研究した彼は、アニメーションがデータの伝達に大きな効果を発揮することを見出した。

ブリントンが現代のデータビジュアライゼーションの最初の使徒で、スピアとベルタンがその初期の弟子だとすれば、エドワード・タフテは現代の法王のような存在だ。規律正しいデザインの原理と説得力で、タフテはインフォメーションデザインの不朽の理論を1983年の*The Visual Display of Quantitative Information*（未訳）やその後の著書で構築した。同書は一部の人にとってビジュアライゼーションの教義とも言える。例えば、「何よりもデータを見せる」「『チャートジャンク』は退屈なものを惨事に変えることはあっても、わずかなデータセットも救うことはできない」とタフテは説く。

ベルタンが科学に基づいたように、タフテの研究は科学的な精密さに根差しつつもデザイン主導の伝統に基づいている。この世代のデザイナーとデータ主導型のジャーナリストらは、タフテのミニマリスト的なアプローチの影響を受けた（注5）。

コンピュータサイエンス業界への影響

タフテが美しく効果的なチャートを作るベストな方法を提唱する一方で、研究者らは人々がどのようにチャートを読み解くのかを探究していた。1984年、ウィリアムS. クリーブランドとロバート・マクギルは、人々が単純なグラフをどれだけ解読できるかを検証し、「グラフィック認知力」を調べた（注6）。円グラフは誕生以来、批判されているように思えるが、円グラフの扇形が、割合を示す他の形状よりも読み解くのが困難であることを初めて証明したのはクリーブランドとマクギルだ。

2人は人々のチャートの読み解き方を理解し、その結果を急発展するビジュアルの原理に適用させようと10年以上に及ぶ研究に着手した（注7）。従来の常識に挑まなければならないと感じていた彼らは、「グラフィックで進歩を遂げようとするならば、科学の他分野と同じように、より優れた手法が開発された時には古い手法を排除する用意をしなければならない」と結論づけた。そして、古い手法のいくつかは排除され、新しい手法が生まれた（注8）。

この研究は、急成長するコンピュータサイエンス界に大きな影響を与えた。クリーブランドが1985年に著した*The Elements of Graphing Data*（未訳）とリーランド・ウィルキンソンが1999年に著した*The Grammar of Graphics*（未訳）はこの時期に発表された基礎的な教本だ。

そして、ビジュアルの世界は分裂していく。コンピュータサイエンティストは、オートメーションや複雑なデータの新たな分析法、3Dモデリングを使ったサイエンティフィック・ビジュアライゼーションなど、高度に専門化された技術に注目するようになった。彼らは、見ためがぱっとしないビジュアライゼーションにも慣れていた（コンピュータはまだグラフィックが不得意だったため、ある意味やむを得なかった）。一方、デザイ

ナーやジャーナリストは、目を引く印象的
なビジュアルやインフォグラフィックでマ
スマーケットを捉えることを重視した。
　その後、インターネットが勃興し、混乱
が訪れた。

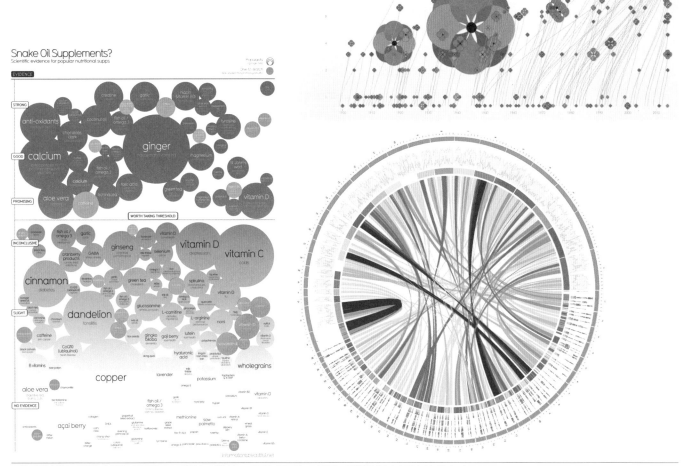

一部の専門家だけの領域だったビジュアライゼーションは現在、デザイナー、アーティスト、ジャーナリスト、科学者を含むすべての人のものになった。

21世紀初頭、インフォビズの爆発的広がり

タフテが1983年に出版した時点では、その慎重で効果的なデータビズへのアプローチが、同時期に誕生したPCとインターネットに圧倒されることになるとは予想できなかった。21世紀に入り、デジタルビジュアライゼーションのツールが非常に利用しやすくなり、その有効性を示す実験が広く行われ、いつでもどこでも公開や共有が可能になった（注9）。

21世紀初頭のインフォビズの爆発的な広がりは、良くも悪くも、一種の改革に拍車をかけた。2つの流派は何十もの分派に分かれた。タフテの信奉者は今では派の1つにすぎず、カトリック教徒が多くのプロテスタント宗派に囲まれているようなものだ。それぞれが独自の方法を実践し、彼らの考える「非実用的な紙とインクの世界の古臭い理論」に背くこともある。

楽しさや見栄えが正確さと同じだけ大切なデザイン主導のビジュアライゼーションを習得したコミュニティもあれば（注10）、装飾と美学が数値的理解より重要な感情的反応を生むアートの形式としてデータビズを捉える人々もいる（注11）。新しいタイプのストーリーテラーやジャーナリストは、ビジュアライゼーションを活用してストーリーや報道を強化し、人々を引き込もうとしている（注12）。説得の手段としてビジュアライゼーションを使う人もいるが、その場合は正確さや自制が逆効果になることもある（注13）。

要するに、データビジュアライゼーションとはどんなもので、また、どう「あるべき」かという理論は、もはや誰にも支配されていない。なぜなら、すべての人が独自の考えを持っているからだ。

専門家の領域だったデータビジュアライゼーションが、すべての人のものになったことで、1980〜1990年代にかけての科学的研究の影響力は低下した。クリーブランドとマクギルの研究結果は正当なものだが、彼らの研究の大半は、静止した主に白黒のチャートを人々がどう理解するかに焦点を当て、それも値の大小を特定するといった単純な課題に限定されていた。フルカラー、デジタル、インタラクティブな世界では、新たな研究が必要となる。

さらに、初期の研究は2つの前提に基づいていた。1つは、チャート作成者がすでにチャートを解読する人の注意を集めているというものだ。それは事実ではない。ツイッターのフィードや、プレゼンを聞きながらスマートフォンを眺める人の顔を見れば、どんなチャートも人に見てもらうための努力が必要であることがわかるはずだ。初期の研究では、そもそもチャートがどのように注目を集めるのかを検証していない。注目を集めるには、データを最も効果的に示すテクニックとは異なる、おそらく相反するテクニックが必要だ。例えば、複雑さや色は目を引く半面、チャートの意味を理解しにくくする。

2つ目の前提は、ビジュアライゼーションを作成する第一の目的は常に、符号化したデータを最も効率的かつ効果的に伝えること、というものだ。そんなことはない。我々は円グラフを棒グラフほど正確に読み解くことはできないかもしれないが、「十分に正確」かもしれない。1つのチャートのタイプが「最も」効果的だったとしても、他のタイプが効果的でないことにはならない。マネジャーは妥協も必要であることを知っており、「ベスト」なチャートを使用するのに必要なリソースが時間や労力に見合わないこともあるだろう。円グラフに対してより肯定的な反応をする同僚もいるかもしれない。重要なのはコンテクストだ。

現在の状況からわかること

データビズの歴史の中で次に訪れた重要な時は、まさに今だ。破壊的で、民主化が起きている現在、データビジュアライゼーションは千差万別のアイデアに分かれ、それをまとめる見解の一致したサイエンスはないに等しい。しかし、若い世代を中心とした精力的な研究者グループが、それに挑んでいる。彼らは1980〜1990年代の研究を評価しつつ、それを超越し、データビジュアライゼーションを生理学的かつ心理学的な現象として理解しようとしている。そして、視覚、神経科学、認知心理学、さらには行動経済学の分野の研究を取り入れている。

進歩的な研究者らによる重要な発見をいくつか紹介しよう。

チャートジャンクはそれほど悪くないかもしれない：「チャートジャンク」とは、3D棒グラフ、アイコン、イラストなど、データの意味や明快さに寄与しない装飾や処理を指すタフテの造語だ。長らく揶揄されてきたが、場合によっては記憶に残りやすくなることが新たな研究で示された（注14）。審美性、説得力、記憶のしやすさはチャートの有効性を高めると評価する研究もある。

これらの研究結果はまだ確定的ではないが、過去のデザイン理論と相容れないこともある。情報のカテゴリーが少ない場合は、円グラフでもおそらく問題ないとする研究さえある（注15）。

チャートの有効性が絶対ではない：「円グラフは使うな」とか「トレンドには折れ線グラフが最適」と言い切れるほど現実は単純ではないことは、わかってきている。見る人の性格のタイプ、性別、表示する媒体、チャートを見た時の気分さえも、ビジュアライゼーションの認知とその効果に影響する（注16）。ビジュアライゼーションを完全に無視する時もあるだろう（注17）。

研究によると、我々はチャートのトピックについて確信がない、あるいははっきりした意見を持っていないと、チャートを見て自分の誤解を認識し、修正する。だが、トピックをよく理解

していたり、提示されたアイデアに強い反発を感じたりする時は、ビジュアルから説得されない。強い信念に反したアイデアを示すチャートは、アイデンティティを脅かす。そうしたケースで、主張を証明しようとひたすらビジュアルを提示するのは逆効果だ（同じ研究によれば、こうした状況でより説得力を持つのは、見る人を肯定することだ。善人で、思慮深いと認識させるのだ）（注18）。

ここで重要なのは、あなたがどのチャートをいつ使うかを教えてくれる鍵を探しているのなら、それは存在しないし、近い将来にもないということだ。

ビジュアライゼーションリテラシーは測定できる：一部の研究者は、ビジュアルリテラシーのレベルを測る基準を作成しようとしている。初期の研究結果では、ほとんどの人が「データビズの読み書きができる」レベルをやや下回ったが、学習によってチャートやグラフをうまく扱い、堪能にさえなれることがわかった（注19）。この研究では、人々がチャートに対する自分の判断を必要以上に信用していないことも示された。チャートが伝えるアイデアを正しく認識していても、自分が正しいかどうかを確認したがるという。

視覚系は数学が得意：我々は場合によって、複数の手掛かりを同時に処理し、複数の変数（色や大きさなど）を持つチャートを見ている時は、数字だけを見ている時よりも、平均値や変動性をより正確に識別できる。このことが示唆するのは、描写は時に、統計よりも直感的で人間的に値を理解する方法であるということだ（注20）。

値を視覚的に感じる（目で計算する）というこの考え方は、カナダ・ブリティッシュコロンビア大学のロナルド・レンシンクの画期的な発見によって強化されている。レンシンクは、チャートの変化を識別する能力は、ウェーバーの法則として知られる感覚的認知の基本原則に従うことを実証した。

ウェーバーの法則は、「刺激が加わった時にそれを知覚できる量は、元の刺激の大きさに比例する」というものだ（注21）。真っ暗な部屋にいると想像してほしい。マッチを点けると部屋の明るさが大きく変わることに気づくだろう。しかし、最初から3つのランプを点けていると、マッチを1つ点けただけでは明るさが増したようには見えない。最初の光の量が多いほど、明るさの変化を識別するためにはより多くの光を加える必要がある。

ウェーバーの法則で重要なのは、元の状態と新たな状態の関係性は、予測可能で直線的ということだ。元の明るさの2倍にする場合、その変化を認知できる最小の変化量「丁度可知差異」（JND）を得るには、新しい明るさのさらに2倍の明るさを加えなければならない。我々は光や色、香り、重さ、音、食べ物の塩気さえも、このように直線的にその変化を認知する。

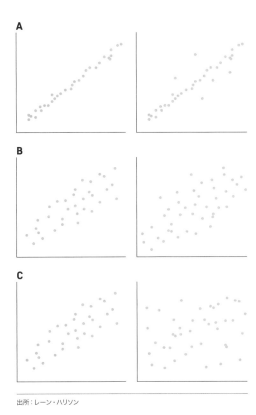

A

B

C

出所：レーン・ハリソン

則で、この場合は、Cに示したように2倍だ。

　レンシンクの大発見は、レーン・ハリソンとタフツ大学のグループによって、別のタイプの相関（および負相関）チャートでも再現されている。相関関係を理解する予測可能なパターンが意味するものは、2つの点で重大だ。第1に、ウェーバーの法則が光のように基本的な物理的刺激だけでなく、高次の思考の事例にも適用されるならば、我々はおそらくデータをまったく読んでおらず、むしろハリソンが指摘するように、データを形、角度、空間などもっと基本的なものに「エンコードダウン」し、それらを視覚的に「計算」して相関関係を見つけているのかもしれない。

　第2に、認知と相関の関係はハリソンらが検証したすべてのタイプのチャートで直線的だが、その「程度」はチャートのタイプによって異なる。「変化の認知」のチャートに示されているように、相関係数（r）が0.3と0.8の違いは、折れ線グラフよりも散布図の方がはるかに容易に識別できる（注23）。

変化の認知

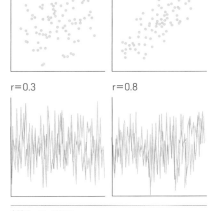

r=0.3　　r=0.8

r=0.3　　r=0.8

出所：レーン・ハリソン

　レンシンクは、我々が散布図の相関関係の変化を同じように認知することを発見した（注22）。例えば、相関係数が1に近いAの散布図では、ドットを数個動かしただけで大きな変化に気づく。しかし、相関係数が約0.5のBは、Aと同じ数のドットを動かしても相関の変化に気づきにくい。見る人が変化を認識するには、どれだけの変化を示す必要があるかを教えてくれるのがウェーバーの法

相関性を示すチャートの序列

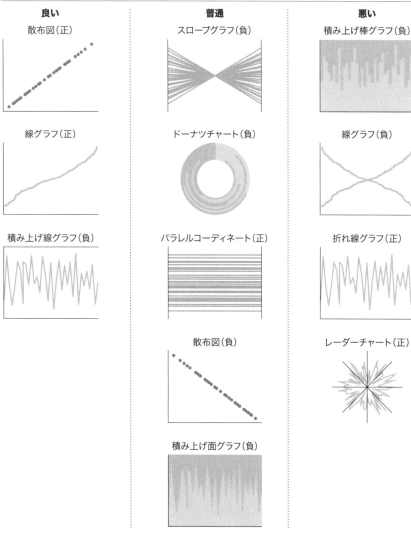

良い	普通	悪い
散布図（正）	スロープグラフ（負）	積み上げ棒グラフ（負）
線グラフ（正）	ドーナツチャート（負）	線グラフ（負）
積み上げ線グラフ（負）	パラレルコーディネート（正）	折れ線グラフ（正）
	散布図（負）	レーダーチャート（正）
	積み上げ面グラフ（負）	

研究者らは複数のチャートのタイプについて、正と負の相関関係の変化をどれほど認知できるかを調べ、相対的な有効性によって分類した。

出所：レーン・ハリソン、マシュー・ケイ、ジェフリー・ヘーア

つまり、相関関係（および負相関関係）を示す様々なチャートのタイプの有効性を測定し、序列化できるということだ。ハリソンはそれを実施し、他の研究者が足掛かりにした。彼らの研究結果がこの序列のマトリックスだ（注24）。

レンシンク自身も、この発見からチャートの形式の有効性を検証している。彼は、ストリッププロットとカラープロットでは、散布図と同じかそれ以上に相関関係の変化を認知できることを明らかにした。

データビズの世界では、空間的な関係性がデータを示すベストな方法だと広く考えられている。しかし、右ページのストリッププロットとカラープロットはX軸のみを使っており、空間を作るY軸を持つチャートよりコンパクトになる。こうしたチャートはあまり使われないが、ここでは散布図と同じかそれ以上に相関関係を認識でき、有効だ。クリーブランドとマクギルが指摘したように、新しい手法が発見されれば、古い手法は排除されるだろう。

研究者らが次に着目しているのは、外れ値検出やクラスター検出など他のデータ表現も同じ予測可能なスキームに従っているのかどうかだ。もしそうだとすれば、ハリソンにとっては、どのチャートが目の前のタスクに最も効果的かが科学的にわかる、知

的なビジュアライゼーションのシステムを構築することも夢ではないかもしれない。

＊　　＊　　＊

グラフィックの「文法」が進化する中で（言語の文法のように今後も進化は続くはずだ）、ビジュアライゼーションはサイエンスとデザインが混じり合ったものであり続けるだろう。アートとサイエンス、センスと根拠のマッシュアップになるはずだ。しかし、前置詞や受動態のルールを知っていても良い文章が書けるとは限らないのと同じで、グラッフィックの文法が成熟していたとしても、それを理解するだけでは良いチャートは作れない。我々がすべきことは変わらない。視覚的に考え、コンテクストを理解し、データではなくアイデアを伝えるチャートを作ることを学ばなければならない。

そして、良いチャートを作る方法を学ぶ最善の方法は、人々がどのようにチャートを見るのかを知ることだ。その第一歩が、視覚の基本を理解することだ。

ストリッププロット

r＝1

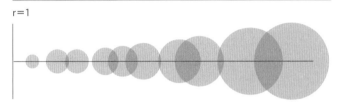

r＝0

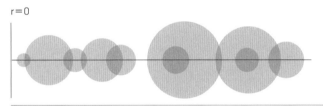

出所：ロナルド・レンシンク

カラープロット

r＝1

r＝0

出所：ロナルド・レンシンク

データビズの略史

まとめ

　ビジュアルコミュニケーションは原始的なものだが、現代のデータビジュアライゼーションが生まれたのは、わずか2世紀前だ。ビジュアライゼーションの歴史は学習の基礎となり、それについての誤解を払拭する。何よりも、データビズは従うべき法則のある完成されたサイエンスであるという神話を打ち消す。実際にはデータビズは、アートとサイエンスの両方を基盤とする技能であり、その実験と革新は罰せられるのではなく報われるべきものだ。

主要な出来事

1700年代後半：ウィリアム・プレイフェアが、最初の近代的なチャートとされる、折れ線グラフ、棒グラフ、円グラフ、タイムラインなどを作成。

1858年：フローレンス・ナイチンゲールが、疾病が英軍に与えた壊滅的な影響を示した「鶏頭図」を作成。

1861年：チャールズ・ミナードが、ロシア進攻によるナポレオン軍の犠牲者を示したダイアグラムを発表。

1914年：ウィラード・ブリントンが、ビジュアライゼーションについての初のビジネス書 *Graphic Methods for Presenting Facts* を出版。

1952年：メアリー・エレノア・スピアが、多数の米政府機関で勤務した長年の経験に基づき、チャート作成のベストプラクティスをまとめた *Charting Statistics* を出版。

1967年：ジャック・ベルタンが『図の記号学』を出版。ビジュアライゼーションの包括的理論を初めてまとめ、今なお大きな影響力を与えている。ベルタンは、位置、大きさ、形、色、濃淡、方向、きめ、という7つの「視覚変数」を定義。また、「表現の原理（必要なものを示す、それ以上でもそれ以下でもない）」と、「効果の原理（情報を視覚化する最も効率的な方法を採用する）」という、2つの中核的な原理を確立した。

1970年代：ジョン・テューキーが、コンピュータを使ったビジュアライゼーションを切り開き、「探究」と「検証」のビジュアライゼーションの概念を普

及させる。

1983年：エドワード・タフテが、統計学の厳密さと明瞭なデザインの理論を組み合わせた*The Visual Display of Quantitative Information*を出版。この世代のインフォメーションデザイナーとデータジャーナリストにインスピレーションを与える。

1984年：ウィリアム・クリーブランドとロバート・マクギルが、「グラフィック認知力」の測定を試みた研究論文の第一弾を発表。何がビジュアライゼーションを効果的にするかについて、約20年にわたる研究を開始する。

1986年：ジョック・マッキンレーが有力な博士論文を発表し、ジャック・ベルタンの研究をデジタル時代に適用。

1990～2000年代：データビズのアプローチ法が、コンピュータ主導の科学的なビジュアライゼーションのコミュニティと、デザイン主導のジャーナリスティックなコミュニティとに分化。

2010年代：ソーシャルインターネット、安価で使い勝手のよいソフトウェア、大量のデータが、ビジュアライゼーションの実践を民主化し、多くの実験を生む。ビジュアルは一部の専門家の領域にとどまらず、インターネット現象に。

2010年：ロナルド・レンシンクが、散布図における相関関係の認知はウェーバーの法則に則るとする研究を発表。また、チャートのタイプによる有効性を測る方法が存在する可能性を初めて示した。

2014年：レーン・ハリソンが、レンシンクの発見を再現し、別のタイプのチャートにも応用。相関関係を示す有効性について、チャートのタイプの序列を構築。彼の研究はグラフィック認知力をめぐる科学の確立に関する新世代の研究の一端を担い、心理学、神経科学、経済学など多くの領域を取り入れている。

今日：幅広い領域にわたって実験が継続。視覚化のためのツールはますます進化し、より優れたチャートがより速く作れるようになり、インタラクティビティと、ビジュアルのダイナミックな発展を可能にしている。

ビジュアライゼーションが会社を生んだ

「難問を解決したビジュアライゼーションがあったからこそ、ZSは存在する」

「ZS」とは、ゾルトナーズが設立した世界的セールスコンサルティング会社「ZSアソシエイツ」のことで、現在3500人以上の従業員を擁する。彼が言及した「ビジュアライゼーション」はマップと簡単な折れ線グラフ、「難問」は営業地域の割り当てを指す。

1970年代後半にはそう簡単なことではなかった。「解決すべき問題が2つある」と彼は言う。「営業担当者をどこに配置するか。そしてどんな顧客、取引、潜在顧客を割り当てるべきか」。当時は3〜6カ月かけて紙の地図に手書きで営業地域を描いており、正確を期すのは困難だった。

ゾルトナーズは営業地域の問題について論文で1章を費やすほど研究した。しばらく進展のない間も考えることをやめなかった。再び取り組む決意をしたのは、マサチューセッツ大学で教鞭を執った時だ。スプリングフィールドにある営業担当者57人の企業と共に販売地域の問題解決に着手した。

「ひたすら最適化に取り組んでいたら、数学でこの問題を解決できるとわかった」とゾルトナーズは言う。「営業部隊をうまく配置するための探索アルゴリズムを構築できた」。だが問題解決とはならなかった。「私が示した結果を彼らは気に入らなかった。配置の適切な基準を作り、すべての営業担当者の仕事量をほぼ均等にしたが、私が見せたのは表だった。誰がどの郡に電話をするか、名前を一覧にしたものだ」。結局、その会社は導入を見送った。

ノースウェスタン大学に移ったゾルトナーズは、最終的にビジネススクールでマーケティングを担当することになった。この問題に再び直面したのは、テニュアトラックの研究のために調査をしていた時だ。製薬会社イーライリリーでは、何千人もの営業担当者が4万件以上の郵便番号の地域にいる何十万人もの医師に電話をかける方法に頼っており、極めて大きな課題となっていた。

当時は1980年代初頭でコンピュータがすでに登場しており、ゾルトナーズは好機を見出した。同僚と少人数の大学院生らと全米の州、郡、道路地図の（当時としては）巨大な地理データベースを構築。ライトペンで営業地域を描くことのできるソフトウェアを開発した。「地図上の境界線なども変更できるものだ」

地図に加え、チャートも作成した。「我々のアルゴリズムは、どのような規模の営業部隊でも売上げと収益性を予測できた。最適化ボタンを押すと、非常にシンプルなチャートが作成された。X軸は営業部隊のサイズ、Y軸は売上げや収益などだ。そして、現状と予測の配置を示した。当時このようなものはなかった」

そのビジュアライゼーションは、即座に直感的な反応を得た。「実演してみせると1人の男性が近づいてきて、『私はこれをずっと待っていた』と意気込んだ」

「大当たりだった。それが会社の始まりだ」

それまで数カ月かかったことが数週間でできるようになり（ゾルトナーズの会社は営業再配置のための変更管理プロセスも提供していた）、宣伝をせずとも電話が鳴りやまなかったという。ある企業幹部は「噂を聞いたので、ぜひ実物を見せてほしい」と電話をかけてき

た。予約が一杯だと謝罪すると、「時間を作ってほしい。日曜日に行くから」と言い、実際に来て契約をしていった。

ゾルトナーズはある週末に、実演のためにシカゴからシラキュースに飛んだ。Apple IIとモニターを手荷物として機内に持ち込んだことを彼は懐かしむ。現地に到着すると猛吹雪で、企業幹部が何十人も集まる予定が、現れたのはわずか2人だった。社に戻ると、さすがに今回の出張では契約は取れないだろうと伝えた。

ところが、デモに訪れた2人がどちらも月曜日に電話をかけてきて、購入したいと申し出た。ZSはこうした初期の時代から、これまでに50カ国で1万件以上の営業担当者の配置を担ってきた。

会社の急成長の軌跡を振り返ると、ゾル

トナーズの中で興奮と慎ましい気持ちが交互に沸き起こる。「当時得たスリルは誰も経験できないものだ」と彼は言う。「信じられないだろうが、マップやチャートを見せるたびに人々は契約した」

ビジュアルがスプリングフィールドで使っていた配置アルゴリズムを変えたわけではないと、ゾルトナーズは指摘する。だがビジュアルは、生の情報ではできないやり方で人々に影響を与えた。「そのビジュアライゼーションがなければ、私はいつまでも最適化していただろうし、形にならず、誰も購入しなかっただろう。ビジュアルを『見る』ことで、人々がソリューションを選択できるようにした。我々は他の誰にもできなかったことを成し遂げた。彼らの選択肢が『どのように見えるか』を示したのだ」

" 難問を解決した
ビジュアライゼーションが
あったからこそ、
ZSは存在する ”

第 2 章

チャートが
目を奪う時

視覚の科学

データビズを学ぶプロセスを、書くことや新しい言語の学習に例えて説明してきたが、最もふさわしい例えは音楽かもしれない。我々は音楽理論の授業を受けなくても、音楽を聴き、音楽に対する意見を持つ。好きな音楽に「何か」を感じる。シンコペーションや短調の意味は知らなくても、「質感」や「陰鬱な響き」を感じる。

同様に、視覚理論の学位がなくても、誰もがチャートを見て、その善し悪しを判断する。好きなチャートに「何か」を感じる。基礎的なエンコーディングや視覚的顕著性について知らなくても、「明快だ」とか「示唆に富んでいる」と表現することもある。

作曲をしたいと思ったら音楽理論を少しは学ぶだろう。同様に、良いチャートを作ろうと決めたからには、視覚について少し知識をつけると役に立つ。ただ、音楽と違ってインフォビズの理論は新しく、変化していて、認知科学、神経科学、心理学など様々な領域を取り入れている（注1）。ここでは、認知科学の学位は必要ない。必要なのは、我々がチャートを見る時に何を見ているのかを理解するための5つの知識だ。どれも幅広く応用できる。

知っておくべき5つの知識

①順序通りには見ない

文章の書き手と読み手の場合は、書き手は言葉

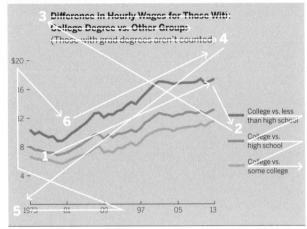

文章の書き手と読み手との間には、読み手がどういう流れで文章を読むか、暗黙の了解がある。ビジュアライゼーションにはそれがない。

を使って伝えるという暗黙の了解がある。単語が連なって文章になり、文章が段落になり、段落がストーリーになるように、「順序通り」に提示される。欧米では左から右、ページの上から下という流れだ。読む順序は文化によっても異なるが（注2）、どんな場合も読むことは秩序立っていて、ペースもある程度一定している。

ビジュアライゼーションでは、作る側と見る側の間に暗黙の了解は存在しない。チャートを見る人は、ビジュアルの中央を見始めた後で一番上のタイトルに目をやるかもしれない。視点があちこちに飛ぶかもしれない。軸の途中まで見て他の部分に移ることもあれば、チャートの一部を完全に飛ばすこともある。

ペースもまったく異なる。本を読むのはマラソンのようなもので、直線的な道に沿って一定のペースで走る。チャートを読み解くのはホッケーをするようなもので、至るところで高速にぶつかり合ったり、混み合ったスペースで激しい動きが繰り広げられたりしている。目が刺激を受けたものを見るのであって、そこに決まった慣例はない。

チャートを見る順序は、チャートのタイプや見る人によっても異なる。チャートのテーマについて専門知識を持っている人や、あるタイプのチャートを使ったことがある人は、そうでない人とは見方が異なる（より効率的に見る）という研究もある（注3）。つまり、良いビジュアルコミュニケーションを生み出すことの課題（明快さと焦点、シンプルさを実現する）は、一般のコミュニケーションとある面では同じだが、別の面においてはまるで異なり、より困難だ。

②目立つものを最初に見る

我々の目は、変化しているものや異なるものに向く。山、谷、交点、目立つ色、外れ値などだ。見る人を満足させ、シェアされることの多い、よくできたチャートは、この傾向を利用して1つの顕著な点を明確に示し、見る人がチャートの意味を理解しようとしなくても理解していると感じさせる。これもその例だ。

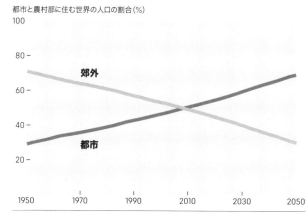

人々が住む場所

都市と農村部に住む世界の人口の割合（%）

出所：国連経済社会局人口部（2014年）

このチャートでは、最初に認識するのは交差している点だ。あなたはおそらく軸すら見なかっただろう。たいていはほぼ瞬間的に、まず交点を見て、次にラベルを確認し、次にタイトルをちらっと見て、要点を理解する。人々は都市に群がっている、ということだ。

しかし、すべてのチャートがそう単純ではなく、単純であるべきでもない。では、次のチャートであなたが最初に見る3つのものは何だろう。

カスタマーサービスへの問い合わせ件数と成績

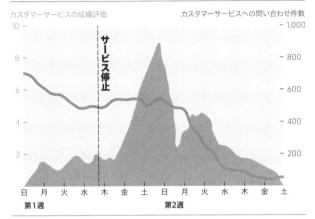

カスタマーサービスの成績評価 ／ カスタマーサービスへの問い合わせ件数

サービス停止

第1週　第2週

日 月 火 水 木 金 土 日 月 火 水 木 金 土

出所：企業調査

意図せずともほとんどの人が最初に見るのは青い線、灰色の起伏の激しい山、そして「サービス停止」の線だ。このチャートを作ったマネジャーが伝えたいのが、サービス停止とカスタマーサービスへの問い合わせ件数、カスタマーサービスの成績の関係性だとしたら、この3つにうまく注意を向けさせている。

しかし、マネジャーがカスタマーサービスの問題がサービス停止の影響ではなく組織的なものだと懸念していたらどうだろう。問い合わせ件数がサービス停止前のレベルに戻った後も、カスタマーサービスの成績が低下し続けたことを上司に伝えたいとしたら。

じっくり見ればこのチャートでもその傾向がわかるが、最初に気づくものではない。あまり目立

っておらず、我々の目は他のものに引き寄せられた。伝えたいアイデアを最初に見てもらうにはどうすればよかっただろう。

最初のチャートは、カスタマーサービスへの問い合わせ件数を含めたことで、マネジャーが「問題ではない」と考えているデータに目が向いてしまった。下の新しいチャートはそれを排除して、注意を逸らすメッセージを取り除いた。そして、「サービス復旧」というマーカーを加えたことで、それ以降も成績の低下傾向が続いたことを強調する重要なコンテクストが示された。そして、最初のチャートでは気づかなかったかもしれないが、低下傾向がサービス停止の「前」から始まっていたことが見て取れる。

低下するコールセンターの成績

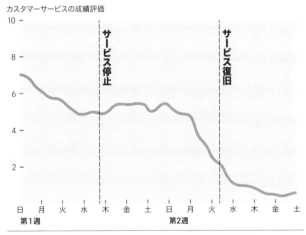

カスタマーサービスの成績評価

サービス停止　サービス復旧

第1週　第2週

日 月 火 水 木 金 土 日 月 火 水 木 金 土

出所：企業調査

きわめつけは、新しいタイトル「低下するコールセンターの成績」だ。タイトルは一番上に置かれていても、チャートの読み手は通常は最初に見ない。タイトルはむしろ、チャートを見てから浮かび上がる意味を理解する手がかりとなる。ここでは、「低下」という言葉がチャートのメッセージと目的を明らかにしている。

もしこのマネジャーが最初のチャートを上司に渡していたら、上司はその中で目立っているもの、つまり問い合わせ件数のピークに注目してしまい、懸念している傾向を見てもらうのに苦労する。新しいチャートなら、全体的な成績の話にすぐ入ることができる。

③一度に見るものは限られる

ビジュアライゼーションで表示されるデータが多いほど、チャートの意味は単一になる。例えば、マネジャーの上司がコールセンターの従業員の成績の単純な変化を見たいなら、右上のようなスロープチャートを作ればいい。ここでマネジャーが示したのは、従業員数十人の1月と6月の評価だ。しかし、上司は重なり合った何十ものデータポイントを処理することはできないだろう。このチャートでは、個人はおろか一部の集団についてさえ議論するのは不可能だ。上司の目には、成績が概して上昇していることを示す1つの太い帯のようにしか見えない。

チームの全体的な成績を上司に見せたいのなら、このようなチャートは効果的だ。しかし、上司が個々の従業員の成績について判断を下したいことをマネジャーは知っている。それを可能にするには、表示するデータをどれだけ減らせばよいだろう。

個々のデータポイントを全体的な傾向に溶け込ませる閾値は驚くほど低い。これはチャートの種類やタスクによって異なる。例えば、専門家によれば、人は一度に8つ前後以上の色を区別することはできない（注4）。目安としては変数や要素が5〜10個以上あると、個々の意図は薄れる。

マネジャーの上司は右下のチャートから個人の仕事ぶりを判断することはできるが、これでもまだ個々のデータポイントを複数まとめて表示することには限界があることがわかる。従業員の成績に1つのパターンを見つける前に、複数の線をバラバラにするのには時間がかかる。もし従業員数百人の個々の成績を伝えなくてはならないとしたら厄介だ。

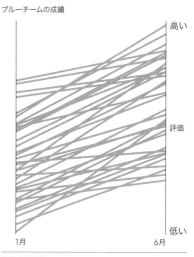

チームの成績

ブルーチームの成績

高い

評価

低い

1月　　　　　6月

出所：企業調査

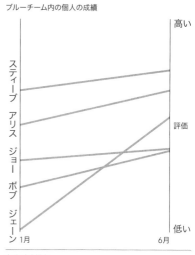

チームの成績

ブルーチーム内の個人の成績

高い

スティーブ
アリス
ジョー
ボブ
ジェーン

評価

低い

1月　　　　　6月

出所：企業調査

棒グラフは、折れ線グラフの傾きや傾向よりも、個々のデータのカテゴリーに着目させるのに効果的だ。各棒がそれに当たる。しかし、それなりの数の棒が近接して示されると、棒グラフも1つの形を作り出す。下のプラグイン車のチャートであなたが最初に見るものは何だろう。36個の値か、1つの急な傾斜だろうか。

複雑なチャートの中にシンプルな意味を必ず見つけられるわけではない。色やコールアウト（呼び出し、引き出し）などを使って、一度にあまりに多くのものを見せようとするチャートもある。「最も多い311への苦情」のチャートはその一例だ。このチャートは、ぎゅうぎゅうに並んだ24時間分の棒

それぞれに21個のカテゴリーを表示している。さらに、いくつかのカテゴリーは値が小さすぎてほぼ識別できない。試しに「違法駐車」のカテゴリーの1日の変化を追ってみてほしい。

また、色の選択も系統的ではなく、異なる苦情に似た色を使っている。凡例が多く、棒とY軸の値が結び付かない。このチャートで目立つものは何だろう。概して中央部分が増加しているのはわかるが、もしそれが表現されるべきものなら、カテゴリーと色はすべて邪魔だ。

誤った複雑さは、顕著な特徴を明らかにしなければ大まかな傾向も示さない。見る人を惑わせ、イライラさせ、最終的に何の傾向も示さず混乱さ

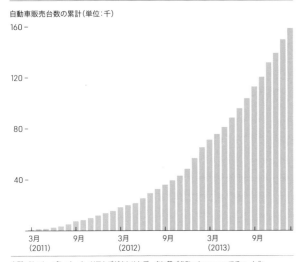

プラグイン車：最初の3年間

自動車販売台数の累計（単位：千）

出所：Plot.ly、ブレット・ウィリアムズがまとめたデータに基づきFigshare.comでチャート化

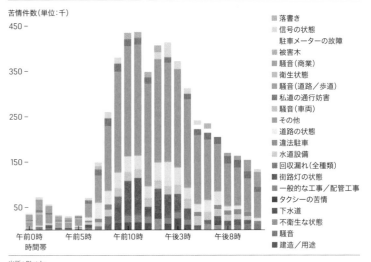

ニューヨークで最も多い311への苦情

苦情件数（単位：千）

落書き
信号の状態
駐車メーターの故障
被害木
騒音（商業）
衛生状態
騒音（道路／歩道）
私道の通行妨害
騒音（車両）
その他
道路の状態
違法駐車
水道設備
回収漏れ（全種類）
街路灯の状態
一般的な工事／配管工事
タクシーの苦情
下水道
不衛生な状態
騒音
建造／用途

出所：Plot.ly

せる。反対に、人が適度に処理できる量以上のデータを使い、顕著な特徴を浮かび上がらせるビジュアライゼーションには良い複雑さがある。その極端な例が、下のチャートだ。

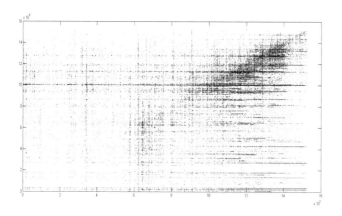

　これは、ソーシャルトレーディング・プラットフォーム上での株式トレーダー間のつながりをチャート化した「1000万」のデータポイントの散布図だ。データの量がとてつもなく多いのにもかかわらず、目を引くものがいくつかある。密集した黒点、右上がりに増加している密度、そして筋、とくに右側の部分だ（注5）。ここでわかるのはそれがすべてだ。

　ある研究者が指摘するように、我々はこうしたビジュアライゼーションを「おぼろげなレベル」で処理でき、それが示す値をある程度推定できる（注6）。非常に複雑なチャートが機能している時

は、効果的で美しい。それと似ているのがシンフォニーで、驚くほど複雑なアレンジのデータを我々は1つのまとまりとして体験する。

④意味を求め、つながりを作る

　顕著な特徴を見ると、我々はすぐに、そして絶え間なくその意味を理解しようとする。左の複雑な散布図を見た時、「なぜ右上の方は黒くぼやけているのだろう」と思ったかもしれない。「ふーむ」とか「あれは何？」などと、意味づけしたい衝動を声に出してしまうことさえある。

　そんな独り言を言っている時でさえ、ストーリーを構築している。例えば、「カスタマーサービスへの問い合わせ件数」の最初のチャートでは、始めに見る3つのポイントを単純なストーリーにまとめるのに時間はかからない。「サービス停止」により「問い合わせ件数が急増」し、その後「成績が低下」する。チームの成績のスロープチャートでは、線の角度と密度から「成績は概して向上しているが、大半の従業員はそもそも成績が低い」とすぐにわかる。

　このように意味を求めることは明らかに有効だ。まず、我々は視覚情報をテキストの何千倍も効率的に処理する。その一部は「前意識的」に、つまり自分で意識する前に行われているため、少ない労力で視覚的な情報をより明確に把握できる。例えば、あなたのオフィスビルが火事になったとしよう。部屋に煙が充満し、あなたは急いでドアに

向かう。そこで見つけたのがこの貼り紙だ。

> この部屋を出てください。右に曲がり3メートル歩いて廊下の突き当たりまで行くと大きな会議室があります。左に曲がり、さらに3.5メートル歩くと廊下の突き当たりに着きます。左側には、エレベーターの近くに火災報知器があります。右側の突き当たりには階段があります。エレベーターの方には行かないでください。右に曲がり、さらに突き当たりまで3.5メートルほど進み、左に曲がり、階段の吹き抜けに入ります。階段を2階分下り、階段を下りた所のドアから建物の外に出てください。

　隣の部屋では、誰かがドアに駆け寄り、火災時の避難経路図を見つける。どちらが早く出口にたどり着くだろう。

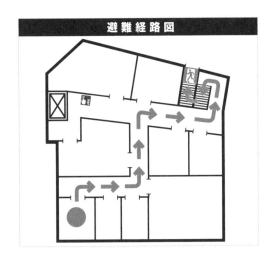

カスタマーサービスの成績と収益

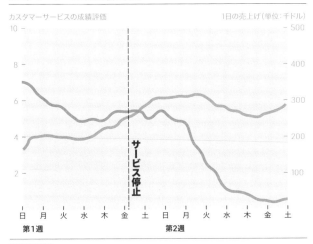

出所：企業調査

　効率的に意味を読み取れるのは火事の最中ではありがたいかもしれないが、データビジュアライゼーションから誤ったストーリーを構築する恐れもある。カスタマーサービスのマネジャーが、サービス停止の影響を調査するためのデータを頼まれて、カスタマーサービスの評価と収益を比較したチャートを提示したらどうだろう（上図）。

　我々は提示されたものに関連性を持たせずにはいられない。目立つものはどれも作ろうとするストーリーの一部になるため、何を提示するかがチャートの成功を左右する重要な要素になる。チャートの作成者が伝えたいアイデアを伝える力になるのだ。マネジャーの上司はチャートの意味を求めて、サービスが停止しても収益は安定している

カスタマーサービスの成績と収益

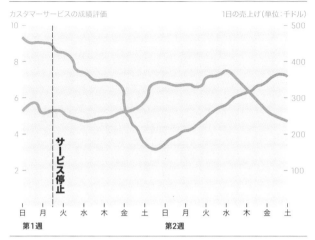

カスタマーサービスの成績評価　　　　　　　1日の売上げ(単位：千ドル)

サービス停止

日 月 火 水 木 金 土 日 月 火 水 木 金 土

第1週　　　　　　　第2週

出所：企業調査

という当然の判断をするかもしれない。そして、自ら構築したストーリーから、提案されたカスタマーサービスの改革は後回しにしてもいいと確信することもある。どのみち収益には影響しない、と。

しかし、上司がそう判断する前に、マネジャーはサービス停止後の日数がより長く表示されている前回の停止時のチャートを示した。上のチャートで上司が目にするのは別のストーリーだ。サービス停止の9〜10日後になって収益が落ちていたのだ。

当然ながら、相関関係と因果関係は同じではない。サービス停止とカスタマーサービスの成績は最終的に収益に影響を与えたのか。もしくは、収益の低下はチャートに含まれていない何かに関連

しているのか。それはマネジャーにも上司にもわからないが、上司が意味を求め、関係性を見出そうとすることを知っているマネジャーは、議論を促す良いチャートを作成した。優れたビジュアルコミュニケーションは、より良い答えを出すためだけでなく、より良い会話を生むためにも使われるべきだ。この2人のケースでは、数日待てば収益が下がり始めるか確認できる。

目についたものに意味を持たせたいという欲求はあまりに強いため、それは潜在意識にまで及ぶ。下の「成績優秀者」のチャートでは、瞬時に目につくものの1つが、太字のオレンジ色のタイトルだ。そのタイトルから、オレンジ色の点とオレンジ色の軸のラベルにすぐ目がいく。オレンジ色のチームメンバーは成績優秀者なのか。オレンジ色は「何か」を意味している。

成績優秀者

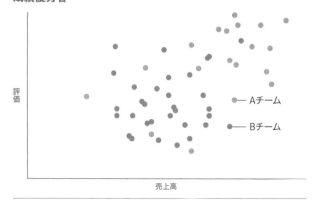

評価

Aチーム

Bチーム

売上高

出所：企業調査

意味を見つけようとするだけではない。研究によれば、視覚系は無意識のうちにオレンジ色の項目の間につながりを作る一方で、その目立つ色にさらに注視するため、別の色や情報を無視する（注7）。無意識のうちに、他の情報よりオレンジ色を重視していたのだ。それは好ましくない。なぜならこのチャートでは、色のつながりには意味がないからだ。デザインの問題だ。実際には青のチームの方が成績が高い。

⑤慣例やメタファーに頼る

チャートをどう見るかを決めるのは、我々が世界をどう見るようにできているかだけではない。世界をどう見るように「教えられた」かにも関係している。では、下の北米の図は間違っているだろうか。

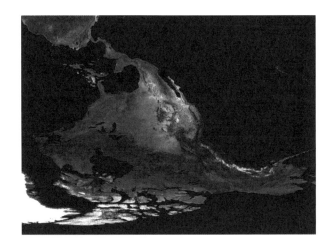

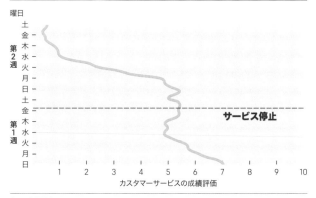

カスタマーサービスの評価

出所：企業調査

間違っていない。これを「逆さま」だと思うのは、宇宙の中にある惑星に上下はないにもかかわらず、「北は上」と習ったからだ。

同じように、上の「カスタマーサービスの評価」のチャートは正確にプロットされているが、大半の人は「間違っている」と言うだろう。チャートの軸を見るや、「認知体操」をし、知性を使って見慣れた形に戻そうとする。頭を右に傾けて時間軸を水平にしようとしたかもしれないが、それでも時間軸が右から左に進んでいることに気づいただろう。我々の知性が時間を「正しい」方向に戻すため、見ているものの位置を変えるよう指示する。「時間は上にあがらない」からだ。

実際には、時間のビジュアライゼーションはどんな空間的な方向に進んでいても、事実上正しい。しかし我々は、時間はページや画面上では左から

右へ、3次元の空間では奥から手前へと移動すると「考える」ように教えられてきた。

時間をY軸に移動すると、別の認知の問題が発生する。成績が上がれば上がるほど下降する線ができるのだ。最も高い成績が最も低い地点に位置する。これもまた、「高い」成績が空間の「低い」位置にあるべきではないという、教えられた予測と矛盾する。

慣例は予測の1つの形態で、脳は経験と予測を認知の近道として利用するため、新たに目にするものすべてを処理する必要がない。神経精神科医のジョン・リーフはこう指摘する。「視覚信号の包括的な分析は、予測されるものに依存する……脳と予測の影響は、生のデータよりもはるかに大きい」（注8）

我々は経験に基づき、情報の意味についてのあらゆるメタファーや慣例を記憶する。上は良い、下は悪い。北は上、南は下、と。これらをつなぎ合わせて判断を評価することも研究でわかっている（注9）。例えば、南は「下」なので、「上」に行かなければならない北よりも南に行く方が楽だと考える。

こうした例は他にもある。赤は否定的、緑は肯定的、というものだ。しかし赤は「熱い」とか「活動的」を意味することもあり（これらは肯定的と考えられる）、その場合、青は「冷たい」とか「非活動的」という意味になる。階層は上から下の順番だし、淡い色の濃淡は濃い色の濃淡よりも「曖昧」もしくは弱い。

こうした慣例にチャートが従っていないと、混乱や不確実性、フラストレーションが生じ、効果が弱まる。一部の経験則はあまりに強力で、破られることは滅多にない。実際、世界地図を「逆さまに」描く人はいないし、砂漠の温度を濃い青で示すことはない。CEOが社員に「未来に向かって飛躍しよう！」と言いながら後ろを指差す姿を想像してほしい。

左の出張費のチャートについて考えてみよう。慣例的に、我々がデータポイントをつなぎ合わせるのは、値同士に関連性がある時だ。だがこの場合、それぞれの値は固定したカテゴリーのものだ。「営業部」自体は値として変化することはなく、幹部とマーケティング部の旅費の間に本質的なつながりはない。この折れ線がつながっているように

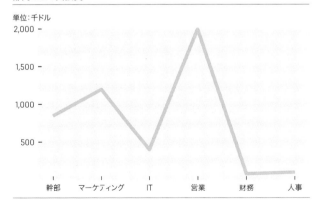

部門ごとの出張費

単位：千ドル

出所：企業調査

値同士が「つながる」ことはない。ここではそれぞれの値が独立して表現されるべきで、棒グラフがふさわしいだろう。

　慣例に伴う重大な問題が生じるのは、予測がわずかに裏切られる時だ。右は公開されていたあるチャートを再現したものだ（注10）。

　この円グラフには、一見気づかないことがたくさんある。我々はチャートの意味を理解しようと、無意識に頭の中にある以下の3つの慣例を思い起こす。

・似ている色は似ているものを示すので、青系の回答は似ている。
・色の彩度は値の大小を表すので、淡い色の方が鮮やかな色よりも値が小さい。
・カテゴリーは程度が高いものから順に配置されるので、関心の高い方から低い方という順番になっている。

　そして、チャートの実際の意味を知る前に「2つのグループがあって、関心のレベルは様々だが、青のグループの方がオレンジより関心が高い」という意味づけをする。ところが、よく見ると実際の意味はまったく違う。

似ている色は似ているものを表す： あなたはおそらく、青系とオレンジ系とで分かれていると思っただろう。だが実際は、青系のカテゴリーは正反

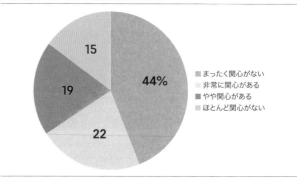

この製品にどのくらい興味がありますか？

- まったく関心がない
- 非常に関心がある
- やや関心がある
- ほとんど関心がない

44%
22
19
15

出所：企業調査

対の意見（まったく関心がない、非常に関心がある）を示し、オレンジ系は中間の意見（やや関心がある、ほとんど関心がない）を示す。予測では、「まったく関心がない」と「ほとんど関心がない」は悲観的なグループなので同系色のはずで、「やや関心がある」と「非常に関心がある」はもう1つの楽観的なグループになる。

色の彩度は値の大小を表す： 淡い色の値は鮮やかな色の値より小さいと我々は予測するが、ここでは淡い青の値（22%）の方が鮮やかなオレンジの値（19%）よりも大きい。彩度を実際の数値と一致させるなら値の大きい方から順に、鮮やかな青、淡い青、鮮やかなオレンジ、淡いオレンジになる。このチャートでは色のグループ分けもバラバラで、楽観的なグループは淡い青と鮮やかなオレンジ、悲観的なグループは鮮やかな青と淡いオレンジだ。色

の違いが何のヒントにもなっていない。

カテゴリーは程度が大きいものから順に配置される：情報は昇順もしくは降順に、順序立って配置されると我々は考える。しかし、この円グラフの回答は「順不同」だ。「まったく関心がない」から始まり、「非常に関心がある」へと飛ぶ。「非常に関心がある」をカテゴリー1とすると、「まったく関心がない」はカテゴリー4で、この円グラフは4、1、2、3の順になっている。

一見シンプルでよく構成された円グラフのように見えても、予測が次々と裏切られると、予測をリセットしてチャートが何を示しているのかを真剣に考えなくてはならない。意味を素早く理解するために認知の近道を利用することができず、分析することを余儀なくされる。

予測が裏切られることが読み手のチャートの理解力にどれだけ影響するかを知るため、再び円グラフを数秒見て、以下の2つの質問に答えられるか、試してほしい。

・楽観的なグループと悲観的なグループで、多数派を占めるのはどっち？
・値が最も小さいカテゴリーは？

次に、右のチャートを見てほしい。上記の質問にもっと簡単に答えられるのではないだろうか。

信憑性が問われる

データビズを音楽にたとえるなら、アマチュア作曲家になるには十分な理論をここまで解説した。人が何を見て、チャートを見る時に頭の中で何が起きているのかを理解することは、何をどう見せるかを決める最良の指針となる。

ここで注意すべきことは、あなたが思う以上に重大かもしれない。認知のレベルに関する研究によれば、我々は情報をその提示のされ方に基づいて定性的に判断する（注11）。認識するのが困難な場合、人は正しい意味を見つけるのに苦労するだけでなく、より否定的に判断する。

そして極めて重要なことは、意味を理解するのが難しい時、読み手が厳しく判断するのは「チャート」ではなく「情報そのもの」であることだ。情報の信憑性が低いと考えるのだ。

もし人が情報をどう見るかについての基本を理解せず、重要な点がチャートで目立っておらず、複雑なデータが明快なアイデアを示さず、視覚化された情報が誤ったストーリーを生み、慣例に反するビジュアルの見せ方で読み手を混乱させるなら、あなたが伝えているのは音楽ではない。騒音だ。

この製品にどのくらい興味がありますか？

22%	19	15	44
非常に関心がある	やや関心がある	ほとんど関心がない	まったく関心がない

出所：企業調査

ビジュアルコミュニケーションは文章と違い、「書き手」と「読み手」との間で見解が一致している慣例よりも、視覚系が刺激にどう反応するかに支配される。そして、作曲家が音楽理論に基づいて聴衆になんらかの予測可能な効果をもたらす音楽を作るように、チャートを作成する人は、視覚理論に基づいてより効果的なビジュアライゼーションを作ることができる。

次の大まかな5つの原理は、おおむね見解が一致しているもので、これを理解しておけば十分だ。

①順序通りには見ない

ビジュアルは文章のように予測可能ではなく、直線的には読まれない。我々はまずビジュアルを見て、次にチャートの中で何が重要なのか、コンテクストの手がかりを探す。

意味すること：文章は決まった流れで（欧米では左から右、上から下へ）書くが、チャートの場合は空間的に「書く」必要があり、他の要素がビジュアルの意味の手がかりを示す。

②目立つものを最初に見る

我々の目は、特徴的な色、急な曲線、集団、外れ値など、変化や異なるものに向く。

意味すること：目立つものはすべて、伝えようとしているアイデアと一致するか、アイデアを支えるものでなければならない。さもないと、重要なアイデアから見る人の注意をそらすか、アイデアと対立してしまう。

③一度に見るものは限られる

チャートにプロットされたデータが多いほど、単一のアイデアしか伝わらない。数十、数百、数千のデータポイントをプロットしたビジュアルが表すのは、1本1本の木ではなく、森だ。

意味すること：個々のデータポイントに焦点を当てる必要がある時は、表示するものはできるだけ少なくして、それぞれのビジュアルが1つの集合的な図に溶け込まないようにすべきだ。

④意味を求め、つながりを作る

　我々は絶えずビジュアルに意味を与え、実際の関係性にかかわらず、表示された要素の間に因果関係を作ろうとする。

意味すること：一緒に表示するビジュアルの要素は、意味のある関連性がなければならない。そうでなければ、見る人はそれらの関連性について誤ったストーリーを構築してしまう。

⑤慣例やメタファーに頼る

　我々は一般的な予測に基づき、ビジュアルの手掛かりに意味を与えるために認知の近道を使う。緑は良くて赤は悪い、北は上で南は下、時間は左から右に動くなどだ。

意味すること：ビジュアルを作成する時は概して、深く根付いた慣例やメタファーと対立させるのではなく、それらを受け入れるべきだ。それらに従わないと、混乱、不確実性、フラストレーションを生み、チャートの効果を弱めたり、なくしたりしてしまう。

誰も見たことがないものを見ること

「自分をエキスパートだと思ったことはない。私より優れたデータのスキルを持つ人はたくさんいる。私はデータの世界とアートの世界の中間にいる」

デイビスがデータビズコンサルタントになるまでの道のりは、多分に漏れず遠回りだった。小規模なリベラルアーツ・カレッジ、オグルソープ大学の学部課程を経て、ジョージア工科大学で土木工学を学び、修士号を取得。6年間で3つの学位を取得した。「国際的な経験を積んで不況の只中に帰ってきたら、仕事がなかった」

病院でデータ関連のインターンシップをすることになったが、データと向き合ったのはその時が初めてだったという。「一日中スプレッドシートをいじっていられることに気がついた」。その後、土木工学の仕事に就いたものの「合わなかった。だからデータアナリストのオファーをもらって飛びついた。またスプレッドシートで遊べると思って」と振り返る。

新しい上司にいい印象を与えようと、デイビスは携わっている地理データの一部をマップにした。反応は上々だった。「上司から『いいね、ライブデータでそのダッシュボードを作れる？』と聞かれ、『もちろんです』と答えた。それから『ダッシュボード』と『ライブデータ』を検索した」

今日、ビジュアライゼーションを生業とするデイビスはこう話す。「4年前、私はただの輸送エンジニアだった。データビズの世界に入り、今は自分が最先端にいると感じる。キャリアの観点から言えば、間違いなくデータビズが私を卓越した存在にした」

デイビスは、ビジュアライゼーションが同僚に与える影響の大きさに喜びを感じた時のことを覚えている。ジョージア州の交通局は、幹線道路に設置したカメラ、センサー、信号機など、交通網を制御するためにすべてが連携している多数の機器を管理している。しかし、2600台ある機器の包括的なリストを誰も作成したことがなかった。

そこで全機器を特定し、場所と種類別にマッピングした。

彼のマップはインタラクティブ性があり、マウスを合わせるとズームや詳細を見ることができたが、ビジュアルとしてはシンプルだった。それでも過去に作った人がいなかったのは、データ収集が必要だったからだ。デイビスは5〜6週間かけて、機器についてのスプレッドシートを作成した。影響力のあるビジュアルは時として、美しくもなければ複雑でも独創的でもない。単に、誰も作ろうとしなかったのだ。

「コロンブスの大陸発見の瞬間のように感じた」とデイビスは言う。「『誰も見たことのないものを作ったんだ』と思った。何となく存在するだろうと知ってはいても、実際に『見た』人はいなかった」。チームメンバーは感心し、彼に感謝した。「瞬間的にエンゲージメントを促した。みな、すぐさま使う方法を考え始めた」

以来、デイビスは同じような瞬間を何度も経験した。「クライアントが飛びつくのを制止しなくてはならないぐらいだ。瞬間的なエンゲージメントであり、誰もが感じるものだ」

聴衆の立場に立ち、彼らが求めるものや必要とするものを理解することが、どんなビジュアライゼーションでも有用だとデイビスは指摘する。輸送網のマップは「そうしたものがあれば組織の役に立つ」という会話もヒントになったという。

デイビスはビジュアライゼーションのプロセスで、スケッチと対話をふんだんに行い、対話の相手にスケッチを見てもらっている（これらのテクニックは第4章に詳しい）。彼はまた、クライアントに「何」ではなく「なぜ」を尋ねることを心がけている。「上司から『この構造を知りたい』と頼まれてチャートを作成して見せると、『これは私が知りたいことを伝えるものになっていない』と押し返されることがあるだろう。チャートを作った人は『頼まれた通りに作ったのに』と思うだろうが、おそらく、それ以前に『なぜそれが必要なのか』を尋ねていないはずだ」

アマチュア写真家でもあるデイビスは、ビジュアライゼーションに対するアプローチに確固たる創造性がある。

「あるプレゼンで、VEデイ（欧州戦勝記念日）にニューヨークで水兵が看護師にキスをしている有名な写真を見せた。私はその写真について語った。男性が女性にキスをしていて、モノクロで、どうやらニューヨークの街で、古い。こうしたものはデータの一部だ。

それから私は『ストーリー』について語った。勝利を表している。喜びだ。大規模で恐ろしい、第二次世界大戦が終わりを迎える。これらはアートだ。ストーリーはその写真に対して何かを感じさせるものだ」

「それが私をユニークな存在にする1つだと思う。サイエンスとアートの両方に通じている人は少ない。データが得意な人もいればデザインが得意な人もいる。私はその中間にいるような気がする」

「でも、そこが気に入っている。私は点と点をつなぐのが好きなのだ」

> " 自分をデータエキスパートだと
> 思ったことはない。私より優れた
> データのスキルを持つ人はたくさんいる。
> 私はデータの世界とアートの世界の中間にいる "

PART2

作成する

Create

第 3 章

2つの問いから
導き出す
4つのタイプ

チャート作成のシンプルな類型論

「荷物をまとめて。旅行に行くよ」と友達に言われたら、あなたはどうするか。「オッケー、いいね」と答えてスーツケースを取り出し、服を詰め始める、なんてことはしないだろう。できるわけがない。質問したいことがたくさんあるはずだ。「どこに行くの？どれくらい？どうやって行くの？どうして旅行に行くの？どこに泊まるの？」。目的がわかるまで荷造りはできない。

ところが、インフォメーションビジュアライゼーションとなると、すぐさまグラフのタイプを選び、ボタンをクリックして作成したい衝動に駆られる。この衝動を抑え、後の「荷造り」を容易にする質問について考えることから始めるべきだ。

性質と目的に関する2つの問い

視覚的に考える最初のステップが、ビジュアライゼーションの性質と目的に関する2つの問いについて考えることだ。

①情報は「概念的」か、それとも「データ主導」か
②自分は「宣言」しているのか、それとも「探究」
　しているのか

この2つの問いに対する答えがわかれば、必要なリソースとツールを考え、最終的に使用するビジュアライゼーションのタイプがわかってくる。1つ目の方が簡単で、たいてい答えは明白だ。

概念的

ガートナーの「ハイプサイクル」

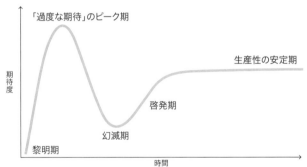

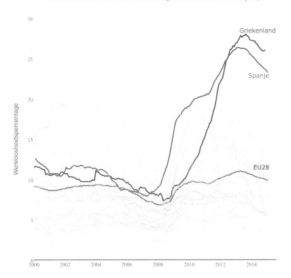

Werkloosheid in de EU: torenhoog in Griekenland en Spanje

概念的かデータ主導か？

	概念的	データ主導
重点	アイデア	統計
目標	単純化する、教える「我々の組織はこのような体制です」	情報を与える、啓発する「これが過去2年の収益です」

概念や定性的な情報を視覚化するのか、それともデータや情報をプロットするのか。ただ注意してほしいのは、この問いは情報そのものについてであり、それを示すために最終的に使用するチャートの形式のことではない。

データ主導のチャートが概念的な形式を取ることもあるし、その逆もある。左下のマップは明らかに統計をプロットしたものではないが、表示されているブランドは定量的な価値を表している。

逆に、左ページの「ハイプサイクル」のチャートは一般的なデータ主導の形式である折れ線グラフを使用しているが、ここにデータの値は存在しない。これは概念だ。

最初の問いが明らかにするのが、あなたが「持っている」ものだとすると、2つ目の問いが引き出すのは、あなたが「している」ことだ。後者は二者択一ではないのでより複雑だ。チャートの目的は、宣言、検証、探究の3つのカテゴリーに大まかに分かれ、検証と探究は関連している。

マネジャーが使うのはたいてい宣言型のビジュアライゼーションだ。通常はフォーマルな場で聴衆に対して宣言する。デザインの良い完成した

宣言型か探究型か？

	宣言	探究
重点	記録、デザイン	プロトタイピング、イテレーション、双方向化、自動化
目標	断言する：「これが過去5年の収益です」	確認する：「マーケティング投資が利益増に貢献したか見てみよう」 発見する：「顧客の購買を性別、場所、購入額によってリアルタイムで視覚化したら何がわかるだろう？」

ものが多い。しかし、だからといって反論できないものというわけではなく、宣言型のビジュアライゼーションは、提示されたアイデアについての議論を妨げるべきではない。良いビジュアライゼーションは議論を生む。

あなたがスプレッドシートのワークブックに売上データをまとめていて、そのデータを使って四半期の売上げや地域別の売上げをプレゼンするなら、目的は「宣言」だ。

しかし、上司が販売チームの成績が最近振るわない原因を知りたいとしたらどうか。あなたは季節周期が原因だと考えるが、確かではない。この場合、目的は「検証」になる。同じデータを使って、仮説が正しいかどうかを示すビジュアルを作成する。こうしたチャートはフォーマルなものではなく、デザインは読み解くことができれば十分で、プレゼンで使うレベルである必要はない。見るのは自分自身か最小限のチームだけだ。

仮説が検証できたら、宣言型のビジュアライゼーションを上司に提示し、「販売チームはこうなっ

ています」と言うことができる。季節周期が原因でないと判明した場合には、別の仮説を立て、検証のための作業をする。

原因が思いつかないこともあるかもしれない。その時はワークブックを分析し、どのようなパターンやトレンド、異常値が見られるかを探る。例えば、販売担当者の担当地域の規模と成績との間に何か関係はあるだろうか。北半球と南半球の季節的なトレンドを比較したらどうだろう。天候は売上げにどう影響しているか。これが「探究」の作業で、デザインはラフで、通常は繰り返し行い、対話形式の時もある。

この探究の作業は、宣言や検証の作業ほど行われていないが、もっとやるべきだ。これはデータのブレストのようなもので、知見を得ることができる。「なぜ売上げが落ちているのか」「効率が良いのはどこか」「顧客は我々とどのように関わっているか」という戦略的に重大な3つの課題も、探究型のビジュアライゼーションがヒントになるかもしれない。

ビジュアライゼーションの目的を見つけるための問いは他に、「答えを出す必要があるのか、答えを確認する必要があるのか、答えを探す必要があるのか」というのもある。あるいは「アイデアを示しているのか、アイデアを調べているのか、アイデアを探しているのか」でもいい。

探究型になるほど自分がわかっていることの確実性が低くなり、情報の複雑さが増す傾向がある。

目的が宣言なら自分一人で迅速に作業しやすいが、検証や探究になると、チームで作業したり専門家に頼ったりと、より多くの時間を必要とする。

ビジュアライゼーションの４象限

　性質と目的についての問いを組み合わせて古典的な４象限マトリックスにすると、ビジュアライゼーションは４つのタイプに分けられる。

　自分が取り組んでいることの象限がわかれば、使用する形式、必要な時間、必要なスキルを適切に判断できる。左上の象限から反時計回りに見ていこう。

アイデアの説明（左上の象限）

　この象限は「コンサルタントのコーナー」と呼んでもいいかもしれない。コンサルタントはプロセス図、サイクル図など、アイデアを表すダイアグラムを作らずにはいられず、時に有害な効果を生むからだ（筆者の同僚、『ハーバード・ビジネス・レビュー』の編集者ガーディナー・モースは、この種の凝りすぎのダイアグラムを「クラップ（無価値な）サークル」と呼ぶ）（注１）。

　しかし、宣言型で概念的なビジュアライゼーションは、メタファー（木や橋）やシンプルな手法（円や階層）を理解する能力を利用して、複雑なア

４つのタイプ

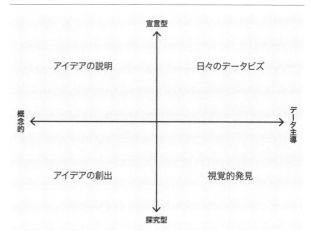

アイデアの説明：概念的で宣言型のビジュアライゼーション

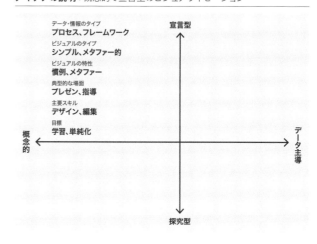

イデアを単純化する。組織図、ディシジョンツリー、サイクル図は典型的な例だ。本章の枠組みとなっている4象限マトリックスもここに含まれる。

アイデアの説明には明確で簡潔なデザインが求められるが、案外欠けていることが少なくない。このタイプは、軸や正確にプロットされるデータによる制限がないが、メタファーに頼ると、強調しようとして余計な装飾をしてしまう。例えば、「顧客ファネル」を説明する際、ファネルすなわち漏斗のイラストを使いたくなるかもしれないが、デザインとして適当ではないことがある。

この象限では、データの規律や範囲が定められていないため、自分で決めなければならない。明確なコミュニケーション、構造、アイデアの論理に重点を置く。ここで必要なスキルは、編集者が原稿に手を加える時のように、クリエイティブな衝動を、明確かつ簡潔な形にすることに向けることだ。

ある企業が、R&Dグループが他業界からインスピレーションを得られるようにするため、コンサルタントを2人雇うとする。コンサルタントは「ピラミッドサーチ」と呼ばれる手法を使うことにした（注2）。R&Dのリーダーに認めてもらうため、コンサルタントはその仕組みを説明するダイアグラムを作った。

ピラミッドサーチの仕組み

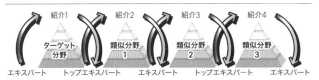

このアイデアの説明は、デザインが過剰だ。色のグラデーションやドロップシャドウの付いた矢印、分割された立体ピラミッドが目立っていて、我々の目はアイデアから遠ざかって装飾に向かう。このような図は危険信号だ。

メタファーも効果的に使われていない。ピラミッドサーチの説明のはずが、サイクル図になっている。ピラミッドは何の効果もないただの絵になっていて、紛らわしい。エキスパートとトップエキスパートを同じレベル（ダイアグラムの一番下）に配置しており、高さでステータスの違いを表現していない。

コンサルタントが提示すべきは、下のようなダイアグラムだ。

アイデアを求めてピラミッドを登る

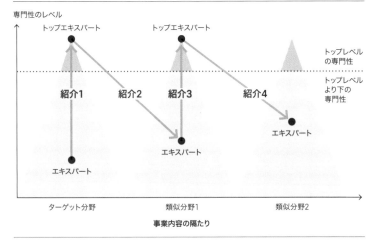

出所：マリオン・ポエッツ、ラインハルト・プルゲル　ジャーナル・オブ・プロダクト・イノベーション・マネジメント

ピラミッドのメタファーが、ビジュアルが表現
しているものと合致している。2つの軸は慣例に
沿っており、読み手がすぐに理解できる。X軸の
業界は近い方から遠い方へ伸び、Y軸の専門性は
低い方から高い方へ上がる。ピラミッドの形その
ものも有効で、専門性の低いエキスパートに比べ
てトップレベルのエキスパートが希少であること↗

がわかる。

タイトルも効果的だ。「登る」や「ピラミッド」
という単語によって、趣旨が理解しやすい。装飾
したくなる誘惑にも負けず、ピラミッドは3Dでも
なければ砂色でもなく、背景に砂漠の写真を使っ
てもいない。

アイデアの創出（左下の象限）

この象限は多くの人にとって最も直感的ではな
い。あなたはアイデアを探究するために、データ
を使わないビジュアルを作成することがあるだろ
うか。アイデアが不明確な状態で複雑な概念を明
確にするという考えそのものが探究と矛盾するよ
うに思える。

他の3つのタイプとは設定や使う媒体が異なり、
これをビジュアライゼーションと考えにくいかも
しれないが、実際は頻繁に使用している。ホワイ
トボードや包装紙に描くこともあるし、ナプキン
の裏を使うのは昔ながらのやり方だ。
「アイデアの説明」と同様、概念的なメタファーや
慣例に依存するが、オフサイトミーティング、戦
略セッション、戦略会議、初期のイノベーション
プロジェクトなど、フォーマルではない場面で行
われる。目的は、組織再編、新たなビジネスプロ
セスの発案、意思決定システムの体系化など、デ

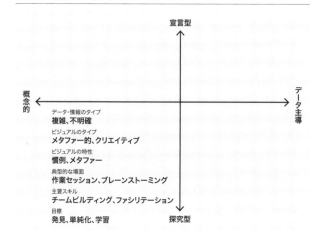

アイデアの創出：概念的で探究型のビジュアライゼーション

データ・情報のタイプ
複雑、不明確
ビジュアルのタイプ
メタファー的, クリエイティブ
ビジュアルの特性
慣例、メタファー
典型的な場面
作業セッション、ブレーンストーミング
主要スキル
チームビルディング、ファシリテーション
目標
発見、単純化、学習

（軸ラベル：宣言型／概念的／データ主導／探究型）

ータを使わない課題に対する解決策を見つけるこ
とだ。

アイデアを探すことは1人でもできるが、共同
作業が有効だ。デザイン思考も役に立つ。できるだ
け多様な視点と視覚的アプローチを取り入れ、そ

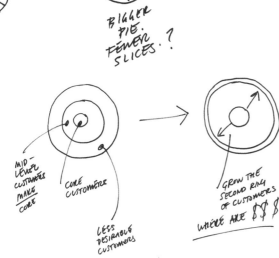

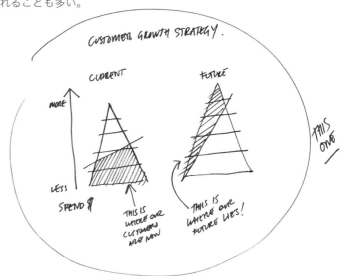

れを1つに絞り、磨くのだ。

オースティン・デザイン・センターの創設者兼ディレクターで、『ひらめきをデザインする』の著者でもあるジョン・コルコは、オフィスのホワイトボードの壁を概念的で探究型のビジュアライゼーションで埋め尽くしている。「複雑なことをじっくり考えるために我々が使う方法だ」とコルコは言う。「スケッチを描くことは、曖昧さや不明瞭さを解決して、明快にする作業だ」

チームをリードし、ブレストのセッションをうまく進め、クリエイティブ思考を理解することに長けたマネジャーは、この象限が得意なはずだ。

マーケティングチームがオフサイトミーティングを開いているとする。高級市場参入の戦略案を経営陣に示す方法を考えている。ホワイトボードを使って1時間話し合い、市場移行戦略を発表する複数のアプローチとアイデアが生まれた（すべて消さずに残しておく）。最終的に、顧客を絞って1人当たりの購入額を上げるという重要なポイントを最もよく表していたアプローチがチームの賛同を得た。

アイデアの創出のセッションでホワイトボードに書かれたラフスケッチがこれだ。もちろん、アイデアを探す上で生まれるビジュアルが、もっとフォーマルなデザインで、アイデアの説明として提示されることも多い。

視覚的発見（右下の象限）

　この象限は最も複雑で、実は２つのカテゴリーに分かれる。目的を明らかにする問いによって、宣言、検証、探究の３つのタスクに分けられると先述したが、基本的な枠組みをシンプルかつ明確にするために４象限マトリックスには検証を含めていない。ただ、この象限にフォーカスすると検証も含まれる。それが次ページのマトリックスだ。

　検証は、データ主導のチャートにのみ当てはまることに注目してほしい。仮説はデータがなければ実証も反証もできない。また、確認と探究の区別は緩やかなため、点線で示している。確認は焦点を絞った探究の一種だが、真の探究はよりオープンエンドなものだ。データが大きく複雑になり、理解が困難なほど、作業は探究的になる。確認が新しい道をハイキングすることだとすると、探究は新しい道を切り開くことだ。

視覚的確認：このタイプのプロジェクトでは、あなたは次の２つの問いのいずれかに答えようとしている。

1.「私が真実だと思っていることは、実際に真実なのか」
2.「このアイデアを考察する他の方法は何か」

　データの範囲は扱いやすいレベルで、よくあるタイプのチャートが使われるが、新しい見方を試

視覚的発見：データ主導で探究型のビジュアライゼーション

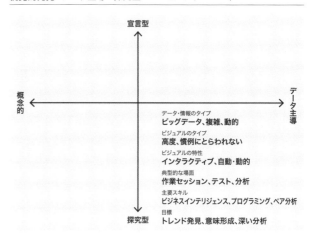

みる時は一般的でないものを使うこともある。確認は通常、フォーマルな場では行われず、プレゼン用に作るチャートを決めるための作業だ。つまり、デザインよりも、データを元に素早く視覚化を繰り返すというプロトタイピングに多くの時間を費やす。

　旅行サービスを担当するマネジャーが、会社が購入する航空券の価値を調べたいとしよう。航空券の料金が高いほど快適さが増すと仮定し、視覚的確認に取り組む。エコノミーとビジネスの両方のクラスについて、料金と快適さのデータを収集し、すぐさま散布図を作成した（次ページ左）。マネジャーは点が右上に伸びる相関関係が示されると予測していた。

　注意してほしいのは、マネジャーが作成したこ

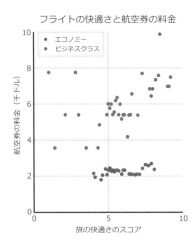

フライトの快適さと航空券の料金

旅の快適さのスコア

航空券の料金（千ドル）

● エコノミー
● ビジネスクラス

のチャートは、プロトタイプであることだ。デザインや、軸やタイトルの改良にあまり時間はかけていない。自分の考えが正しいかを確認することの方が、チャートの見た目を改善するより重要だった。

そしてすぐさま、コストと他の変数との関係性が比較的弱いことに気づく。ビジネスクラスは料金が高いほど快適さが増す傾向があるが、それほど強くはない。自分の仮説が成り立たないことに驚いた。高い航空券はそれだけの価値がないかもしれない。何らかの判断を下す前に、他にどんなアイデアを試すべきかと考えることになった。

視覚的探究：探究的でデータ主導のビジュアライゼーションは、データサイエンティストやビジネス・インテリジェンス・アナリストの領域になりがちだが、新しいツールを得たことで一般的なマネジャーも視覚的探究に取り組み始めている。他の方法では得られない知見を生むことが多いため、試みるには面白いビジュアライゼーションだ。

求めているものがわからないため、このタイプのビジュアルはプロットするデータが包括的にな

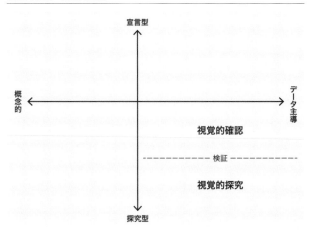

視覚的確認と視覚的探究

宣言型

概念的

データ主導

視覚的確認

------------ 検証 ------------

視覚的探究

探究型

りがちだ。極端な場合、複数のデータセットや自動更新される動的なリアルタイムデータを組み合わせることもある。データを超越することさえあるかもしれない。

政治学者で統計分析学者でもあり、現在は米プロバスケットボールNBAのボストン・セルティックスに勤務するデイビッド・スパークスは、視覚的探究を実践し、それを「モデルビジュアライゼーション」と呼んでいる。データビジュアライゼーションは実在するデータに焦点を当てる一方、モデルビジュアライゼーションはデータを統計モデルに適用し、特定の状況下で何が起きる「可能性があるか」を検証する。

探究はインタラクティブ性に適し、マネジャーはパラメーターを調整してデータソースを注入し、

継続的に視覚化を繰り返すことができる。データ
が複雑な場合は、ネットワークのクラスター性を
示す力学モデルを用いたダイアグラムや、地形図
など、専門的で特殊なビジュアライゼーションの
タイプが適していることもある。

　ここでは、ソフトウェア、プログラミング、デ
ータマネジメント、ビジネスインテリジェンスの
スキルが、見栄えのいいチャートを作る力よりも
重要だ。ビジュアライゼーションの作成で専門家
の力を借りることが最も多い象限である。第4章
では、専門家と行う手法の1つであるペア分析に
ついて説明する。

　あるソーシャルメディア会社のマネジャーが、
新たな市場を探すことになり、誰も気づかないチ
ャンスを見つけたいと思っている。データサイエ
ンティストに相談すると、セマンティック分析に
よって、テキストコミュニケーションという類似
性に基づき、複数の業界の何千という企業をマッ
ピングできるという。

　マネジャーはそのアイデアを気に入るが、自分
ではできない。そのデータサイエンティストを雇
い、一緒にデータセットを作成、調整して、何千
もの企業をマッピングしたラフのビジュアルを作
った。セマンティック分析によって、類似性のあ
る企業が結び付けられ、類似性が高いほど結び付
きが「強く」なり、より近くにマッピングされる。

　そしてできたのが、右上のネットワークダイア
グラムだ。業界ごとのクラスターがわかりやすく

業界のクラスターのセマンティック分析

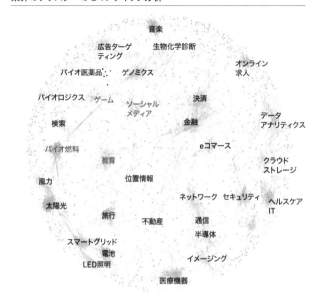

表示されている。近接するクラスター間の空白は、
ある業界を別の業界につなげる機会を示す。デー
タが双方の類似性を示しているにもかかわらず、
そのギャップを埋める企業がまだ現れていないと
いうことだ（注3）。

　マネジャーはソーシャルメディアとゲームの間
の空白が狭いことにすぐ気づいたが、「キャンディ
ークラッシュ」のゲームをしている彼にとっては
驚きではない。だが、教育やバイオ燃料など他の
業界との間にも空白があることがわかった。ソー
シャルメディア会社にとって、新しい市場になる
かもしれない。

日々のデータビズ（右上の象限）

　探究的な作業の多いデータサイエンティストとは異なり、マネジャーが中心的に取り組むのはこの象限だ。エクセルで作られ、パワーポイントにペーストされる基本的なチャートやグラフだ。折れ線グラフ、棒グラフ、円グラフ、散布図などのシンプルな形式が多い。

　「シンプル」がキーワードだ。データセットは小規模でシンプルなものが多い。ビジュアライゼーションが伝えるのはシンプルなアイデアやメッセージであり、チャート化するのは数個の変数だ。目的もシンプルで、たいていは議論の対象にならないデータに基づいた、事実情報を提供することである。

　シンプルさは主にデザイン上の課題だ。このタイプのチャートが通常使われる正式なプレゼンでは、明瞭さと一貫性がチャートを最も効果的にする。プレゼンは時間に制約がある。チャートのデザインがお粗末だと、質問が上がり、ビジュアルの構成や本来明確であるべき情報の説明をしなければならず、時間が無駄になる。

　日々のデータビズは、マネジャーが言葉を発さなくても提示できなくてはならない。ビジュアル自体が語ることができないとしたら、それはオチに説明が必要なジョークと同じで、失敗だ。

　宣言型のチャートは議論を起こすべきではないと言っているのではない。議論を生み出すべきだ。しかし、議論はチャートの中のアイデアに関するものであるべきで、チャートそのものについてではない。

　人事担当バイスプレジデントが、会社の医療費について経営委員会の他のメンバーに発表するとしよう。伝えたい最も重要なメッセージは、医療費の増加が大幅に鈍化したため、他のサービスに投資する機会ができたことだ。

　医療費増加の鈍化に関するオンラインレポートを読んだ際、政府のデータへのリンクも含まれていたので、データをダウンロードした。エクセルで折れ線グラフのオプションをクリックすれば、数秒でビジュアルができる。しかしプレゼンで使うため、より包括的な視点を示そうと、同僚のデザイナーに頼んでGDPと景気後退についての詳しいデータを加えた。

日々のデータビズ：データ主導で宣言型のビジュアライゼーション

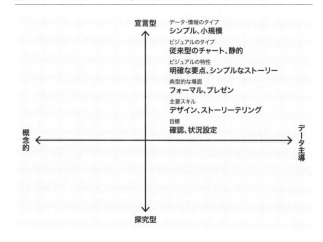

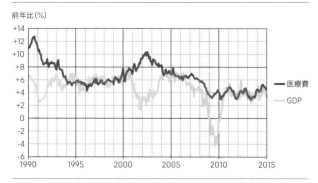

前年比 (%)

出所：オルタラム

これはデザインの良い正確なチャートだが、適切ではない。経営委員会が従業員の福利厚生への投資戦略を議論するのに、20年分の歴史的背景は必要ない。このバイスプレジデントが伝えたい要点は、ここ数年で費用の増加が減速していることである。それがこのチャートからすぐに伝わるだろうか。

一般的に、チャートのデータを理解するのに数秒ではなく数分かかる場合、多くの情報を取り込もうとしてプレゼンに耳を傾けない人がいるため、紙や手元のデバイスの画面に示した方が効果的だ。例えば、医療政策立案者がこうした長期的なトレンドについて議論するヒアリングの前にこのチャートを見れば、役に立つだろう。

しかし、このバイスプレジデントが必要としているのは、もっとシンプルなものだ。同じデータセットから、彼女は医療費の年間の伸び率を示す

チャートを以下のように作成した。経営陣にこのトレンドを理解してもらうのに、言葉を発する必要はないだろう。こうして明確に、邪魔なものもなく、自らの提言を示す基盤を築いた。

低下する年間増加率

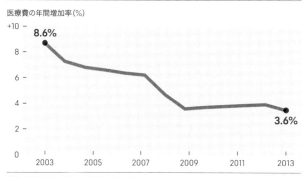

医療費の年間増加率 (%)

出所：メディケア・メディケイド・サービスセンター

「4つのタイプ」を示す4象限の使い方

「4つのタイプ」を示す4象限マトリックスは便利な構造だ。簡素な道路地図にガソリンスタンドの場所や交通状況、天気など、様々な情報を重ねることができるのと同じように、このビジュアライゼーションにいくつものアイデア、リソース、経験則を重ね合わせて、必要な時間、リソース、スキルを考えることができる。使い方の5つの例を紹介しよう。

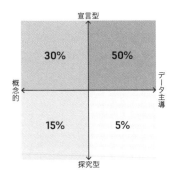

使用頻度：

　数字は人によって異なり、これは私のスタート地点の数字だ。ほとんどのマネジャーはチャート作成の大半の時間を日々のデータビズに費やすはずだ。しかし、新しいソフトとオンラインツールによって発見と探究が容易になっており、右下の象限の数字が大きくなると予測される。

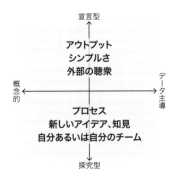

フォーカス：

　目的が宣言ならアウトプットにフォーカスする。つまり人を動かす優れたビジュアルを作ることだ。目的が探究ならビジュアライゼーションの見た目よりも、アイデアを創出し、学びを得ることに注力しよう。

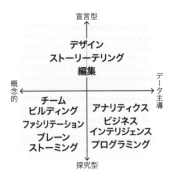

スキル：

　プロジェクトの重要性、複雑さ、締め切りによって、自分でスキルを伸ばすか、人のスキルに頼るかが決まる。発見の象限や、取締役会などでの重要なプレゼンをする場合は後者だろう。またマネジャーは、インフォビズに適用するかどうかにかかわらず、アイデアを探究するスキルを伸ばすべきだ。

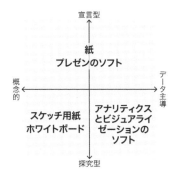

媒体：

　一般的に、探究型のためのツールが交流と反復を促す一方、宣言型のためのツールは優れたデザインを生む助けとなる。だが、探究型向けのソフトウェアは開発が進んでおり、デザイン面も向上するだろう。

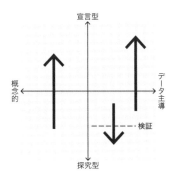

ワークフロー：

　探究の作業で得た知見を、優れたデザインの宣言型のチャートにして幅広い人に共有したくなることはよくある。例えば、本章の4象限のアイデアの説明はすべて、アイデアの探究から始まり、その後、出版に向けてデザインした。検証の作業で仮説を試したところ、説明できない予期せぬ結果になり、それが深い探究につながることもある。

　このマトリックスには様々な要素を追加できる。例えば、あるタイプのビジュアライゼーションで頼りにする同僚の名前、様々な象限で使用するソフトウェアのリンク、スキル向上のために受けたい講座のリンクを加えてもいい。

＊　　　＊　　　＊

　インフォメーションビジュアライゼーションをこのように見てみると、1つのものというより、関連しているが異なるものが集まった複合的なものと考えられる。必要なスキル、使用するツール、伝える手段は、マトリックスの象限によって大きく異なる。アイデアの説明を良いチャートにするものは、日々のデータビズを良いチャートにするものとは異なるだろう。

　本章冒頭の2つの問い「情報は概念的か、それともデータ主導か」「ビジュアルの目的は宣言か、それとも探究か」に答える数分間で、効果的に視覚化するための準備ができる。理想的な旅行の荷造りができるようなものだ。

まとめ

2つの問いから導き出す4つのタイプ

ビジュアライゼーションとは多様な技能であり、異なるタイプには異なるスキルとリソースが必要だ。ビジュアルを作る前にプランを立てよう。自分のビジュアルコミュニケーションが4つのタイプのどれかを見極め、必要なスキルとリソースを知る。これにより適切な考え方ができ、時間を節約できる。

次の2つの問いに答えて、自分はどのタイプのビジュアルコミュニケーションをしようとしているのかを把握しよう。

①情報は「概念的」か、それとも「データ主導」か
✓ 概念的な情報は定性的。プロセス、階層、サイクル、組織など。
✓ データ主導の情報は定量的。収益、評価、割合など。

②ビジュアルの目的は「宣言」か、それとも「探究」か
✓ 宣言の目的は、聴衆に情報を提供し、主張すること。
✓ 探究の目的は、新しいアイデアを探し、発見すること。

2つの問いに対するあなたの答えを、4象限マトリックスで示された4つのタイプのビジュアルコミュニケーションのうちの1つに当てはめよう。

アイデアの説明：統計データと結び付かないアイデアのビジュアライゼーション。木などのメタファーや、サイクル図のようなプロセスを示すことが多い。組織図、プロセスダイアグラム、そしてこの4象限マトリックスも含まれる。

4つのタイプ

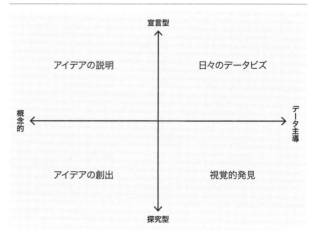

アイデアの創出：統計データと結び付かないアイデアを視覚化するために、コンセプトを短時間でスケッチしたもの。ブレストの際にグループで行ったり、ホワイトボードを使ったり、ナプキンの裏に描くのもおなじみのやり方だ。

視覚的発見：データを使って仮説を検証する、あるいはパターンや傾向を見つけるビジュアライゼーション。このうち「視覚的確認」はより宣言的で、仮説を検証したり、データを新しい方法で考察したりすることが目的だ。個人で行われることが多く、通常はエクセルやオンラインツールなどの統計ソフトを使う。「視覚的探究」はより探究的で、生に近いデータを使ってパターンや傾向を調べる。大規模なデータや変化する動的データを使う。通常は高度なソフトウェアや、データサイエンス、ビジネスアナリシスのスキルが必要となる。

日々のデータビズ：聴衆にアイデアを示すために使われる一般的なチャートやグラフ。通常はデザインに優れ、扱いやすい量のデータに基づいており、プレゼンで発表されることが多い。

　この4象限マトリックスは、各タイプのビジュアライゼーションについて書き込むテンプレートとして使うことができる。ビジュアルを作るために身につけたいスキル、必要なツールなど、取り掛かる時に役立つヒントを書く。一例として、これは各タイプについて考慮すべきことを記入したバージョンだ。

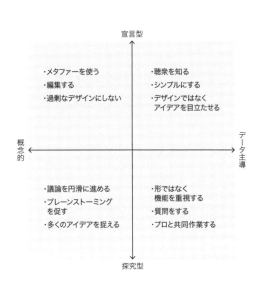

複数の未来をモデル化する

「学士課程の統計学の講義で回帰について学んだ時のことを覚えている。魔法のようだった」

スパークスはバンダービルト大学で、統計学ではなく政治学を専攻していた。回帰モデルが複数の未来の可能性を示すことに興奮を覚え、その原理を学んだ後、野球の統計を使って自分で試してみた。「うまくいった」と彼は言う。「最高だった」

デューク大学大学院で学んだ政治学は、予想していたよりも統計学に重きをおいていた。「ステータ」（Stata）や「R」などデータ分析ソフトの使い方を学ぶ必要があり、「日中は研究助手の仕事をこなし、勤務時間が終わるやステータを開いて、野球やバスケットボールの統計データを利用して使い方を独学した」

なぜ政治のデータセットではなく、スポーツだったのか。「政治のデータは厄介だ。学ぼうとはしたが、スポーツのデータは明瞭で、興味がある」

統計ソフトでは極めて専門的なことを学んでいたので、あえて『ヤバい経済学』や『まっとうな経済学』など気軽な一般向け書籍を読んだ。そして、エドワード・タフテに出会った。「それまではビジュアライゼーションに興奮したことはなかった」とスパークス。「統計ソフトはビジュアライゼーションに優れておらず、深く考えたことがなかった」

ビジュアライゼーションは難しかったが、非常に有意義であることがわかった。「回帰や不確実性を表す有力な方法だ。それらは未来をモデル化する上で重要な概念であり、表の数字を一度に多く頭に入れるのも困難だ。こうした抽象的な概念を視覚的に表す方法を見つけ出すことに興味を持った」

スポーツデータを扱っていたこともあり、NBAのボストン・セルティックスでインターンシップに参加し、その後、チームのコンサルタントになった。「それでも政治学者になりたいと思っていた」とスパークスは

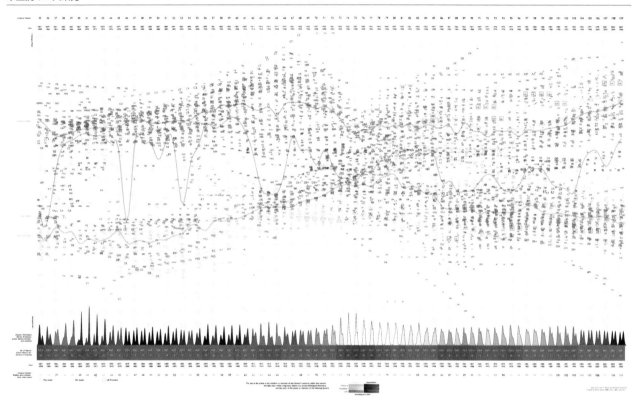

振り返る。「でもちょうどよかった。バスケットのデータセットに取り組み、ツールや方法論、問題の捉え方を学んだことを活かして優れた政治学者になれると思った」

彼は正しかった。スポーツのためのビジュアライゼーションを手掛けたことがきっかけで、彼は「本当の」仕事で米議会のイデオロギーの二極化の歴史を示すマップを作り出した（「ノミネート」と呼ばれるデータセットを使った）。分析は深いが、洗練された形式のシンプルなチャートだ。青と赤の線が収束していれば二極化が弱く、離れていれば二極化が強いことを示している。

だがスパークスはもう1つ情報を追加し、民主党議員を北部と南部で区別した。「20世紀の米国の歴史において重要な出来事の1つが、すでに保守的だった南部の民主党議員がさらに保守に傾き、最終的には共和

党員になる中で、北部の民主党議員が孤立していったことだ」

そのチャートは詳細にわたり、専門家ではない聴衆にはおそらく理解できないが、教授や学生たちは理解するとわかっていた。彼は自分のコンテクストを知っていた。「デューク大学の指導教員に見せた日のことを覚えている」とスパークス。「みな一流の議会研究者で、しかも彼らが日々教えていることだ。とても緊張した」。それは杞憂に終わった。教員らは講義を丸々使って説明していることが1つのグラフになったことに感銘を受けた。講義で使いたい、ポスターとして貼り出したいとコピーまで求めた。「その時、『これならいける』と思った」

スパークスはチャート作成のプロセスでスケッチをしない。統計ソフトを使っているため、その必要がないのだ。短時間でプロトタイピングができ、複数のタイプのチャートを試すことができる。

複雑なデータを扱うため、プロットする変数が2つしかないチャートを作ることはほとんどない。「たいていはZ軸がある。色やバブルの大きさなど、何かしらある」。符号化する情報が多いほどチャートは複雑になるため、彼は否応なしにデザイン面が得意になった。

時には瞬時に認識できるものにすることは断念し、聴衆に時間をかけて分析してもらうこともある。未来のモデル化はそう単純ではない。しかし、浮かび上がるアイデアは非常に説得力があるため、それだけの価値もある。「1秒以内に理解を得ることがそれほど重要だろうか。そういう場合もあるが、アイデアによっては数秒費やせばより豊かで有意義な体験ができる」

また、ビジュアルを提示する時は「チャートは主張しなければならない」。「持っているデータすべてを提供してもあまり意味はない。トピックについて知っていることをすべて盛り込んだ文章は書かないだろう」

スパークスはデューク大学で博士号を取得したが、政治学の専門家の市場に物足りなさを感じた。そこで報われたのが、スポーツに関するビジュアライゼーションの経

験で、セルティックスとの契約につながった。そこでの役割は「バスケットとその選手について我々が考えることを数値化し、視覚化すること」だ。

自分が取り組んでいるのは「探究型ビジュアライゼーション」ではなく「モデルビジュアライゼーション」だと彼は言う。その違いは何かと言えば、統計を使って未来の可能性とその不確実性を表現していることだ。「不確実性を視覚化することは小さな挑戦ではない。データを扱わない人々に未来についての複雑なアイデアを示すだけでなく、そこに不確実性も加わる。これはビズコミュニティが取り組むべき最も重要な課題の1つだ」

スパークスは自身の未来をモデル化してはいないが、それも楽しみにしている。

"学士課程の統計学の講義で
回帰について
学んだ時のことを覚えている。
魔法のようだった"

第 4 章

チャートを
数時間で
改善する

シンプルなフレームワーク

チャートの作成でマネジャーが感じるストレスのほとんどは、チャートの種類を選ぶことにある。たいていはエクセルやグーグルのスプレッドシートにあるオプションの中からいくつか試し、よさそうなものを選ぶ。さらに数回クリックして3Dにしたり色をつけたりと、装飾することもあるだろう。あまりに簡単にビジュアライゼーションを作成できてしまうため、良いチャートを作る上での最大の課題は、ただクリックして作るという願望、いや、誘惑に打ち勝つことだ。作成に時間と労力をかける価値がないように思えてしまうのだ。

当然ながら、それは完全に間違っている。手っ取り早く見た目もいいかもしれないが、チャートが伝えるアイデアを磨くことができない。本書の「はじめに」で説明した、デザインとコンテクストを軸にした「良いチャート」のマトリックスを思い出してほしい。良いチャートはこの2つの要素がうまく組み合わさっている。仮にソフトウェアが見栄えの良いチャートを自動的に生成したとしても（大半はできないが）、コンテクストを有意義な形で設定することはできない。スプレッドシートは、チャートの聴衆や目的を知らない。プログラムはデータを視覚化し、人はアイデアを視覚化するのだ。

チャートのタイプやデザインにすぐに飛びつくのではなく、コンテクストを明確にし、最も効果的なビジュアルの方法を特定するために、多くのインプットを得なければならない。それは時間と労力の無駄ではなく、無分別で自動的に生成されるチャートへの対抗手段だ。以下の棒グラフ（コンサルタントがクライアントに向けて行った実際のプレゼンで使われたチャートだ）も、わずかな努力でその下の折れ線グラフに変えることができる。

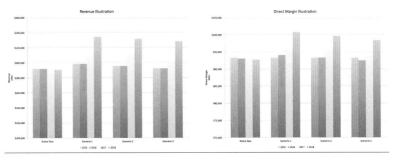

考え方を変えるのは思うほど時間がかからず、上の2つの棒グラフ（コンサルタントがクライアントへのピッチのために作成したもの）ではなく、下の4つの折れ線グラフを作ることができる。

収益と利益の成長シナリオ：9%の会員数増加を想定

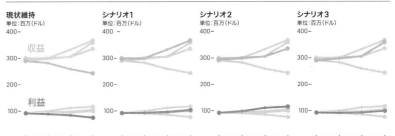

出所：企業調査

こうしたチャートの改善には、あなたが思うほど時間も労力もかからない。これは45分でできた。もっと短時間でビジュアルコミュニケーションの質を上げることもできる。チャート作りに午後を丸々費やすこともあるかもしれないが、平均的には1時間ほどでチャートを根本的に改善できる。

その方法を教えよう。まずは、このステップとタイムフレームで始める。

より良いチャートを作る

各タスクに費やす時間（分）

5	15	20	20
準備	話す・聞く	スケッチ	プロトタイプ

準備は通常、数分以内でできる。ただ、ご想像通り、それ以降のステップにかかる時間はビジュアライゼーションのタイプとプロジェクトの複雑さによって異なる。まずはこの時間配分で良いチャートを1つか2つ作ってみよう。

準備

料理人はこのステップを「ミーザンプラス」（下準備）と呼ぶ。料理の前にすべての食材を揃え、キッチンを整えるのだ。ここで行うことは3つある。

3つのスペースを作る
✓ **精神的なスペース**：スケジュールの中に時間を確保する。メールやソーシャルメディアをオフにして、集中する。
✓ **物理的なスペース**：あなたのオフィスがフリーアドレスなら、部屋を確保する。オフィスを持っている人も、デスクから離れた静かな個室を見つけて邪魔が入らないようにする。人にアイデアや意見を求めるが、通りすがりの人からの場当たり的でおせっかいなコメントは不要だ。
✓ **ホワイトスペース**：大量の紙とホワイトボードを用意する。キャスター付きのホワイトボードなら自分のデスクに移動させることもできる。それがなければスマホでスケッチの写真を撮る。マーカーとペンは3〜4色あると便利だ。

データから離れる

不思議に思うかもしれないが、これは広い視野で考える上で重要だ。データは無視せず、理解していなければならないが、データに引っ張られてはいけない。「データセットを念頭に置いて始めると、考え方が制限される」と、コンピュータサイエンスの准教授でデータビジュアライゼーションを教えるジェフ・ヘーアは言う。「まず一歩引いて、広い視野で考えなければならない」

データのセルに焦点を当てると、表をビジュアルの形に変換しただけの平凡なチャートになりかねない。初めからもっとオープンな視点で臨めば、新しいデータを導入したり、持っているデータを処理したりすることで、アイデアを力強く伝える

方法が見つかるかもしれない。

　簡単な例を挙げよう。eコマースサイトのゼネラルマネジャーが時間帯別の顧客の購買活動を調べている。スプレッドシートのある列のデータを視覚化すると、下のようなチャートができる。

時間帯ごとの顧客の購買活動

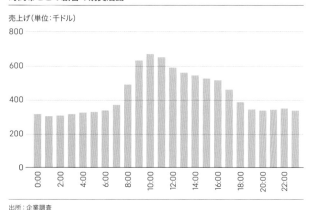

出所：企業調査

　これでも悪くはないし、作るのも簡単だ。だが、もしマネジャーがデータを脇に置き、自分が何を見せようとしているのかを話し合っていたら（このプロセスについては後述する）、データが実際に購入された場所の時間ではなく、購入が登録された場所である東部の標準時に正規化されていたことに気がついたはずだ。この場合は「購入された」時間帯別の売上げを示した方が有用だろう。それが右上のチャートだ。

時間帯ごとの顧客の購買活動

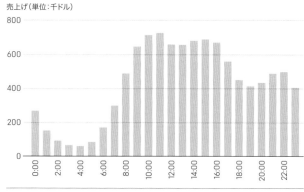

出所：企業調査

　どんなデータを持っているかではなく、何を見せたいのかという視点で始めると、より役に立つチャートができる。

基本的な情報を書き出す

　スペースができたら、次は考えの枠組みを作るために、重要な情報を紙やホワイトボードにいくつか書き出してみよう。入れてほしいのは以下の情報だ。

・タイトル
・誰のためのものか
・どのような場で使用するか
・作るのはビジュアライゼーションの4つのタイプのうちどれか
・コンテクスト×デザインの「良いチャートのマ

トリックス」のどこを目指すべきか

これは「販売チームの成績」のスケッチだ。

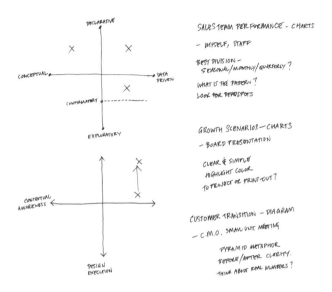

キーワードやメモも記入しておく。これはスタート地点であるだけでなく、これから行う話し合いやスケッチのプロセスで、脇道に逸れた時に本題に戻る道標の役割も果たす（広く考えるには、脇道に逸れた方がいい）。

話す・聞く

チャートをより良くしたいなら、自分が何を見せたいのかを話し、自分の声と人の声に耳を傾け

る。会話の中にはベストな方法の手掛かりが豊富にある。そこで出てきた言葉から、必要なデータ、焦点を当てるべき部分、そして使うべきチャートのタイプが導き出されるはずだ。

これは、より良いチャートを作るためにすべきことのうち最も啓発的であると同時に、最も自然にはできないものだろう。慣れるのに時間がかかる。実践すべきことは3つある。

同僚や友人を見つける

自分で何とかできなくもないが、話す相手がいる方がいい。誰がふさわしいかは状況による。自分のアプローチに自信がないなら、部外者、つまりデータやあなたの取り組んでいることについてあまり知識がない人がいい。データに詳しい人やそのチャートの聴衆と違って、思い込みや先入観のない反応が得られるからだ。必然的にあなたは基本的な情報を説明し、アイデアを整理し、コンテクストを提供しなければならなくなる。ブレストのようなものだ。

逆に、アプローチに自信があるが、より洗練させたい、適切かどうかを確認したい場合は、そのデータに詳しく、プロジェクトに近い立場の人に頼もう。聴衆の1人でもいいかもしれない。この場合は、状況分析のようなものだ。

具体的な問いについて話す

計画を立てずに会話に入ってはいけない。以下

の３つの問いから始めよう。

・私は何に取り組んでいるか
・私は何を伝えようとしているのか、または見せようとしているのか（あるいは証明、学習しようとしているのか）
・なぜか

　最初の問いはわかりやすく、事実に基づくもので、相手が部外者の場合に最も有効だ。あなたがすべき説明ができる。これに続く相手からの質問は、あなたの説明が足りないサインかもしれないし、話が脱線していることに気づかせてくれるかもしれない。次のように会話を始めたとしたらどうだろう。

　新しい人事プログラムに投資する機会だと上司に示そうとしていて――
「ちょっと待って。次年度のための小規模なプログラムなのか、それとも規模の大きい長期的な投資？」

　この時点ですでに、あなたが示したいのは何なのかについて、もっとしっかり焦点を当てなければならなくなっている。
　２つ目の問いは、あなたが宣言しようとしているのか（「何を伝えようとしているのか、または見せようとしているのか」）、検証や探究をしようとしている

のか（「何を証明、あるいは学習しようとしているのか」）によって変わる。注意すべきは、ここではまだデータについては触れないことだ。データは何を語っているのか、という問いかけはしない。データの一部を端的に示したビジュアルになると確信していたとしても、アプローチについてより広い視点で考えるチャンスだ。ビジュアライゼーションに組み込む他のデータや情報を探すことにつながるかもしれない。
　「何を伝えようとしているのか」の答えになる言葉を会話から見つけられれば、その後のプロセスの役に立つ。そうした言葉にたどり着いたのがこれだ。

「上司に、顧客維持の点では彼女が思っているよりも自分たちはよくやっていると示したいんだ」
「なぜ彼女はあなたたちがよくやっていないと思うの？」
「顧客維持率が３四半期連続で低下してるんだ。今が悪い状況に思えるのはわかるし、みんな動揺している」
「じゃあ、彼女が思うよりもどんなふうにいいの？」
「ええと、僕の知る限り、問題は自分たちじゃなくて、業界の状況なんだ。うちの会社の維持率は低下しているけど、競合している２社ほど劇的には低下していない。全体的なものだと思う」
「へえ！」
「上司にそれを明確に示すことができれば、懸念し

たりエネルギーを費やしたりすべきは、市場の状況を見極めることであって、会社としてのやり方を変えることではないと伝えることができる」

こうしてビジュアルの出発点が見つかった。最初に、上司に伝えたいことは「我々はあなたが思っているよりもよくやっている」ことだと述べる。相手はそれを定性的な発言として認識し、その説明をうまく引き出している。具体的に証明するために上司に何を提示できるかについて、「会社の維持率は低下しているが、競合する2社ほど劇的には低下していない」と話している。

3つ目の問いは、最も難しく、正直、最もイライラする。「なぜか」と問い続け、相手にも同じ問いをぶつけてもらう。もしあなたが苛立ったり、いい答えが思いつかなかったり、「とにかくそうなんだ！」と言ってしまったら、示そうとしているものについてもっと批判的に考える必要があるというサインだ。

次の会話では、「なぜ」が連発され、マネジャーは宣言型のビジュアライゼーションを作る準備ができていないことを認めざるを得なくなっている。

「財務成績と、メールや会議に費やした時間などの主要な生産性データを比較したい」
「なぜ？　どんな関係があるの？」
「おそらくこの2つには関連があるように思えるから。収益が減少している。自分でもなぜ？と考

えてみると、今は会議ばかりしている。仕事をしている時間がないの！」
「でも会議の間も仕事はしているんじゃないの？　なぜ会議が問題なの？」
「他のことに時間を取られるから、こなせる仕事の量が減ってるのよ」
「でも、どうして2つが関係していることになるの？　会議やメールが多いと収益が減ることをどうやって実際に証明できるの？」
「わからないけど、当然何かしらの関連性がある。あるはず！」
「なぜ？　もし会議が仕事を処理するのにも役立っていたら？」
「とにかくそうなの！　会議にはうんざり！」

宣言型のデータビズを作成しようとしていて、「なぜ」に十分に答えられない場合は、立ち止まっていくつかの仮説を立て、探究型のビジュアルで試し、どんな結果が出るか見てみるといい。

聞いてメモを取る

相手の話に耳を傾けるのはもちろんだが、自分の声にも耳を傾けてほしい。あなたがアイデアや情報をどう「見ている」かを示す視覚的な言葉やフレーズを抜き出して、書き留めよう。例えば、「分散している」「広がっている」「異なるタイプ」「クラスター」などの言葉は、アプローチを決める手がかりになる。

メタファーにも注意だ。「部署からお金が飛んでいった」「大きな落ち込みだ」「収益は崖から転がり落ちたよう」「迷路のように入り組んだ選択肢」などの表現は、デザインの力強いイメージを呼び起こす。

次の発言を例に考えてみよう。「求人情報の数と雇用の数を比較して、仕事のタイプごとの比率を見たい」。このセンテンスには、確かなビジュアルの手段を示唆する情報が含まれている。手がかりとなる言葉を強調すると、こうなる。

「求人情報の数と雇用の**数を比較**して、仕事の***タイプ***ごとの**比率**を**見たい**」

「数を比較」が示唆するのは、数字が振られた軸に沿ってデータポイントをプロットしたチャートだ。「比率」は数字を比較すること、「タイプごと」は複数のカテゴリーにわたって比較を繰り返すことや、サブグループを作成する可能性があることも示している（潜在的な変数を表す名詞があることにも気づいたかもしれない。「求人」「雇用」「仕事」はすべて重要なデータのカテゴリーだ。これらも書き留めよう）。

少し先のステップに飛ぼう。1つの文章からこれらのキーワードを抜き出すと、マネジャーは右上のようなビジュアライゼーションを最終的に作成できる。文章をもう一度読んでほしい。チャートにすべてが反映されている。

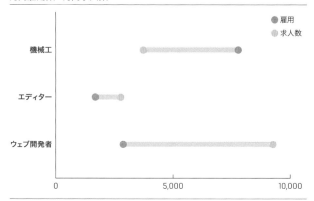

月間雇用数と月間求人数

● 雇用
● 求人数

機械工

エディター

ウェブ開発者

0　　　　　5,000　　　　10,000

出所：エコノミック・モデリング・スペシャリスト

もう1つ例を挙げよう。販売マネジャーが、チームの販売成績についての探究型のビジュアライゼーションを作ろうとしている。彼は友人にこう話す。

「売上げに規則的なパターンがあるのかは定かではない。チームがいつどのように売上げをあげているのか、売上げが時間の経過に伴ってどう発生しているのかを把握しようとしているんだ。たいてい順調なのか、それとも売上げが急増する時やまったくない期間があるのか。月ごとで同じなのか、違うのか。季節によって売上げのパターンが違うのか」

この作業に慣れているマネジャーなら、会話の中からいくつかのキーワードやセンテンスをメモに取るだろう。

「売上げに規則的な**パターン**があるのかは定かではない。チームが**いつ**どのように売上げをあげているのか、売上げが**時間の経過に伴ってどう発生**しているのかを把握しようとしているんだ。**たいてい順調**なのか、それとも売上げが**急増する時**や**まったくない期間**があるのか。**月ごと**で同じなのか、違うのか。**季節**によって売上げの**パターン**が違うのか」

このように自分の話を積極的に聞くのは、最初はちょっと違和感があるが、間違いなく価値がある。誰かの口にしたフレーズで「ピンときた」瞬間、人々の目がパッと明るくなるのを私は何度も目撃した。突然、視覚化の方法が頭に浮かぶのだ。

私のお気に入りの例が、ハーバード・ビジネス・スクール教授のクレイトン・クリステンセンと一緒に仕事をした時のことだ。彼は自身が執筆した『ハーバード・ビジネス・レビュー』の記事「資本家のジレンマ」が、IDEOの協力で作られたオンライン・ディスカッション・フォーラムに投稿された何十ものアイデアの産物であることを視覚化したいと考えた（注1）。

フォーラムでは、参加者が自分のアイデアがどの投稿の影響を受けたかを記すことができ、それぞれの投稿が何人に読まれ、

コメントが何件あったかが追跡された。クリステンセンの言葉を端的に言えば、「投稿者のネットワークがどのようにしてこの記事を最終的な形にしたかを示したい」とのことだった。

クリステンセンのチームは、会話内の相互関係を表そうとラフなスケッチを描いた。星座とフローチャートを足して2で割ったようなもので、フォーラムで議論された言葉が散りばめられている。

それらを元に作ったのが下のチャートである。

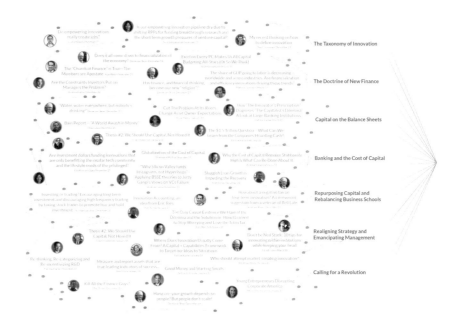

これがスタート地点だった。相互関係を示すというアイデアは伝わるが、やや場当たり的な印象だ。色は何を意味するのか。ドットは何を表しているのか。これを改善しようと、我々は会議室で30分ほど話し、聞き、私はそこで出てきたたくさんのキーワードやメタファーをメモに取った。「アイデアのネットワーク」「相互関係性」「意見のやりとり」「時間の経過」「クラウドソーシング」「ビッグインフルエンサー」など。

最後にクリステンセンが、このフォーラムがいかに記事の執筆に役立ったかをこのような趣旨で表現した。「フォーラムからのアイデアがすべて記事に流れ込んだ」

「流れ込んだ」。それだ。良いビジュアルのメタファーを見つけた我々は、流れを表す2種類のチャートのラフをスケッチし始めた。沖積図とサンキーダイアグラムだ。話し合いを続けると、グループの誰かが別のキーワードを発した。フォーラムでの会話が「滝のように流れた」と言ったのだ。

チャートを作り始めるには十分だった。最終的に、右のような「時間の経過」とともに「流れ」と「滝」ができるインタラクティブなビジュアライゼーションになった（注2）。

話す時も聞く時も、「何を見せようとしているのか、または伝えようとしているのか（あるいは証明、学習しようとしているのか）」という基本的な問いに明確に答えなくてはならない。短い会話の中にこの問いに対する答えが、あなたが思っている以上に潜んでいる。それらの言葉を抜き出したら、次のステップは描くことだ。

スケッチ

ついに描く時がきた。このステップでア

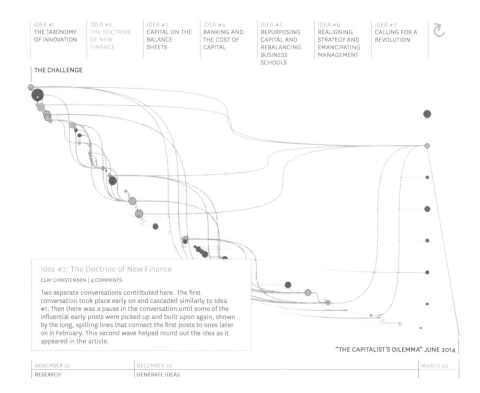

プローチが絞られ、ラフドラフトが磨かれる。では始めよう。

キーワードとチャートのタイプをマッチさせる

メモを取った言葉はここで使う。あなたが捉えた視覚的な言葉をチャートにして描き始めよう。キーワードを一般的に最もよく表すビジュアライゼーションのタイプとマッチさせる方法がある。

アンドリュー・アベーラが作ったようなチャートタイプの階層をご存じかもしれない（次ページ）。大学の学長で、アメリカ・カトリック大学ビジネススクールの元学部長のアベーラは、効果的なプレゼンについての著作もあり（注3）、代表的なチャートをうまく整理しているが、注意すべき点もある。チャートの選び方に同意しない人もいるだろう。例えば、アベーラは円グラフ

アベーラのチャートタイプの階層

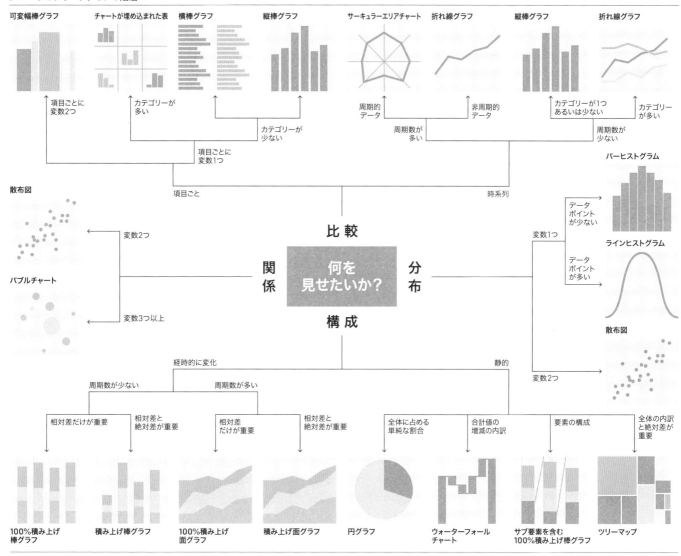

可変幅棒グラフ　チャートが埋め込まれた表　横棒グラフ　縦棒グラフ　サーキュラーエリアチャート　折れ線グラフ　縦棒グラフ　折れ線グラフ

項目ごとに
変数2つ

カテゴリーが
多い

カテゴリーが
少ない

項目ごとに
変数1つ

周期的
データ

周期数が
多い

非周期的
データ

カテゴリーが1つ
あるいは少ない

周期数が
少ない

カテゴリー
が多い

バーヒストグラム

項目ごと　　　　　　　　　　　　　　　　　時系列

散布図

変数2つ

関係　　比較

バブルチャート

変数3つ以上

何を
見せたいか？

分布

構成

データ
ポイント
が少ない

変数1つ

データ
ポイント
が多い

ラインヒストグラム

散布図

変数2つ

経時的に変化　　　　　　　　　　　　　　　　静的

周期数が少ない　　　周期数が多い

相対差だけが重要　相対差と絶対差が重要　相対差だけが重要　相対差と絶対差が重要　全体に占める単純な割合　合計値の増減の内訳　要素の構成　全体の内訳と絶対差が重要

100%積み上げ
棒グラフ　積み上げ棒グラフ　100%積み上げ面グラフ　積み上げ面グラフ　円グラフ　ウォーターフォールチャート　サブ要素を含む100%積み上げ棒グラフ　ツリーマップ

出所：アンドリュー V. アベーラ

比較

メモ

ビフォー・アフター
カテゴリー
比べる
対照
時系列
ピーク
ランク
トレンド
タイプ
谷

| 棒グラフ | バンプチャート | 折れ線グラフ | スロープ チャート | スモール マルチプル |

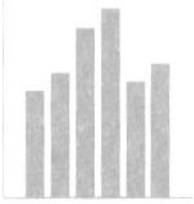

分布

メモ

沖積
クラスター
分散
〜から〜まで
プロット
ポイント
広がり
広がる
〜に対して
移行

| 沖積図 | バブルチャート | ヒストグラム | サンキー ダイアグラム | 散布図 |

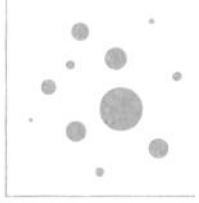

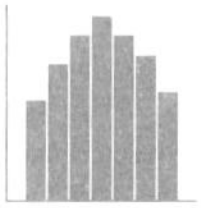

構成

メモ

構成要素　スライス
分割　小区分
グループ　トータル
構成する
全体の
パーツ
割合
要素
部分
比率

| 円グラフ | 積み上げ 面グラフ | 積み上げ 棒グラフ | ツリーマップ | 単位グラフ |

マップ
ネットワーク
ロジック

メモ

クラスター　経路
複雑　位置
つながり　関係性
グループ　ルート
階層　構造
もし〜なら〜　空間
ネットワーク　はい・いいえ
体系化する

| フローチャート | 地理的チャート | 階層チャート | 4象限 マトリックス | ネットワーク ダイアグラム |

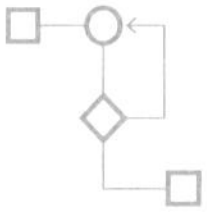

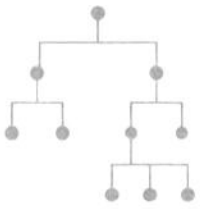

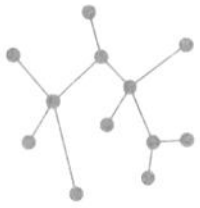

とスパイダーチャート（アベーラは「サーキュラーエリアチャート」と呼ぶ）を含めたが、これらは難しいとか最適ではないと反論する人もいるだろう。単位グラフやスロープグラフが「含まれない」のはなぜか、また、表はどうなのかと疑問に思う人もいるかもしれない。

しかも、このようなガイドは、視野を広げるべき段階でかえって狭めてしまう恐れがある。子どもの前にレゴのパーツをざっと出して、説明書にある10個のものしか作ってはいけないと言うようなものだ。スケッチの最初の段階では、レゴで好き勝手に遊ぶ方がいい。

それでも、アベーラのガイドを紹介するのには、2つの理由がある。1つは、比較や分布など、チャートの形式のカテゴリーを理解するのに役立つという点では既存のどの類型論にも劣らない。ネットで検索すれば他にもたくさんあるが、すべての選択肢を網羅した早見表は存在しない。ここに掲載した一般的なチャートのタイプには驚くほど多様なバリエーションがあるし、新しいタイプが常に生まれている。何もかも特定し記録しようとするのは非現実的だろう。

基本的なカテゴリーとタイプを学んだ上で情報を収集するといい。周りに目を向けて、あなたが惹かれるものや、非常に効果的だと思うインフォビズの例を集める。効果的だと思う点や、あなたの目を捉えたものをメモしよう。インフォビズに関するウェブサイトを見たり、ツイッターで毎日新しいチャートを投稿する人をフォローしたりするのもおすすめだ（#dataviz、#visualization、#viz.などのハッシュタグのリストを作ると便利だ）。

アベーラのチャートを紹介する2つ目の理由は、私がその改良版を作ったからだ。「話す・聞く」のステップでメモをしそうな代表的なキーワードと、スケッチするチャートのタイプをつき合わせたのが左ページの一覧だ。

これはアベーラのフレームワークをベースに、インスピレーションを与えるガイドにしたものだ。カテゴリーとタイプは簡素化したが、アベーラのガイドには含まれていないネットワークや階層のような概念的な形式を加えた（皮肉なことに、アベーラはデータ主導のチャートに限定しているため、彼が類型論の構築に使用した階層的なディシジョンツリーは自身の類型論に含まれていない）。「話す・聞く」のステップでメモしたキーワードを確認したら、それが当てはまるカテゴリーのチャートから取り掛かろう。例えば、「比率」や「割合」とメモしていたら、積み上げ棒グラフや円グラフだ。

覚えておいてほしいのは、このガイドは完全なものでも決定的なものでもないということだ。どのタイプのチャートを使うべきかを教えるものではなく、スケッチを始める際に適したタイプを示している。プロジェクトによっては様々なタイプのチャートを使うとか、ハイブリッド型（マップに棒グラフを重ねるなど）が有用なこともあるだろう。このガイドは、チャートを描き始めるのに役立て

てもらうためのものだ。

スケッチを始める

　スケッチは、アイデアと視覚化の橋渡しをする。良いスケッチは、手早く、シンプルで、そして乱雑だ（注4）。実際の値やスケール、ディテールは考えすぎない。とにかく考えすぎないことだ。キーワードやそれらが示唆するチャートの形式、あなたが繰り返し立ち返る重要なアイデア、そして「何を示そうとしているのか（学ぼうとしているのか）」の答えとしてメモしたものを心に留めておく。そして描こう。形を作り、聴衆に何を見てもらいたいのかという感覚を磨く。いろいろ試してみよう。

　チャートの形式があまりに明白に思えて、多くの案をスケッチする必要性を感じないこともある。カテゴリーごとの基本的な比較ならたいてい棒グラフになるし、時間の経過に伴う傾向は通常、折れ線グラフだ。それでもこのプロセスを省いてはいけない。『ニューヨーク・タイムズ』の有名な

データビジュアライゼーションを複数手掛けるグラフィックエディターのハンナ・フェアフィールドは、ベストな方法についての自身の仮説を検証し、創造力をオープンにするため、常にまったく異なる形式を少なくとも2つスケッチするという。

　私はある時、アップルの様々な製品の価格と世帯月収の中央値を比較する記事をウォルター・フリックと手掛けることになり、製品価格と収入をシンプルな棒グラフで示そうと考えていた。

　カテゴリーの値を比較するには自然な選択だっただろう。棒グラフは有効だ。しか

し、常にいくつかの選択肢をスケッチするというフェアフィールドのアドバイスに従い、比較を表現する別の方法を探ることにした。スケッチをしている間、1つのフレーズが繰り返し浮かんだ。「世帯月収の中でアップル製品の価格がどれだけ『占める』か」というものだ。そこから、製品の価格を単なる比較値ではなく、月収の一部として考えるようにした。最終的に、当初は選択肢になかったがおそらくより効果的な小さなツリーマップに落ち着いた。最初の単純なチャートと、それに代わるチャートのスケッチがこれだ。

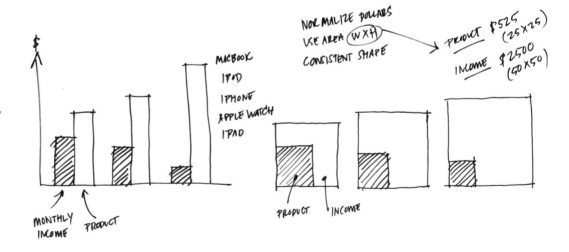

基本的なチャートのタイプがビジュアルに合うと思っても、代替案をスケッチしてその仮定を検証し、創造力をオープンにする。それによってより良いチャートの形式が見つかることもある。

シンプルな折れ線グラフや散布図を使うべきだと確信している時でも、基本的な形式をスケッチすることは重要だ。社内向けのメモや平凡な文章も下書きすると磨かれるように、スケッチすることで単純なチャートもより良くなる。

第2章で解説した、カスタマーサービスの成績がサービスの停止と関係なく低下していることを上司に示そうとしたマネジャーの例を覚えているだろうか。最初は集めたデータ、カスタマーサービスへの問い合わせ件数と成績を、急ごしらえで基本的な折れ線グラフにしたのかもしれない。再掲しよう。

カスタマーサービスへの問い合わせ件数と成績

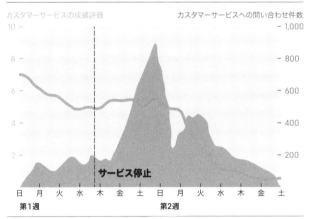

出所：企業調査

しかしスケッチを描いたことで、問い合わせ件数の劇的な増加を示すグラフの形状によって、カ

スタマーサービスの成績の傾向が埋もれてしまうかもしれないと考え始めた。そこで彼女は、成績への注目を高める方法を探そうと、代替案を数分で描いた。

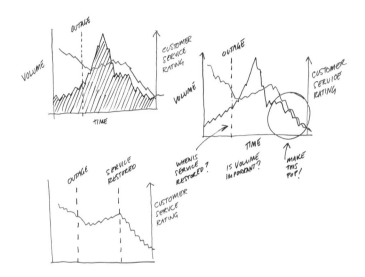

そして、上司に伝えたいこととしてメモした文章を何度も見返した。「ウェブサイトの停止後にサービスが復旧した後も、カスタマーサービスの評価は下がり続けた。そして、それはサービスが停止する前から低下し始めていた」

ブレイクスルーが訪れたのは、自分の言葉が問い合わせ件数にまったく触れていないことに気づいた時だ。手元にあるデータを何も考えずにプロットしていたのだ。問い合わせ件数を「含まない」バージョンをスケッチすると、その方がいい

とすぐに感じた。それから自分の言葉を反映させて、2つの重要なポイントを追加した。「サービスが復旧した後」と「サービスが停止する前」だ。

　スケッチをする時は、マネジャーはデータを正確に描こうとはしていない。下降傾向であることはわかっていて、差し当たりはそれで十分だったからだ。また、拡大やシェーディングなど使えそうな処理についてもメモはしたが、実際にこの段階で決めたことはほとんどない。スケッチの段階で決めるべき最重要事項は、何を追求「しない」かと、どの形式を使用するかだ。これはイラストのブレストだ。このマネジャーは15分ほどで、セルに入ったデータを視覚化するところから、自分が伝えたいことの視覚化まで行うことができた。

　スケッチにもっと時間がかかることもある。本章で前述した、チームの販売成績の季節や月ごとのパターンを探っていた販売マネジャーは、プロジェクトについての友人との会話の中でキーワードをいくつか挙げていた。

「売上げに規則的な**パターン**があるのかは定かではない。チームが**いつ**どのように売上げをあげているのか、売上げが**時間の経過に伴ってどう発生**しているのかを把握しようとしているんだ。**たいてい順調**なのか、それとも売上げが**急増する**時や**まったくない期間**があるのか。**月ごと**で同じなのか、違うのか。**季節**によって売上げの**パターン**が違うのか」

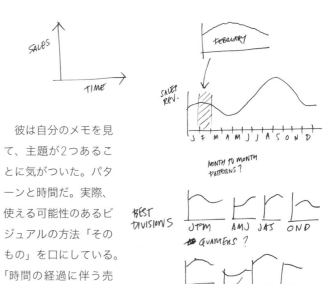

　彼は自分のメモを見て、主題が2つあることに気がついた。パターンと時間だ。実際、使える可能性のあるビジュアルの方法「そのもの」を口にしている。「時間の経過に伴う売上げ」だ。彼はこの2つの変数を軸にしたものをスケッチし、どう使うべきかを考えた。

　折れ線グラフは、トレンドを示したい時にまず試すといいものだ。そこで彼は、1年間の折れ線グラフを作成した。それから、ビジュアルのタイプを示唆する「季節」「期間」「月ごと」という言葉に基づいて、どんな折れ線グラフが適当か探るためスケッチを続けた。次第にアプローチが絞られてきた。この時点の彼のチャートもまた正確ではなく、スケールも正しくない。彼はただアプローチに集中した。

　スケッチは、複雑なストーリーに対する様々な方法を試すのにも役立つ。これは経済学の学生の「話す・聞く」のステップの会話の一部だ。学生は

会話の中からたくさんのキーワード
を抜き出した。

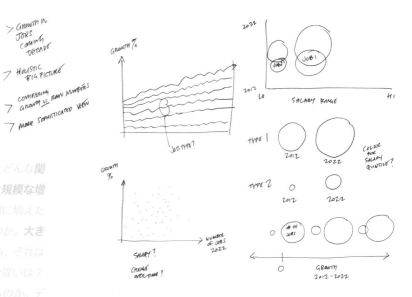

「多くのことを示したい。今後10年
で雇用が最も大きく伸びるのはど
こか、強いセクターと弱いセクタ
ーを比較したい。でも、それらの
賃金は、今後生み出される雇用の総数とどんな関
係があるのか。そこが難しい。雇用の大規模な増
加を示すのは簡単だが、10の雇用が20に増えた
としたら、その増加率は何を意味するのか。大き
く増加している仕事が低賃金だとしたら、それは
何を意味するのか。製造業と知識労働の違いは？
データをそのように分けることはできるのか。デ
ータにはたくさんのことが含まれている」
「なぜそんなに多くのことを示すことが重要な
の？」
「まさにそこなんだ。多くの場合はデータの一部が
強調され、他の要素は無視される。つまり、雇用
の増加を見てください、と言いながら、賃金や雇
用の生の数値は考慮されていない。私が求めてい
るのは全体像で、もっと賢明な見方をしたい」

学生がこの会話から1つのチャートのタイプや
アプローチを選べると考えるのは愚かなことだ。
このページにあるスケッチの目的は、学生が「全
体像」をまとめるための選択肢を探ることだ。
これだと思う方法を確認する5分でも、情報を

整理する方法を見つける1時間でも、スケッチは
チャート作りに欠かせない習慣だ。多くのデザイ
ナーやデータビズのプロにとって、スケッチはビ
ジュアルコミュニケーションを向上させるために
すべきことの中で1、2を争うほど重要だ。

プロトタイプ

スケッチをたくさん描いたら、より実際に近い
チャートを作る準備ができる時が来る。それはい
つか。下記のようなプロトタイプを作り始めるこ
とのできるサインを見逃さないようにしよう。

・スケッチが「何を伝えたいのか、あるいは見せ

たいのか？」の答えとかなりマッチしている。

・スケッチが、様々な案を当てずっぽうに広く試したものではなく、1つのアイデアの改良になっている。

・スケッチに実際のデータや軸、ラベルを当てはめている。

・色、タイトル、ラベルに焦点を当てて、チャートをデザインしている。

・これ以上のアイデアはないと感じている。

　スケッチを描くことは生成的で、アイデアを出すことが目的なのに対し、プロトタイピングは反復的で、良いものに磨き上げることが目的だ。

　プロトタイプには、実際のデータ、もしくは実際に近いデータを組み込むべきだ。完璧にプロットしようとすべきではないが、実際の軸の範囲や近似値を使用し、実際にどのような形になるかという感覚をつかむ。データの小さなサブセットを基にプロトタイプを作れば、すべてをプロトタイプ化しなければと気負うことなく、正確な図が作成できる。季節ごとの売上データをプロットするマネジャーは、1つの季節に絞ってプロトタイプを作ることもできる。

　プロトタイプには、色の使い方や表示する媒体などデザインにまつわる様々な決定事項を反映させなくてはならない。下のスケッチとプロトタイプについて、それぞれの段階で何が異なるかを比較してみよう。

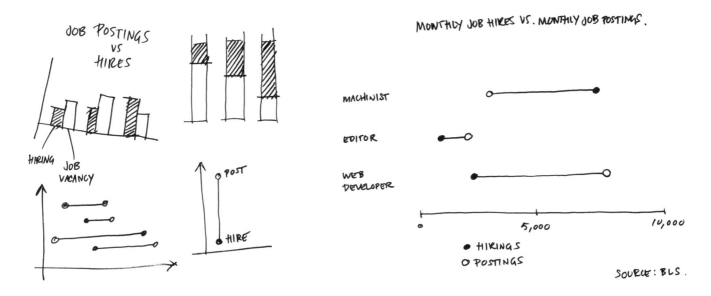

最終的なチャートはカテゴリーがもっと多いが、プロトタイプはそれが3つだけだ。手早く描いたスケッチよりすっきりしていて、実際に近い。実際のラベルを使用し、凡例も記されている。また、「データ的にこのX軸の範囲でいいのか？」「カテゴリーに色を使うべきか？」といった疑問も生まれ、それらはイテレーション（反復）を行うことで解決できる。

プロトタイピングは、大半が3つのカテゴリーに分類できる。

✓ **紙**：紙またはホワイトボード上で作る
✓ **デジタル**：ソフトウェアまたはウェブ上で作る
✓ **ペア**：プログラミングやデザインなど、自分にはないスキルを持っているパートナーと組んで作る

紙のプロトタイピング

新たに準備するものはほぼない。最終的にデジタルでプロトタイプを作る予定の時も、紙のプロトタイプはスケッチから移行させやすい。最初の紙のプロトタイプは、スケッチの最終ドラフトのようなものだ。紙のプロトタイピングは時間を要するので、簡単なデータセット（または大きなデータセットのサブセット）や、シンプルなビジュアライゼーションに適している。カテゴリーが10個あるチャートは手で描くのは難しく、うんざりするかもしれない。また、情報量が多くなると紙の上で

うまくプロットするのは容易ではない。

デジタルのプロトタイピング

これは手で描くよりもはるかに速く、多くの情報を扱いやすい。データを保存しているソフト（エクセルやグーグルのスプレッドシートなど）に入っているツールを使って素早くビジュアルを構築することもできるし、複数の方法を試せるウェブサイトにデータをアップロードしてもできる。この高速なプロトタイピングは、特に検証や探究型のデータビズには強力なツールだ。

マネジャーにとってありがたいのは、デジタルのプロトタイピングに適したツールの数が爆発的に増えていることだ。民主化の流れでこうしたツールが手頃な価格で簡単に使えるようになっている。機能性や要件はツールごとに大きく異なり、次ページに、広く使われているツールの概要を一覧にした。

一部のソフトはデフォルトの色とラベルでも最終ドラフトとして十分で、人に見せることを想定していない探究型のチャートに適している。ベクター画像（SVG）に変換できるものなら、アドビ・イラストレーターや他のデザインソフトにインポートして改良できる。また多くはHTML形式に変換でき、ホバー（カーソルを合わせると変化する）でデータの値が表示されるといったインタラクティブ性がある。ただ、今のところこうしたソフトはどれもビジュアライゼーションを手早く微調整し、

あなたのデータビズに適したツールは？：選択肢の例（2016年）

カテゴリー	特徴（長所）	短所	ツール	無料	登録	有料	基礎	上級	出力フォーマット
データ操作	✓操作が簡単 ✓素早く作成できてテストやプロトタイピングに有効 ✓日々のデータビズ、視覚的確認に有効	✓ツールはビジュアライゼーションよりデータを重視 ✓テンプレートのデザインが必ずしも最適ではない ✓高度なチャートのタイプが多くない	マイクロソフト・エクセル		●	●	●	若干	bmp, gif, jpg, pdf, png
			グーグル・スプレッドシート		●		●	若干	html, png
			ナンバーズ（アップル）			●	●		pdf, png
プロトタイピング	✓操作が簡単で、オンラインで無料 ✓プロトタイピングやエクスポート向けには比較的見栄えのよいアウトプット ✓日々のデータビズ、視覚的確認に有効	✓データ操作のツールよりデータの調整や視覚化の繰り返しがやや困難 ✓機能セットとチャートタイプがツールごとに異なる ✓一部の機能は有料	データラッパー	●			●		html, pdf, png
			ロウ	●			●	●	html, png, svg
			チャートビルダー	●			●		png, svg
			インフォグラム	●	●	●	●		html, png
			ビザブル	●	●	●	●		png
オンラインとデスクトップのワークスペース	✓プロトタイピングのツールより機能が豊富 ✓アウトプットのデザインがよく、多少のカスタマイズも可能 ✓視覚的確認、探究、日々のデータビズに有効	✓覚えるべきことが多い ✓機能セットがツールごとにやや異なる ✓チャートを非公開とするには有料版が必要	プロットリー	●	●	●	●	若干	eps, html, pdf, png, svg
			クアドリグラム	●	●	●	●	若干	html, png, svg
			シルク		●	●	●		html
			タブロー・パブリック	●	●	●	●	●	bmp, html, jpg, png
			クリックセンス	●	●	●	●		html, jpg, pdf, png
アナリティクスとビジュアライゼーションのプラットフォーム	✓データとビジュアルの分析に優れている ✓ビジュアル分析チームの構築に有効 ✓視覚的確認、探究、日々のデータビズに有効	✓覚えるべきことが多く、正式なトレーニングが必要 ✓1回限りのチャート作成にはたいてい性能が過剰 ✓高額な投資が必要	タブロー・デスクトップ		●	●	●	●	bmp, html, jpg, png
			クリックビュー	●	●	●	●	●	html, jpg, pdf, png
デザイン	✓デザインツールが高性能で柔軟 ✓プレゼンや出版にも適したデザイン ✓日々のデータビズ、アイデアの説明に有効	✓覚えるべきことが多く、正式なトレーニングが必要 ✓ビジュアル分析やプロトタイピングにはあまり適さない ✓高額な投資が必要	イラストレーター			●	●	●	ai, bmp, eps, jpg, pdf, png, svg
制作	✓チャートやダッシュボードの作成に柔軟なツール ✓カスタマイズ可能、インタラクティブなアウトプット、チャートのタイプが豊富 ✓日々のデータビズ、ビジュアル探究に有効	✓覚えるべきことが多く、専門的な制作スキルが必要 ✓チャートタイプとデザインの質にばらつきがある	D3	●				●	html, svg
			グーグル・チャート	●			●	若干	html, svg
			ハイチャート	●			●	若干	html, svg

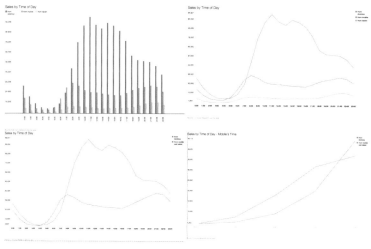

改良するツールとして最も効果を発揮する。

　上の時間帯別売上高の4つのプロトタイプは、オンライン上にある売上データを調べ、データラッパーを使って10分未満で作った。

　10分でここまでビジュアライゼーションを変化させることができるのは、デジタルのプロトタイピングならではだ。このイテレーションから次のようなマネジャーの考えが浮かび上がる。「1つのチャートに情報を詰め込みすぎている。とにかく重要なのはトレンドなので、折れ線グラフを試してみよう。モバイルとタブレットは一緒にできるし、2つのトレンドを比較した方がシンプルだ。次は、データの中で興味深い部分を拡大しよう。そこに注目したい」

　しかし、欠点もある。まず、デジタルのプロト

タイピングでやりたいことがほぼできるツールは、使いこなすのにトレーニングが必要だ。無料のオンラインツールは覚えるべきことはそれほどないが、機能セットにばらつきがある。それぞれ長所と短所があり、プロジェクトによって、あるいは同じプロジェクトの中でもツールを使い分ける必要があるだろう。シンプルなビジュアライゼーションなら紙のプロトタイプの方が簡単かもしれない。

　また、これらのソフトのほとんどは、データ主導型より多くのスケッチとプロトタイピングを必要とする概念的なチャートには向いていない。概念的なものには、紙とホワイトボードが適している。それでも、こうしたツールをあなたも頻繁に使うことになるだろう。

ペアのプロトタイピング

　前述の2つの方法は使用するツールによって定義されたものだが、ペアのプロトタイピングは作業の方法によるもので、専門家のパートナーと組んで行う。ペア分析と呼ばれるデータ分析の方法に基づいており、ペア分析自体はエクストリームプログラミングと言われる方法などを取り入れている（注5）。どちらも扱うテーマの専門家（マネジャーであるあなた）と、あなたのニーズに合わせてデータやビジュアルを操作できるツールの専門家がペアになる。

ブライアン・フィッシャーらはボーイングでこの方法を考案した(注6)。「非常に効果的だとわかった」と、カシクは言う。「重要なのは、両者が実際に座って一緒に作業をすることで、丸投げすることではない」

ペア分析はボーイングでその効果が証明されている。あるケースでは、飛行機のバードストライクに関する情報の視覚化を目指した2人が、深い探究をするセッションでペア分析を実施した。バードストライクは安全上の深刻な問題で(2009年にニューヨークで起きた「ハドソン川の奇跡」として知られるエアバスA320型機の不時着水は、カナダガンの衝突が原因だ)、当時はバードストライクによる被害額は年間1億2300万〜6億1500万ドルと推定されたが、そのパターンや対策はほとんどわかっていなかった。

その理由の1つは、バードストライクの理解に必要なデータ分析が、何十ものリソースから何千という記録を探し出して読み解き、それらを相関させ、新たな事故が発生するたびに結果をアップデートするという、うんざりするような作業だったからだ。

ボーイングはこの作業を迅速化するため、テーマの専門家(航空安全の専門家)とツールの専門家(この場合はビジュアライゼーションソフトのタブローとイン-スパイアの専門家)をペアにした。2人の数日間にわたるワークフローを示したのが以下だ。

これらは、テーマの専門家のリクエストに対する、ツールの専門家からの回答と考えてほしい。実際の現場では、それぞれのステップでビジュアライゼーションを担う人がチャートを作成する前に、深い議論を重ねているはずだ。

「XYZのデータソースからバードストライクに関するデータを特定して抽出する方法が必要です。そのシステムができたら、『いつ』バードストライクが起きるのか、月別と時間帯別で見たいです」

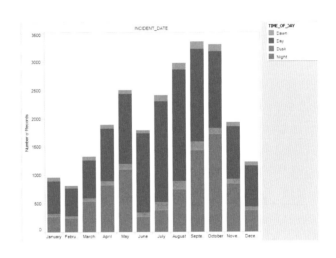

「いいですね。でも、地理的にマッピングする方法はありますか? バードストライクが最も多く発生している場所を知りたいんです。それと、それぞれの発生地点で、鳥を種類別に分けることはできますか?」

「高度と速度の関係も見れますか？ 何かパターン
　があるか、わかるかもしれません」

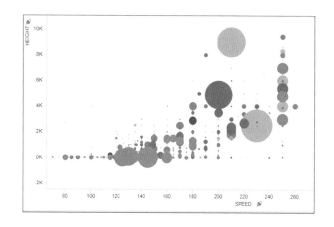

「素晴らしい。この２つを組み合わせることはでき
ますか？ 時間帯と場所と。でも詳細はいりませ
ん。それを幹部に見せて、調査結果を議論したい
んです」

「素晴らしいですね。最後に、プレゼンのために飛
　行機のどの部分に鳥がぶつかるか、頻度を示した
　いですね。シンプルな形で」

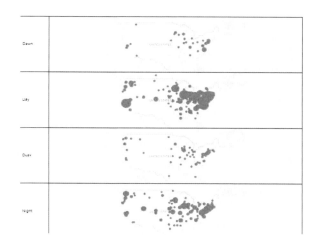

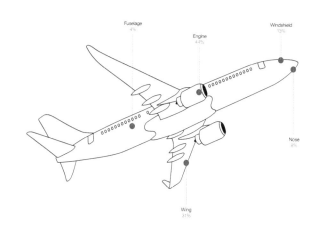

言うまでもないが、これは実際に2人が行った作業を極めて簡略化したものだ。しかし、テーマの専門家がいかに問題点を明確にし、構築しようとしているコンテクストの説明に重点を置いたかがわかる。一方、ツールの専門家は、優れたビジュアライゼーションテクニックの知識を駆使して、パートナーが必要とするものを提供した。

カシクによると、このプロセスによって他の方法よりも新しい知見が迅速に得られ、飛行機を保護するための設計の改良や、パイロットがバードストライクを認識し、対応するためのトレーニングの改善につながったという（注7）。

あなたもこのフレームワークを参考にして、プロトタイピングで同様の有力な結果を得ることができる。あなたはテーマの専門家だ。ビジュアライゼーションの専門知識を持つエキスパートを探そう。例えば、下記のような人だ。

✓ **デベロッパー**：複雑なプログラムでインタラクティブなシステムを構築できる人。プログラマーに広く普及しているJavaスクリプトのビジュアライゼーションライブラリ「D3」などを使うことができる。
✓ **デザイナー**：複雑あるいは一般的でない形式の視覚化ができる人。アドビ・イラストレーターなどプロ仕様のデザインツールを使うことができる。
✓ **データアナリスト**：データを見つけ、収集し、ク

リーンにし、処理することができ、あなたがパターンや関係性を見つけるのを手助けできる人。タブローやクリックビューのようなビジネスインテリジェンスとビジュアライゼーションのソフトを使うことができる。

膝を突き合わせ、あなたが何をしたいのかを専門家に説明しよう。そして話す（とにかくたくさん話す！）。スケッチやメモしたキーワードを見せて、アイデアを明らかにした上で、意見を交換し合う。うまくいけば、チャート作成のプロセス全体を専門家と一緒にできるかもしれない。

ウィラード・ブリントンが指南書を発表した1914年頃には、すでにある種のペア分析が良いチャートを作成する必須条件であることが暗に理解されていた。当時は、マネジャーにドラフトマン（製図工）の仕事を学ぶことを期待する人はいなかった。メアリー・エレノア・スピアもチャート作成はチームの仕事であると考えていた。1969年に彼女は「コミュニケーター」と「グラフィックアナリスト」と「ドラフトマン」の協力によってチャートが作成されると説いている。

1980年代に自動的にチャートを作成するソフトが誕生したことで、企業は効率性を優先し、専門的なビジュアライゼーションのアウトプットの価値が軽視されるようになった。エクセルのチャートは「十分」なものになり、ビジュアライゼーションはマネジャーの仕事になった。

ペアのプロトタイピングのテクニックと、インフォメーションデザインへの投資が最近増えていることは、過去に回帰しつつあることを示す。スピアの言うグラフィックアナリストは今日のビジネスアナリストであり、ドラフトマンはプログラマーかもしれないが、コラボレーションの方法は共通している。

会社に対し、専門性のある人材へ投資するよう促そう。現在、多くの企業が「データデザイナー」やビジュアライゼーション専門のプログラマーと契約している。あなたの会社が専門家を雇っていなくても、少人数のチームを待機させる予算を確保しよう。通常のプロジェクトではペアのプロトタイピングやデザインは必要ないかもしれないが、複雑なデータセットや大規模なプロジェクト、標準的なチャート以上のビジュアライゼーションが必要な時にはチームが有効で、あなたはアイデアに集中することができる。

ペア分析は紙やデジタルのプロトタイピングほど頻繁に行うことはないが、深くて新しい知見を得たい時や、強力かつ新しい方法を使って人々に何かを示したい時には、価値のある投資だ。

プロセスの実践例

ビジュアライゼーションについて考え抜くすべてのプロセスを実践例で見ていこう。リスベスは音楽配信サービスを提供する会社のマーケティングマネジャーだ。会社は、顧客が音楽をストリーミングしている間に、他にどのような活動をしているのかを把握しようとしている。会社が収集したデータは、数百万ドル規模のマーケティング戦略の策定に役立てることになっている。

そのデータを以前に見ていたリスベスは、大まかな内容を確認するため、表計算ソフトで手早く円グラフを作成していた。

音楽ストリーミング中の活動

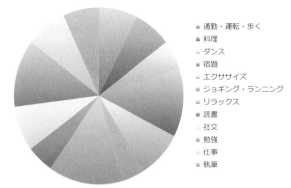

■ 通勤・運転・歩く
■ 料理
■ ダンス
■ 宿題
■ エクササイズ
■ ジョギング・ランニング
■ リラックス
■ 読書
　 社交
■ 勉強
　 仕事
■ 執筆

整理され、ラベルも付いているが、この円グラフが効果的でないことは承知している。自分でも「ユーザーは音楽をストリーミングしている間、いろいろなことをしている」という以外に意味を読み取ることができない。何百万ドルもの投資の決断に役立つビジュアルとしてこれをマーケティング部に提示することを考え、彼女は青ざめる。リスベスはこれを改善することにした。

準備（所要時間5分）

　リスベスは、ホワイトボードとカラーマーカーがある小さな作業部屋を確保し、手伝ってもらう友人と自分用にコーヒーを用意。最初の数分間で、ホワイトボードの一番上に自分が取り組んでいることのタイトルを書く。65ページの「4つのタイプ」のマトリックスを使い、宣言型でデータ主導の象限（日々のデータビズ）にプロットする。また、15ページのコンテクストとデザインを軸にした「良いチャートのマトリックス」には、目指す「良いチャート」の位置をプロット。そうして描いたのがこのスケッチだ。

　チャートは見栄えも重要だが、コンテクストをできるだけ完璧にすることに集中するため、デザインを磨くことに時間はかけないつもりだ。チャートを見せるのは部内の人で、彼らはこのトピックやデータについて深い知識と意見を持っている。チャートがうまくいけば、もっとフォーマルなプレゼンのためにデザインを改良したものを作る必要もあるかもしれないと、簡単にメモをする。

話す・聞く（所要時間20分）

　友人（プロジェクトのメンバーではない）がやってくる。リスベスは自分のアイデアを話すだけでなく、プロジェクトについての知識や先入観をあまり持たない人と一緒に自分の仮説を検証したいと考えている。

「ユーザーがサービスを利用している間に何をしているのかを、部に提示する必要があるの。傾向や目立つ活動を示したいけど、ユーザーの活動は十数種類あって、すべてランダムに見える」

「なぜ特に目立つ活動はないとチームに伝えられないの？」

「すべての人に売り込むことはできないから、誰をターゲットにしたいのか、それはなぜかを把握しなくちゃいけない。それに、何の傾向もないとは

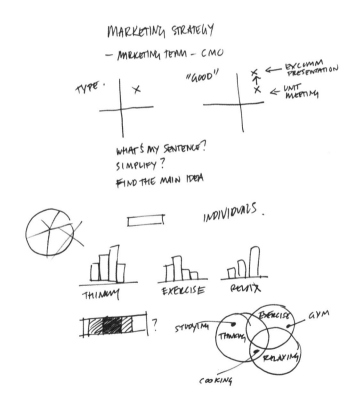

確信しているわけではないの。傾向が明らかになるようなデータの分類方法が見つけられていないんだと思う」

「活動にはカテゴリーがあるのかな。それか、フォーカスできるカテゴリーがいくつかある？ エクササイズとか」

「あるかもしれない。データはグループ化されていなかったから、そこは調べるべきね」

いことが不満。同じことをしているからといって、60%ほどの人に売り込むことはできないでしょう。人々に目を向けないといけない。とにかく、情報がただのランダムなものにならないように、情報を整理する方法を探しているの。でも同時に、このような集合的なグループだけでなく、人々を念頭において、人々と対話をすることについて考えればもっと効果的だと思う」

会話は10分ほど続く。その後、リスベスはプレゼンに参加する同僚と10分ほどおしゃべりをする。その時のリスベスの発言の一部が以下だ。

「大事な会議が近づいているけど、フォーカスできる目立った活動を1つか2つ見つけたのかが明確じゃないから、トムに『だから何？』って言われそう。それに、パーセンテージをただ示して、個人について考えていな

スケッチ（所要時間20分）

リスベスは、会話の内容をメモしながら、さらにスケッチを描く。ユーザーの活動を一般的なカテゴリーに分けることで円グラフが見やすくなるとすぐに気づいたので、再び活動を見直し、3つのカテゴリーに分類する。円グラフではうまくいかないと確信しているものの、とりあえず1つスケッチする。次は棒グラフ。ベン図も試す。各カテゴリーを円で示し、いくつかの活動は複数の円にまたがっているものだ。走り書きしていく。

ホワイトボードに書いた「個人」という言葉がずっと引っかかっている。この情報を一般的な統計ではなく、個人を感じられるようなものにしたい。リスベスはネット上で拡散された「もしツイッターが100人の村だったら」というデータビズが、人のアイコンを使ってユーザーの割合の内訳を示していたことを思い出し、同じように人のアイコンをいくつか描く（注8）。

「1万分の1000の活動？ どう見える？」とホワ

ACTIVITIES THAT DOMINATE

NOT PERCENTAGES - INDIVIDUALS/PEOPLE

ORGANIZE INFORMATION — TOO RANDOM

CATEGORIES

THINKING	ACTIVITY/EXERCISE	RELAXING
HOMEWORK STUDYING WRITING ETC.	EXERCISE DANCE COMMUTE ETC.	SOCIALIZING COOKING PARTIES ETC.

THINKING   EXERCISING   ACTIVITY OF 1000 / 10,000 ? WHAT WOULD THAT LOOK LIKE?

"IF TWITTER WERE 100 PEOPLE"

ONE PERSON

THINKING

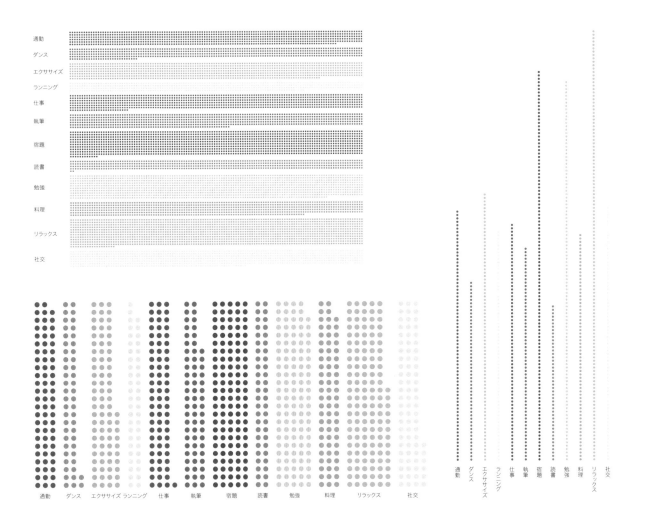

イトボードに書き、ドットを描く。プレ
ゼンテーションでは何千ものドットをス
クリーンに表示することができるだろう
か？ 単位グラフがいいかもしれない。

プロトタイピング（所要時間65分）

　リスベスは単位グラフの案が気に入り、
ちょっとしたプログラミングができる別の
友人に依頼して、ペアのプロトタイピング

のやり方でチャートをいくつか作成しても
らった。30分で複数の単位グラフができた。
それぞれの活動をした人の比例した数を示
したもので、左上の図もその一例だ。

1万個のドットで表現したのは見事だが、プレゼンにはやや実際的でないとリスベスは認識している。これでは何らかの値や、値の差を読み解くのは困難だ。プログラマーの友人に、ドットを1000個にしたバージョンを試すよう頼み、「値の差が簡単にわかるように」できるか聞く。友人はイテレーションを行い、15分で前ページの左下と右のチャートを含む、1000個のドットのバージョンができた。

リスベスが左下を最も気に入ったのは、値の差がしっかりと感じられ、比較棒グラフのような親しみやすい形だからだ。さらに、それぞれのドットのグループが、人々のグループをイメージさせる。それから20分で（作業開始から2時間未満）、彼女はプレゼンで使うチャートを完成させた（右図）。ペアになっていて、一方は活動をカテゴリーで分類し、もう一方はすべての活動を人数が多い順に並べた。リスベスは思った。「これは議論ができるビジュアライゼーションだ」

それぞれのステップは重なり合う

ステップごとに一定の時間枠で順番に進めるプロセスを概説したのは、それがプロセスを説明するのに最も簡単で、最もわかりやすいからだ。

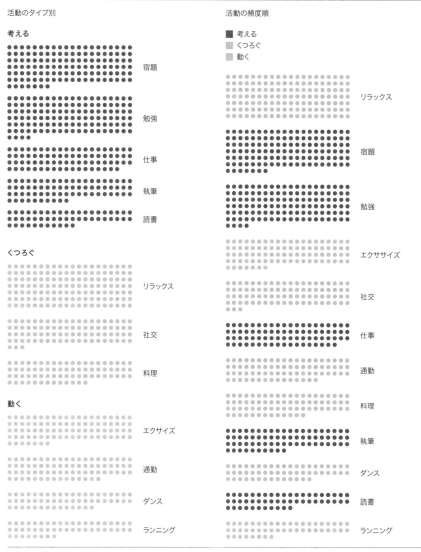

ユーザーがストリーミング中にしていること

活動のタイプ別

考える

宿題

勉強

仕事

執筆

読書

くつろぐ

リラックス

社交

料理

動く

エクサイズ

通勤

ダンス

ランニング

活動の頻度順

■ 考える
■ くつろぐ
■ 動く

リラックス

宿題

勉強

エクササイズ

社交

仕事

通勤

料理

執筆

ダンス

読書

ランニング

出所：企業調査

より良いチャートを作る

各タスクに費やす時間(分)

5	15	20	20
準備	話す・聞く	スケッチ	プロトタイプ

実際には、このプロセスはそれほど直線的ではなく、各ステップは交錯する。話しながらスケッチすることもあるかもしれないし、そうすべきだ。キーワードを捉えて、課題について話しながら、スケッチを始めない方が難しい。プロトタイプがビジュアライゼーションの弱点（あるいは見えていなかった可能性）を露わにし、振り出しに戻って代替案をスケッチすることもある。

つまり、プロセスは次のチャートのように進む可能性がある。典型的な時間枠の中でステップが重なり合っている。

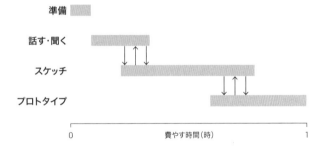

しかし、すべてのプロジェクトが典型的ではない。ビジュアルのベストのアプローチが明確でない時は、対話とスケッチに時間がかかるかもしれない。何を見せようとしているのかが明らかな場合やプロトタイプを基にデータをさらに操作してアイデアを磨く場合には、ビジュアルの形式はすぐに決定して、プロトタイプを洗練させるのに多くの時間を費やすかもしれない。このチャートの棒の長さが伸び縮みし、棒の間の矢印が移動するイメージだ。

＊　　　＊　　　＊

チャートの形式を試行錯誤して選択することを学んできたが、このプロセスの目的は、正しいチャートのタイプを見つけることではない。本当の目的は、あなたのアイデアとメッセージを洗練させ、ベストなコンテクストを構築することであり、「良いチャートのマトリックス」の中で、可能な限り右上にあなた自身を押し上げることだ。

良いチャートを作成する上で最も困難なのは、チャートを美しくすることではなく、アイデアを視覚化することだ。そしてあなたは今、それを成し遂げる方法を手に入れた。実際、探究が目的の場合や、フォーマルではない場のためなら、特定のビジュアライゼーションについて必要なことは十分身についているかもしれない。上司と1対1なら、洗練された完成形のチャートは求められないこともある。

しかし、探究型のプロジェクトでも、宣言型のビジュアル、つまりプレゼンや出版のための何らかの完成形が必要になることは多い。それが次のステップだ。よく練られたスケッチやプロトタイプを、人の心をつかむビジュアルにすることで、さらに効果的にできる。

　ビジュアルコミュニケーションを向上させるには、データを取得してすぐにソフトウェアのオプションからチャートのタイプを選択したくなる衝動を抑えなくてはならない。まずはコンテクストを構築し、伝えたいアイデアについてじっくり考える。準備し、話して聞き、スケッチを描き、プロトタイピングをするという、1時間ほどのプロセスが、優れたビジュアライゼーションの作成につながるはずだ。以下のステップに従おう。

①準備：5分

✓ 大量の紙やホワイトボードを備えたワークスペースを設ける。

✓ データから離れて、アイデアを広い視点で考える。

✓ 誰のためのビジュアライゼーションなのか、どのような場で使用されるのかなど、基本的なことを書き留め、振り返れるようにする。

②話す・聞く：15分

✓ 同僚や友人に協力してもらい、あなたが伝えようとしていること、見せようとしていること、証明しようとしていること、学習しようとしていることを話す。

✓ 伝えたいアイデアを表しているような単語、フレーズ、発言をメモする。

③スケッチ：20分

✓ 92ページの一覧を参考に、使えそうなチャートのタイプと、メモしたキーワードをマッチさせる。

✓ スケッチを始め、素早く作業し、複数のビジュアルを試す。

④プロトタイプ：20分

✓ うまくいきそうなチャートがわかったら、より正確で詳細なスケッチを描いてプロトタイプを作る。

✓ イテレーションを重ねたい時は、デジタルのプロトタイピングのツールや、ペアのプロトタイピングのテクニックを使う。

リアルタイムの探究型ビジュアライゼーションで命を救う

COLUMN

「プログラマーの私は一日中コードを使って仕事をしているが、実際にものを見る方が簡単だ」

ブラックバーンはニューヨークを拠点にするIEXグループのソフトウェアエンジニアだ。超高速取引を描いたマイケル・ルイスのベストセラー『フラッシュ・ボーイズ』の主人公が勤務する会社だ。ブラックバーンは同書の中で、出番は少ないが重要な役割を担う。彼にとって物事は実際に見る方が簡単であり、IEXが行う取引の膨大で複雑なデータセットを視覚化した。同書の印象的な場面で、IEXのCEOであるブラッド・カツヤマに対し、取引活動を「見る」ためにブラウザを更新するように言う（注9）。

「画面は異なる形と色で構成された」とルイスは書く。異常な取引は「まとめて表示され、効率的にハイライトされていた」。CEOは初めて「パターンを見ることができた。そ

してそのパターンの中に、彼も投資家も想像していなかった略奪的行為を見つけた」。

ほぼ独学でプログラマーになったブラックバーンは、彼が言うところの「作戦環境」を得意とする。この言葉が空軍に従事した経験に由来していることは間違いない。大規模なデータセットを使って差し迫った問題を解決するため、その場で探究型のビジュアライゼーションを構築するのだ。そして、それを状況に適応させる。

「私の構築法は柔軟だ」と彼は言う。「フィードバックの頻度は高い。私が作り、相手が使う。フィードバックをもらい、私がアップデートする。私は人々がリアルタイムで問題の答えを出す手助けをしようとしている。ここでは間違いなくビジュアルについて頼りにされている」

データビズの観点からすると、ブラックバーンのビジュアルは洗練されているとい

うより、実用的である。作戦環境は急速に絶えず変化するため、多くの場合、プロトタイプが最終版となる。「視覚的側面は重要だ」と彼は言う。「しかし、常に時間をかけすぎないことが肝心だ。必要な時に必要な答えを得ることができなくなる」

プレゼンでのミスは、即座に本質を伝えるビジュアルで挽回する。彼の作ったIEXのデータビズで確認された略奪的行為がいい例だ。自身のビジュアライゼーションを説明するのに、「パターン」という言葉を頻繁に使う。大きなデータセットのマイニングで目指すのは、あらゆるパターンを見つけ出し、その意味を理解しようとすることであり、それが真の視覚的探究だ。

ブラックバーンは、ユーザーを観察し、彼らの話に耳を傾けることからビジュアライゼーションのプロセスを開始する。「見ることができたらよかった」とか、あれが「わかればよかったのに」といった人々の不満に注意すると、同書の中でも述べている。

まさに本章で解説した「話す・聞く」のステップだ。ただ、話すことより聞くことにかなり比重を置いている。「私には金融のバックグラウンドがないため、『あなたはそれをどうやるのか』『何を求めているのか』と尋ねる」とブラックバーン。「しかし、たい

> " プログラマーの私は
> 一日中コードを使って
> 仕事をしているが、
> 実際にものを見る方が簡単だ "

てい私が聞きたいのは物事の説明だ。すると情報の流れやその情報を含むテーブルについて教えてくれる。彼らはそうやってデータを見ることに慣れているのだ」

またユーザーの立場に立ち、自分ならその情報をどのように「見たい」かと自問自答する。「目に見えるものを作る方が私にとっては簡単だ。データを見て即座にそれをどう視覚化するかを考えるのは、私にとって自然なことだ」

作り出すビジュアルが極めて探究的であることに加え、イテレーションが迅速なため、形式面ではかなり実験的だ。「慣習を少し破っているような気がする」と彼は言う。「すべて特定の形式に当てはめなければならないように思いがちだが、我々はたいてい自分が何を求めているかはわからない。棒グラフ

や折れ線グラフ、散布図にとらわれていたら、必要なパターンを見出せないだろう」

それらの形式では略奪的な取引パターンを効果的に表さなかっただろうと彼は指摘する。「異なるユニークな方法でデータを見る人がいることは有用だ。私は画面を飛び回り、激しく動くビジュアライゼーションを作ったことがある。最初はただ見て楽しいように思えるが、すぐにそうではないことに気づく。物の動きがストーリーを語っている。パターンや動きは、単にかっこよく見せるためだけのものではない。それらがストーリーなのだ」

ブラックバーンはルイスの本の中で、善良な人々にとってのキープレイヤーとして登場することを誇りに思っているかもしれないが、自分のビジュアライゼーションが

影響を与えた時のことを振り返ってもらう
と、別の答えが返ってきた。「私にとっての
ハイライトは、あまり話すことはできないが、
軍に従事していた時だ。それが絶頂期だ」

　軍は、多くの企業と同様にデータの収集
には長けていたが、効果的に活用できてい
なかった。そこで戦場の情報を集約したマ
ップを作れることに気づき、ヒートマップを
使って時間の経過に伴うパターンを示した。
例えば、即席爆発装置（IED）がいつ、どこ
で見つかり、爆発したかなどだ。「私はパタ
ーンを探していた。データから戦争の過程
でIEDの使用がどう移動したかを見ること
はできるのか、IEDの場所を予測して回避で
きるのか、と」

　巨大なスクリーンに映し出されたマップ
を見た時の、将官たちの反応をブラックバ
ーンは覚えている。彼らはすぐにパターン
を見出し、戦略を調整した。
「作戦部長は現在マップを使っており、ル
ートをまわるパトロールではマップを使っ
てIEDのパターンや活動、敵のパターンを
見ている。私は現場でこんなことを考えた。
『私は重大な問題を解くのに役立っている。
意思決定者をサポートし、彼らが持ってい
なかった答えを提供している』と」

PART3
磨く

Refine

第 5 章

印象づけるための
磨き方

「目の奥の感覚」に訴える

この2つのチャートは、どちらがプロトタイプで、どちらがCEOへのプレゼン用に作られた完成形の宣言型データビズだろうか。

明らかに上がプロトタイプで、ただエクセルで数回クリックして作られたものだ。大半の人は下（アドビ・イラストレーターを使用）の方が見た目がよく、「ゆったり」あるいは「スリム」あるいは「すっきり」しているのに対し、上は「ごちゃごちゃ」「ずんぐり」「とり散らかっている」と言うだろう。

ジョセフ・ウィリアムズは著書 *Style: Toward Clarity and Grace*（未訳）で、良い文章と悪い文章の印象を「目の奥で捉える感覚」と説明する（注1）。チャートも同じように見る人の目の奥、つまりマインドに届くものであり、なぜ、どのようなデザインの原理や手段が悪い印象や良い印象を生むのかを理解することが大切だ。平均的なデータビズより美しいものを作ることが目的ではない。それは、より重要な目的である「効果的であること」の手段にすぎない。

例として、この2つのチャートをもう一度見て、次の質問に答えてほしい。婦人服を買う人が多いのは昼前か昼過ぎだろうか。このサイトで購入者数が多いのは朝食前と夕食後のどちらだろうか。

2つのチャートは同じタイプで、同じデータから成っているにもかかわらず、下のチャートのデザインの方が使いやすい。良いデザインは人を満足させるだけではなく、もっと重要な働きである、アイデアを理解する手助けをする。良いデザ

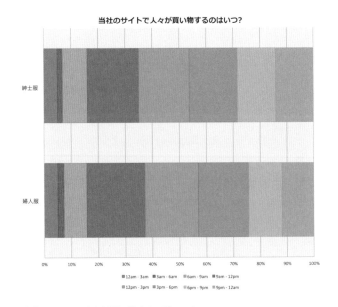

当社のサイトで人々が買い物するのはいつ？

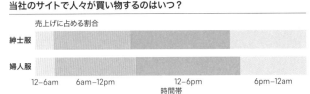

当社のサイトで人々が買い物するのはいつ？

インは、不十分なチャートを良いチャートにし、良いチャートを卓越したチャートにする。

「目の奥の感覚」に訴えるデザインの原理

ここでは、ワンクリックでできるエクセルのチャートをデザインの良い効果的なものにするためのルールや手順を教えるのではない。むしろ逆で、

まずは、我々がチャートを見た時に目の奥で感じる印象と、そうした印象を生み出すデザインの原理を探ることから始めよう。ここで目指すのは、完璧さではなく「バランス」だ。そのため、目盛りや色をいくつ使えばいいかなどは指南しない。その答えはもちろん「ケースバイケース」だ。それよりも、チャートのデザインを何らかの方向に変えるとどうなるかを見ていく。

「構造」と「階層」について

　整理されていてすっきりしているチャートか、それともごちゃごちゃして混乱しているか。比較的整然としている印象は、その「構造」と「階層」にある。次の2つのチャートのうち、すっきりしているのはどちらだろう。

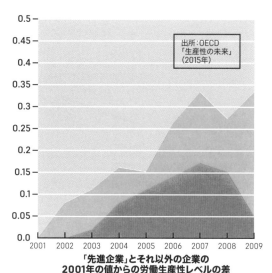

出所：OECD「生産性の未来」（2015年）

「先進企業」とそれ以外の企業の
2001年の値からの労働生産性レベルの差

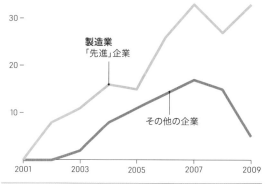

生産性の高い企業とその他の企業の差は広がっている

2001年の値からの労働生産性レベルの増加率の差（2001年＝0とする）
40%

製造業
「先進」企業

その他の企業

出所：OECD「生産性の未来」（2015年）

　明らかに右の方がすっきりしていて、はるかにプロフェッショナルに見える。その理由はわからなくてもだ。このような印象を与えるテクニックを教えよう。

一貫性のある構造にする： プレゼンや出版のために作成するチャートには、以下の要素が
すべて、あるいはほぼすべて含まれていなければならない。

・タイトル
・サブタイトル
・ビジュアルフィールド（ビジュアル、軸、ラベル、キャプション、凡例）
・出典（出所）

　マップでも概念的なものでも統計的なものでも、優れたデザインの宣言型のチャートに
は、これらの要素が含まれるはずだ。

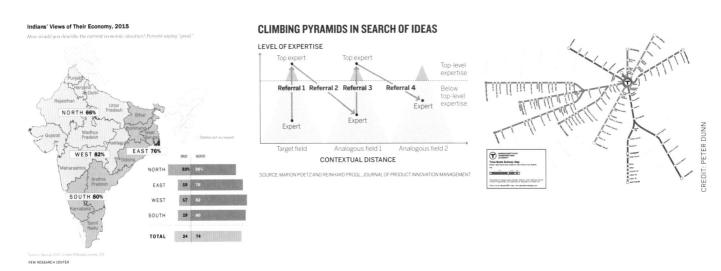

　各要素をどうデザインするかは後述する。ここでは、要素が入っているかを確認するチ
ェックリストを作ろう。この一貫した構造を守ることは、2つの点で有益だ。1つは、一
部の要素が欠けることでチャート自体についての質問が出てしまい、プレゼンの進行が妨
げられるのを防ぐ。説明のいらないビジュアルは効果的なビジュアルだ。ビジュアライゼ

ーションそのものについて話す必要がなく、アイデアについての話ができるほどいい。

　もう1つは、上記のすべての要素を一貫して含めることで、チャートを別の場で使い、再利用し、共有することができる。上司が経営委員会でのプレゼンであなたが作ったチャートを使いたいと思った時も、ラベルのない軸が何を表すのかなど、自分が答えられない質問が出ることはないと確信できる。ソーシャルチームが会社のフィードにチャートを載せることもできる。数カ月後や数年後にチャートを参照することになっても、出典が記載されていれば安心して使える。

一貫性のある配置とウエイトにする：上記で説明した構造は定型化しているため、人はほとんど目に止めない。見慣れている慣例として視界から消えてしまう。たいていタイトルは一番上で、すぐ下にサブタイトル、その下にビジュアルフィールドがある。出典は一番下に小さく脚注として記載される。凡例がある場合は右端、もしくはビジュアルを邪魔しないフィールドの別の空いたスペースに配置される。

　形にかかわらずほとんどのチャートは、右のダイアグラムとほぼ同じ比率だ。ビジュアルフィールドが最も大きく、他の要素はビジュアルフィールドを補完する。例えば、タイトルのウエイトが大きすぎると、フィールドと焦点を奪い合ってしまう。逆にタイトルのウエイトが小さすぎるのは、文字でチャートを理解しやすくする機会を逸したことになる。本章の冒頭のチャート2つを比較して、その違いを確認してほしい。

　我々が日々目にする優れたデザインのチャート

タイトル 12%
サブタイトル 8%
フィールド 75%
出典 5%

は、プレゼン用の横向きでも、スマホの画面に合う縦向きでも、ソーシャルメディア向けの正方形でも、このような構造だ。

　ただ、この比率通りにするためにチャートの大きさを決めてはいけない。この比率を指針として、必要に応じて崩す。左ページ一番右のボストンの地下鉄、通称「T」の所要時間マップは、有用な情報すべてを小さなスペースに収めながら読みや

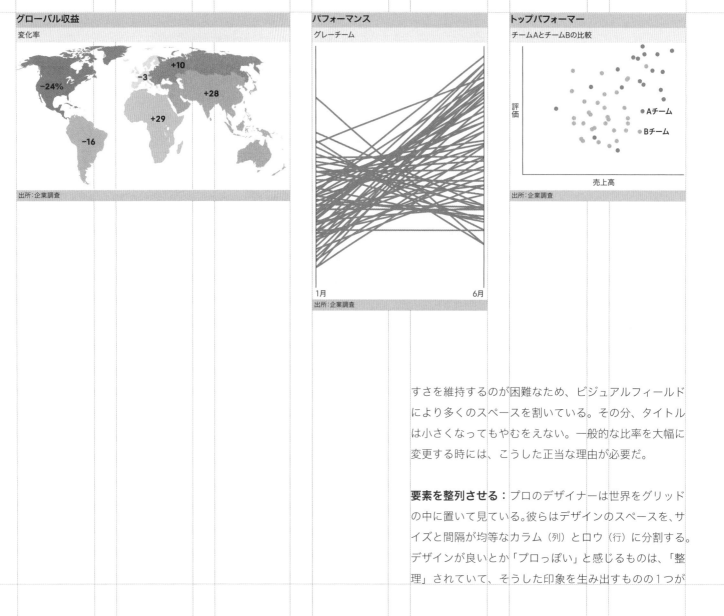

グローバル収益

変化率

+10
−3
−24%
+28
+29
−16

出所：企業調査

パフォーマンス

グレーチーム

1月　　　　　　　　　　　　6月

出所：企業調査

トップパフォーマー

チームAとチームBの比較

評価

Aチーム

Bチーム

売上高

出所：企業調査

すさを維持するのが困難なため、ビジュアルフィールドにより多くのスペースを割いている。その分、タイトルは小さくなってもやむをえない。一般的な比率を大幅に変更する時には、こうした正当な理由が必要だ。

要素を整列させる： プロのデザイナーは世界をグリッドの中に置いて見ている。彼らはデザインのスペースを、サイズと間隔が均等なカラム（列）とロウ（行）に分割する。デザインが良いとか「プロっぽい」と感じるものは、「整理」されていて、そうした印象を生み出すものの1つが

石油とガスは下降傾向?

石油セクターは埋蔵量が評価の大部分を占めるため、
時価総額は原油価格に追随する傾向にある。
しかし、最近の価格の急落時に時価総額は下落しておらず、
業界の評価が人為的に引き上げられている可能性があることを示唆している。

原油価格
(1バレル当たり)

ダウ・ジョーンズの
米国石油・ガス指数

2009年1月以降の変化率

＋150
＋100
＋50
0
−25

2009　2010　2011　2012　2013　2014　2015

■出所：米エネルギー情報局、グーグル・ファイナンス

石油とガスは下降傾向?

石油セクターは埋蔵量が評価の大部分を占めるため、
時価総額は原油価格に追随する傾向にある。
しかし、最近の価格の急落時に時価総額は下落しておらず、
業界の評価が人為的に引き上げられている可能性があることを示唆している。

2009年1月以降の変化率

原油価格
(1バレル当たり)

ダウ・ジョーンズの
米国石油・ガス指数

＋150
＋100
＋50
0
−25

2009　2010　2011　2012　2013　2014　2015

出所：米エネルギー情報局、グーグル・ファイナンス

グリッドをベースにしたデザインだ。例えば、本書が洗練されて見えるのはグリッドを使っているからで、左ページではそれを種明かしした（図版3点の背景にある線に注目してほしい）。

本書のグリッドはとても複雑で、要素が整列しているチャートもここまで細かなグリットは必要ない。整列ポイントは多いほどごちゃごちゃした印象になるため、できるだけ少ない方がいい。中央揃えは、余分な整列ポイントを作ってしまう。また、ビジュアルフィールド内のラベルが整列して

いないと無秩序な印象になり、例えば、タイトル、サブタイトル、凡例はすべて、左寄せの1つのポイントを基準に整列させたい。上の石油とガスに関する2つのチャートでは、整然さを感じるかどうかの違いが明白だ。

あなたのビジュアルにはグリッドが必要だろうか。多くのチャートは初めからグリッドがある。軸だ。軸は、ラベルや他の要素を配置する基準線として使うことができる。

視線の移動を少なくする：一体で機能する要素を近くに配置することも、整然とした構造にする。例えば、凡例マーカーや凡例は、ビジュアル要素と値を一致させるため視線を行き来させることになりがちだ。凡例マーカーと凡例は有用で、時には不可欠だとはいえ、値とそれに対応するビジュアル要素を一体化させた方がいい場合も多い。

右上に世帯収入の動向のチャートが2つあるが、左側のチャートより右側のほうがシンプルに「感じる」。視線はビジュアルに沿って移動し、ラベルにたどり着いており、凡例を使うよりも自然にビジュアルと要素を結び付けることができる。

視線の移動を少なくし、チャートを整然とした構造にするもう1つの方法は、ポインターやその他のマークを可能な限り短く、直線にするか、ま

たは完全に排除することだ。曲線やL字形の線は、重要な要素から視線を遠ざけてしまう。そして、ラベルが離れているほど、それに対応するビジュアル要素につなげるのは困難だ。下の2つの円グラフを比較してみよう。

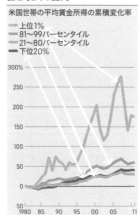

世帯収入の動向

米国世帯の平均賃金所得の累積変化率

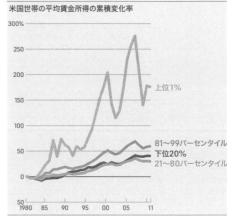

世帯収入の動向

米国世帯の平均賃金所得の累積変化率

出所：米議会予算局

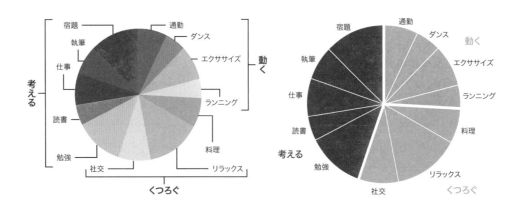

「明快さ」について

　そのチャートはあなたが理解できるものだろうか。それとも、何を読み取ればいいかわからず困っているか。データビズのパイオニア、カーク・ゴールズベリーが「至福の瞬間」と呼ぶ瞬間をあなたも体験したことがあるかもしれない。データ

ビズの意味がまるで魔法のように、たやすく、即座に、否応なくわかる瞬間だ。こうした瞬間を生むデザインにあるのは「明快さ」だ。次の2つのチャートのうち、至福の瞬間を引き起こすのはどちらだろう。

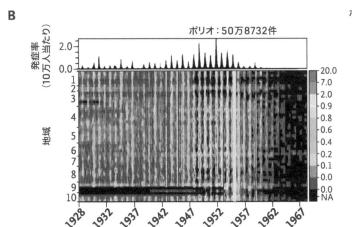

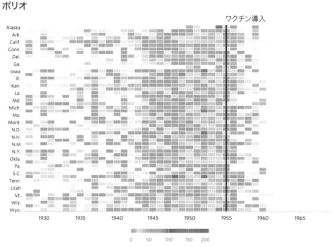

　右のチャートは、『ウォール・ストリート・ジャーナル』のタイナン・デボールドらがデザインを手掛けたもので、驚くほど明快だ。同じ情報を示す左のチャートは医学誌『ニューイングランド・ジャーナル・オブ・メディシン』に掲載されたもので、読者は専門知識のある人だ。コンテクストから考えれば悪くないが、大衆向けに作り替えられた右のチャートと比べると、明快さは遠く及ば

ない。デボールドのチャートが明快な要因は何だろう。

不必要なものがない：このビジュアルは、ラベルを除いてたった2つの言葉しか表記されていない。デボールドの自制心は目を見張るものがある。Y軸に「州」、X軸に「年」と記してもいない。それらがなくてもラベルを理解できるからだ。さらに、

タイトルに「症例」という言葉も入れていない（このチャートを掲載した記事は、一連のグラフィックの前にチャートが「10万人当たりの症例数」を表すことを簡潔に記しているが、その説明がなくても意味は明らかだ）。確かにこれは極端な例だ。しかし、不必要な情報を省くことで、いかに明快になるかを例示している。

各要素が異なる役割を果たし、ビジュアルをサポートする： デボールドのチャートは、タイトル、X軸ラベル、Y軸ラベル、凡例、ビジュアル、境界線、キャプションの7つの要素で構成されている。それぞれが他の要素とは異なる役割を果たしており、冗長性は一切ない。

　大半のチャートは意図的な明快さに欠ける。要素がチャートの構造を説明するために使われていて、伝えようとするアイデアを支えるために使われていないからだ。タイトルまたはサブタイトルの内容が軸のラベルとかぶっていたり、キャプションでビジュアルが何を示しているかを説明していたりする。それは、チャートがデータを示しているだけで主張をしていないか、あるいは作成者が、ビジュアルそのものでアイデアを伝える自信を持てていないサインだ。

　同じ内容を繰り返すのではなくチャートを補強するという明確な目的を持つ要素は、明快さを高める。そのような要素を使って、チャートの構造ではなく「アイデア」を説明することから始めよう。楽曲にたとえるなら、次のタイトルのどちらが背後にある「アイデア」を理解しやすいだろう。「協奏曲第4番ヘ短調」か、それとも「四季：冬」だろうか（注2）。

　明快さを生み出す方法の1つは、タイトルやサブタイトルを質問形式にして、ビジュアライゼーションが答えとなるようにすることだ。チャート作成の核となる問い「何を伝えようとしているのか、または見せようとしているのか」を思い出してほしい。

　下のチャートを見てほしい。タイトルは「FBのシェア数とバズフィードのリスティクルのリスティクル・サイズ」。ビジュアライゼーションは素晴らしい。

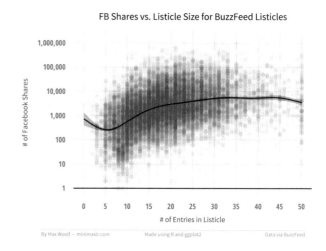

だが、以下のようなタイトルだったら、これが何を示しているのか、もっと素早く理解できるだろう。

スイートスポットを見つける
リスティクルがバイラルするための項目数は？

Y軸の実際のシェア数（元のタイトルが指している）は、バイラリティという「アイデア」を示すのに役立つデータだ。改善後のタイトルは見る人に再びそのアイデアに目を向けさせ、チャートが何を示しているのかをもう少し早く理解できるようにしている。タイトルに使われている言葉は、意図的にヒントを与えている。「スイートスポット」は、ビジュアルフィールドの中で活発な領域を「見つける」ことを促している。この言葉が持つ活発でポジティブで密度が高い意味合いを、最初に目にする濃い赤の部分と結び付けることができる。

逆に、どのような記事がバイラルしないかに注目してほしいなら、チャートを補うタイトルの言葉は以下のようにできる。

バイラルのデッドスポット
リスティクルは項目が多すぎても少なすぎてもシェアされにくい

同じビジュアルでも、ビジュアルを見た後にコンテクストを探ろうとしてタイトルとサブタイトルを読んだ時、まったく異なる効果を与える。

ちなみに、このチャートの元のタイトルも効果的でないわけではない。時にはデータをそのまま説明する、客観的あるいは消極的なトーンを使いたいこともある（データから判断を下すのではなく、データを見せることを目的とするアナリストが特にそうだ）。繰り返しになるが、コンテクストを把握することが重要なのだ。

曖昧さがない：スピードを出して交差点に接近している時、以下の標識が目に入った。あなたがケンブリッジに行かなければならないとしたら、交差点の直前で正しい車線に入れるだろうか。

この曖昧さは交通をまひさせる。方向を知るために標識を見るのではなく、前に進みたくても速

度を落とし、運転しながら標識の意味を考えることに意識を移さなければならない。追い込まれたように感じたり、急いで理解しようとしてパニックに陥るかもしれない。周囲からはクラクションを鳴らされるだろう。ストレスフルだ。

ビジュアライゼーションの曖昧さは、見る人に同じようなストレスを与える。素早く理解するつもりでビジュアルを見ても、ラベルが曖昧だったらつまずき、集中し直して、アイデアではなくビジュアル自体について考えなければならなくなる。

前出のデボールドのチャートでは、どの要素も誤って解釈することはない。対して、左隣の医学誌に掲載された方は、縦長の凡例がヒートマップに密接するように配置されていて、軸なのかと思ってしまう。さらには、1952年と1957年の間にあるラベルの付いていない薄紫色の線は何を意味するのか、チャートの上の小さなグラフはどう関連しているのか、なぜY軸が「3つ」あるのか……。目的地に向かうために標識を利用するのではなく、標識を読み解こうとしているのと同じ状態だ。

メタファーや慣例に反していない：デボールドのチャートは、頭ですぐに理解できる色の使い方をしている。赤は症例数がより激しく集中していて、青はその反対だ。デボールドは、2250のデータポイント（50州の45年分）をピクセル状に配置してヒートマップにした。しかし、彼のデザインが巧みなのは、スケールの低い値に青から淡いグレー

へのグラデーションを加え、最終的にゼロを「無色」にしていることだ。これは我々が慣れ親しんでいる、彩度が低いほど値が小さいという慣例を利用している。

2つの慣例が組み合わさって、文字通りポリオが「消える」という驚くべき効果が生まれている。医学誌版はミッドナイトブルーがゼロを示す。消えていく効果はあるが、濃い青からより濃い青へと変わっても強い効果は感じず、すぐにはわからない。ワクチンが導入された時の薄紫色の境界線も見えづらく、その前後の比較が効果的にできていない。

「シンプルさ」について

そのチャートはゆったりしていて、シンプルで、洗練されていて、心地よく感じるか。それとも乱雑で、ごちゃごちゃして、複雑に見えるだろうか。データビズを見て感じる広々とした雰囲気やミニマリズム、美しさ、あるいは叙情性を作り出しているのは「シンプルさ」だ。

明快さとシンプルさは関連しているが、微妙に異なる。明快さは「アイデアを伝えているか」という効果的なコミュニケーションを目指すもので、シンプルさは「アイデアを伝えるのに必要なものだけを表示しているか」という効果的な表現に焦点を当てている。両方が実現すると、連星のようにつながって互いに助け合う。シンプルさは明快さにつながり、明快さはシンプルな印象を強くする。

会社への期待がリテンションを左右する

入社1年後に離職する
相対的な可能性

**レファレンス
ポイント**

**17%
可能性が高い**

**42%
可能性が高い**

給与も
企業の知名度も
重要ではない

給与は重要だ

企業の知名度は
重要だ

雇用された時の考え方

マンスフィールド山の積雪（1954年以降）

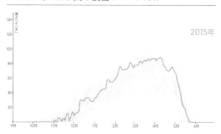

2015年

しかし、シンプルでも必ずしも明快とは限らず、明快であってもシンプルではないこともある。上の2つのチャートのうち、理解するのに時間がかかるのはどちらだろう。

左のチャートの方が「よりシンプル」だが、理解するのにはこちらの方が時間がかかっただろう。これはあまり明快ではない。ラベルが対応するビジュアルと対立している。最初のバーの値はいくつなのか、なぜY軸の値が何もないのか、各バーの色が違うのはなぜか。中央のバーが17%可能性が高いことを表しているなら、わずかに大きい3番目のバーがなぜ42%なのか（実際には各バーは離職の可能性を示しているが、それが表示されていないため見る人にはわからない。2番目と3番目のラベルは、1番目との可能性の高さの差を表している）。

右側のチャートはそれほどシンプルではない。X軸の365のポイント（1年間の日数）にわたる60のトレンドラインを示している。それでも要点は実に明快だ。色を効果的に使っていて、タイトルとラベルに曖昧さがない。

我々は、シンプル＝少ないことだと考えがちだ。情報をどんどん省けば、シンプルになると。それも一理あるが、過度なシンプルさは明快さの欠如につながる。本当に考えなければならないのは「相対的なシンプルさ」で、いかに表示するものを少なくしつつ、アイデアを明快に伝えることができるかだ。アインシュタインが言ったとされるこの格言に倣おう。「すべてのものをできるだけシンプルにすべきだが、シンプルすぎてはいけない」（注3）。では、下の営業担当者の成績に関するチャートは、どちらがシンプルだろう。

営業担当者の過去の成績から将来の収益性は予測できない

営業担当者が挙げた収益だけでなく、彼らの将来の収益性に着目すると、考えられているよりもトップパフォーマーは価値があり、ローパフォーマーはコストがかかることがわかる。

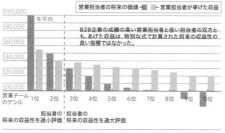

B2B企業の成績の高い営業担当者と低い担当者の双方とも、あげた収益は、特別な式で計算された将来の収益性の良い指標ではなかった。

出所：V. クマル、サラン・サンダー、ロバート P. レオーネ

営業担当者の過去の成績から将来の収益性は予測できない

営業担当者が挙げた平均年間収益（単位：千ドル）

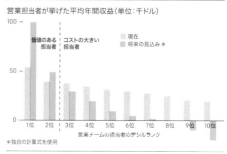

＊独自の計算式を使用

出所：V. クマル、サラン・サンダー、ロバート P.レオーネが行ったB2B企業の調査結果

左のチャートは完成形で、概ね明快なように見える。しかし、おそらく目の奥で捉える印象として、「シンプル」ないし「すっきりしている」とは感じられない。右のシンプルさは、はるかに少ない要素で同じことを伝えており、強い印象を与える。このチャートはどのようにしてシンプルになったのか。

削除する：シンプルさを実現する最も明白な方法は、チャートから不要なものを取り除き、メッセージを伝えるのに役立つものだけを残すことだ。エドワード・タフテは、この考え方を「データインク比」として数学的に捉えた。ページ上で必要な要素に使われたインクの占める割合を見るものだ（注4）。

タフテの概念は堅苦しいように聞こえるが、彼が言いたいのは、装飾や余分なもののためにインクを無駄にしてはならないということだ。文章の編集の世界では、「枯れ木を取り除く」と表現する。健全な考え方だ。

しかし問題は、「必要なもの」が主観的で捉えにくいことだ。あなたのメッセージを伝えるのに何が役立つかは、コンテクスト次第だ。誰のためのビジュアルか。見る人は関心があるのか。どの程度の詳細が必要なのか。ビジュアルをどのように、どこで使うのか。ビジュアルを見る時間は数秒か、数分か。

自分で編集するのは難しい。必要だと思わない要素は、そもそもプロトタイプに含めないだろう。また、文章の編集者が「赤ちゃんを殺す」と表現するように、削除するには自制が必要だ。

自分が入れた要素を自分で批判的に見る方法が、このシンプルな質問フローを使って要素を1つずつ評価することだ。

どの要素を残すべきか？

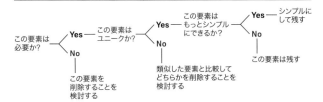

対話やスケッチのプロセスを経て、「何を伝えたいのか、あるいは見せたいのか」に対する答えが書き留められていれば、それを使って要素が必要かどうかを判断することができる。前ページの「営業担当者の過去の成績」を作成したマネジャーは、こう書き留めていた。「過去の売上げは、将来の成績を予測するのに適当でない。ハイパフォーマーは思っている以上に価値が高く、ローパフォーマーは思っている以上に価値が低い」

これを念頭に置いて、彼が作ったオリジナルのチャートの全要素を質問フローで調べてみよう。

まず、タイトルは常に必要だ。だが、それはユニークか。「No」。実際はキャプションの1つがタイトルとかぶっている。タイトルはそのままで、キ

ャプションを削除しよう。このタイトルを表すもっとシンプルな方法はあるか。「No」。このままでいこう。サブタイトルは判断がより難しい。目的をうまくまとめて説明している。しかし、本当に必要か。これはユニークではなく、ビジュアルの要約だ。X軸の下のキャプションともかぶっている。同じことを言っているものが3つある。ならば、サブタイトルは削除だ。

ビジュアルフィールドの情報は必要で、ユニークで、これ以上シンプルにはできない。そのまま残そう。キャプションは不要と判断したが、ユニークな情報が少し含まれている。将来の価値の計算式とデータの出所のB2B企業についてだ。これ

はビジュアルの邪魔をすべきではない、重要性の低い情報だ。出典の位置に移動させよう。成績が高いか低いかを説明した他の2つのキャプションは、2つのタイプの営業担当者の区分を説明するために必要だ。

データプロットにはほぼすべての場合に軸が必要だが、軸にどれだけの区分が必要かについては議論が尽きず、チャートのシンプルさを決める大きな要因だ。シンプルなビジュアライゼーションの「ゆったり」した印象は、チャートの背景の構造的要素（基準線、目盛、値の間隔を示す線）を減らすか削除することで生まれることが多い。いったん3つの金価格のチャートに目を移そう。

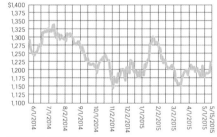

金価格（1オンス当たり・米ドル）

コンテクスト：プロトタイプ
用途：調査、個人向け、非公式
媒体：個人の画面、紙

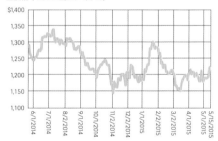

金価格（1オンス当たり・米ドル）

コンテクスト：「金価格について議論しよう」
用途：分析、公式あるいは非公式、1対1、小規模グループ
媒体：紙、個人の画面、共有の画面

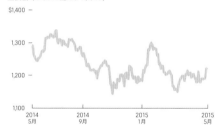

金価格（1オンス当たり・米ドル）

コンテクスト：「金価格は今年下がっている」
用途：プレゼン、公式、大小のグループ
媒体：紙、大小の画面

出所：Bullionvault.com

明らかにグリッド線やラベルの少ないチャートが最もシンプルな印象だが、こうしたミニマリズムが常に適切だろうか。チャートを表示する媒体

について考えよう。時間をかけてビジュアルを見ることができる紙や個人のデバイスの画面なら、もっと詳細な要素があった方が個々の値を参照し

たり、チャートを深く掘り下げたりできる。しかし、プレゼンの場合は人々に数秒でビジュアルを理解してもらいたいので、構造的な要素を少なくすることで邪魔なものを減らし、広範に及ぶアイデアに集中してもらいやすい。

「見る人にこのチャートで何をしてもらいたいのか」と自問しよう。全体的なトレンドが重要なら、グリッド線や軸ラベルなどの基準点を積極的に削除する。「金価格が下落している」ことを伝えるのに、Y軸の詳細な区分は必要ないが、毎月の金価格の動向について議論したいなら、基準点が多い方が役に立つかもしれない。前ページの一番右のチャートを使って聴衆に「11月の価格を見てください」と言っても、中央のチャートよりはるかにわかりにくい。左のプロトタイプも、Y軸に多くの値があってグリッド上をたどりにくい。

さて、129ページの営業成績のチャートに戻ろう。X軸はユニークであり欠かせず、2つ1組の棒それぞれのラベルも必要だ。しかし、Y軸の値はどれだけ必要だろう。もし単に大、中、小の値だけに減らしたら、アイデアが伝わりにくくなるだろうか。おそらくそれはない。マネジャーが書いたチャートの目的には、具体的な金額より2つの時期の相対的な値を比較することが重要だとあるので、Y軸は簡略化できる。

だが、ラベルは概して、シンプルさを実現する上で別の問題もはらんでいる。多くのマネジャーは、右上のチャートのようにすべてのビジュアル

要素に具体的な値を付けてしまう。

画面の向き別の使用時間（米国）

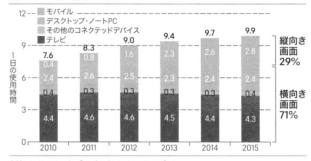

出所：メアリー・ミーカー「インターネット・トレンド・レポート」

グラフに示される値の数が増えるにつれ、ラベルがビジュアルをしのぎ始める。しかし、ラベルはなぜあるのだろう。焦点を当てたいのは具体的な値なのか、それとも全体像だろうか。ビジュアライゼーションとは抽象化だが、すべての値にラベルを付けるのは具体化だ。すべての値を表示する必要性があるなら、表の方が適切かもしれない。

画面の向き別の使用時間（米国）

1日の画面使用時間（米国）	2010	2011	2012	2013	2014	2015
テレビ	4.4	4.6	4.6	4.5	4.4	4.3
デスクトップ・ノートPC・その他	2.8	2.9	2.8	2.6	2.7	2.8
モバイル	0.4	0.8	1.6	2.3	2.6	2.8
合計	**7.6**	**8.3**	**9.0**	**9.4**	**9.7**	**9.9**
横向き画面（%）	95	90	82	76	73	71
縦向き画面（%）	5	10	18	24	27	29

画面の使用時間

1日の画面使用時間 (米国)

	2010	2015
テレビ	4.4	4.3
デスクトップ・ノートPC・その他	2.8	2.8
モバイル	0.4	2.8
合計	**7.6**	**9.9**
横向き画面 (%)	95	71
縦向き画面 (%)	5	29

スクリーンタイム (米国)

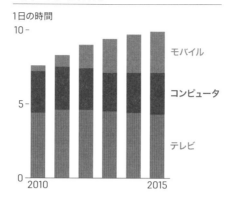

画面の向き別の使用時間

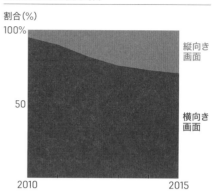

　最初のチャートを作成したマネジャーは、表だと上昇トレンドやモバイル画面のシェアの増加を即座に認識できないので効果的ではないと主張するかもしれない。それは正しいが、その主張は、チャートのすべての値にラベルを付けた自分に無意識に反論していることになる。トレンドとシェアの増加が最も重要なら、具体的な値を入れて全体のトレンドから見る人の焦点を逸らせるべきではない。

　マネジャーが問うべきは、次の2つだ。「アイデアを表現するのに個々の値が重要か」「アイデアを議論するために具体的なデータポイントが必要か」。どちらも答えがイエスなら表を作るべき

だ。ビジュアルも提示してもいいが、ずっとシンプルなものにできる。前ページの最初のチャートと、上の3つのチャートを比較してみよう。すべての値を示しつつ、トレンドが一目瞭然になっている。

　コンテクストがわからなければ、正解はない。しかし、ラベルが多いとシンプルさが軽減し、何が重要なのかの判断を見る人に委ねることは確かだ。思い切りのよさが大切だ。ほとんどの場合、自分が思っている以上に、そして自分が望んでいる以上に要素を削除できる。要素を削ぎ落としたチャートを同僚に見てもらうといい。必要な要素がどれだけ少ないか、驚くかもしれない。

チャートの要素が冗長でない：同じ内容を繰り返している要素を削除するとシンプルになるが、要素自体の冗長なデザインを排除することでもそれは可能だ。あるチャートのタイ

トルとサブタイトルを例に取ろう（「ミドルクラスとは？――都市別の世帯収入、2013年」）。

WHAT IS MIDDLE CLASS?

Family income by city, 2013

　明快で簡潔なテキストだ。しかし、デザインの観点からすると、タイトルは非常に冗長だ。際立たせるために、特別な処理が「5つ」施されている。サイズ、太字、下線、色、そしてすべて大文字表記だ。目を引いたか。イエス。特別だというシグナルがこれほど多く必要か。ノーだ。

　サブタイトルは特徴が2つある。サイズとイタリックだ。しかし、テキストのサイズが小さく、タイトルのすぐ下に表示されているなら、それはサブタイトルに違いなく、イタリックは余計だ。

　こうしたデザインを「ベルトとサスペンダー」と言う。ズボンを支えるのに両方は必要ないので、どちらかを選ばなくてはならない。一般的にデザインは、ユニークな属性はできるだけ少ない方がシンプルな印象になる。下の3つはそれぞれ属性が1つだけが違う。サイズ、太さ、色だ。

What Is Middle Class?
Family income by city, 2013

What Is Middle Class?
Family income by city, 2013

What Is Middle Class?
Family income by city, 2013

　2行にまたがる情報の行間さえ冗長だとあなたは言うかもしれない。ビジュアルのためのスペースを広く取りたいなら、下のようにタイトルとサブタイトルを同じ行に配置しても互いの関係性を正しく表現することはできる。

What Is Middle Class? Family income by city, 2013

　本書のほとんどのチャートは、タイトルを区別するためにサイズと太さを利用している。タイトルに2つの特徴を用いるのは一般的で、デザインの選択として問題ない。ここで特

微が１つしかない例を示したのは、要素の役割以上に強調しすぎる必要はないことを理解してもらうためだ。

　そうした自制は、軸ラベル、キャプション、ポインターなどその他の要素に対してはさらに重要になる。それぞれにユニークな属性を適用するのではなく、情報を分類しよう。例えば、キャプション、凡例、ラベルは、同じテキストスタイルでいい。ライン、矢印、ボックスなど、要素をつなげたりグループ化したりするために使用されるマークもしばしば冗長になる。通常は、シンプルに揃えて配列すれば、マークがなくても同じように目的は達成される。

色の使用を抑える：目を引くチャートにしたいとか、プロットするデータのカテゴリーが多いからといって、あまりに色数を多くしてしまうと、シンプルさが損なわれてしまう。見る人はチャートの意味をつかもうとする中で、色の違いに注目し、それが何を意味しているのかと疑問に思うだろう。色数が多いほど、その違いの意味を理解しようと努力しなければならない。チャートに色を追加するたびに「なぜこれを区別する必要があるのか」「他の情報とグループ化して同じ色にできるか」と自問しよう。

　チャートに使用している色を、約分が必要な分数と考えよう。色数の多いチャートは「4/16」のようなものだ。もっと色を少なくすると比率は「2/8」となり、最もシンプルなのが「1/4」だ。あなたのアイデアを伝えるのに必要な区分ができる、最も小さい共通分母を見つけよう。

　例えば、本章の最初のチャートは、3時間単位

当社のサイトで人々が買い物するのはいつ？

売上げに占める割合

色は約分できる分数のようなものだ。

を8色に分けている。色を減らす効果を示すために、減らしたバージョンが上のチャートだ。すべて異なる色を使うと、多くの要素が注意を奪い合い複雑な見た目になってしまう。6時間単位に変

えて（アイデアを伝えるのに十分なカテゴリー数）、色数を8色から4色に減らすのもよいが、まだ色がけんかしている。さらに減らすには、午前を黄色系、午後を青系と、データを2つのグループに分ければいい。ビジネスアワー以外の割合が少ない時間帯を淡い色合いにすれば、明快さが格段に向上する。

もう1つ知っておいてほしいのは、グレーは強い味方ということだ。情報を階層化してくれる。人はグレーの情報をカラーの情報との比較で、背景や二次的なものとみなす。つまり、焦点を奪って重要なアイデアの邪魔することなしに、コンテクストを提供できる（注5）。軸線を残しつつグレーにすれば、効果はそのままに、重要なビジュアルインフォメーションの「背景」に位置付けることができる。

コンテクストを提供する背景データもグレーにするのは有効で、129ページのマンスフィールド山の積雪のチャートは、重要な情報と背景情報を区別するためにカラーとグレーを使い分けた素晴らしい例だ。

色の選択も慣例に従うべきだ（注6）。対照的なデータなら対比色を、補完的なデータなら補色を、同じグループのデータは同色または類似色を。データの範囲は、小さい値には彩度が低くて淡く、より白っぽい色を、大きい値には彩度が高くて濃く、深い色を選ぼう。

シンプルさは勇気

シンプルさについての格言をあなたも聞いたことがあるだろう。シンプルさは究極の洗練（ダ・ヴィンチ）、スタイルを左右するもの（プラトン）、少ないほどいい（ルートヴィヒ・ミース・ファン・デル・ローエ、ロバート・ブラウニング）、シンプルは難しい（何百人もの人々が様々な言い回しで）。すべて真実だが、マネジャーのために新しい格言を教えよう。「シンプルさは勇気」だ。

スプレッドシートの膨大なセルを視覚化すると、すべてを見せたいというマネジャーの衝動が、アイデアの伝わらない密で理解しにくいチャートを生んでしまう。原因の1つは、知識を持つことの弊害だ。我々は知っているデータや作成したデータをすべて見せることが重要だと考える。密で複雑なチャートは、作った人の「私はすべてわかっている。私がいかに努力しているかを見てほしい」といった心理の表れだ。

多ければ多いほどいいとか、複雑さは知性の表れであるといった根強い考えは、完全に捨てなければならない。そうした考えは良いチャートの邪魔をする。

重要な会議で、明快でシンプルなチャートを数点だけ発表するのは空恐ろしい――。アンドリュー・アベーラは、企業幹部とプレゼンスキルの向上に取り組んでいる時、こうした声を聞くという。「シンプルさと明快さについては、正しい恐怖と誤

った恐怖がある」とアベーラは言う。「正しい恐怖は、正しい情報、正しい詳細を伝えなくてはならないというものだ」。本書は、その手助けをすることを目指している。「だが誤った恐怖は、すべてを見せなければ理解してもらえない、あるいは努力していると思われない、というものだ」。正しい恐怖が誤った恐怖につながることもあり、「正しい情報を示せていないかもしれない。だから、すべての情報を見せよう」となる。

アベーラはこう指摘する。「私の長い経験から言わせてもらうと、素晴らしいチャートを2、3点だけ持って現れる人ほど幹部を喜ばせるものはない。彼らは私にこう言う。『私が必要なものだけを見せ、私を60枚のスライド攻めにしない自信がある人物がやっと現れた』」

アベーラは言う。「あるマネジャーのCEOへのプレゼンの準備を手伝った時、彼は不安がったのだが、彼が作った1つの素晴らしいチャートだけでプレゼンをしようと我々は決めた。CEOはとても感銘を受け、彼らはその1つのビジュアライゼーションについて3時間も議論した」

印象づけるための見せ方

良いチャートのデザインが目指すのは、ビジュアライゼーションをより魅力的にすることではない。より効果的で、理解しやすいものにすることだ。ほとんどの人はチャートを見た時に良いデザインだと感じても、その理由はわからない。デザインが良いという印象を持たせるテクニックがこれだ。

①整理されている、あるいはすっきりしている印象のチャートにするには、デザインの「構造」と「階層」に重点を置く。

✓ すべてのチャートに入れるべき4つの要素は、タイトル、サブタイトル、ビジュアルフィールド、出典（出所）。ビジュアルフィールドには、軸とラベル、場合によってキャプションや凡例を入れる。

✓ 4つの要素はビジュアライゼーションに対して一貫したウエイトにする。タイトルは約12%、サブタイトルは約8%、ビジュアルフィールドは約75%、出典は約5%だ。

✓ 要素を整列させる。できるだけ少なくした縦と横の線に沿って配置する。

②意味をなしている、あるいはすぐ理解できる印象のチャートにするには、デザインの「明快さ」に重点を置く。

✓ 不必要な要素は削除する。思い切りのよさが大切だ。チャートの意味を維持しながら、できるだけ多くの要素を取り除く。

✓ すべての要素がビジュアルを支えるようにする。チャートの構造を説明するためではなく、アイデアを強調するために要素を使う。

✓ 曖昧さを取り除く。それぞれの要素は、誤った解釈をされることのない、単一の目的を持っていなければならない。

✓ 慣例とメタファーを使う。赤は「熱い」、青は「冷たい」というように、考えなくても理解できる観念を活用する。

③洗練されている、あるいは美しく見えるチャートにするには、デザインの「シンプルさ」
を重視する。

✓ 必要なものだけを表示する。すべての要素は欠かすことのできないユニークなもので、
可能な限りシンプルな表示にする。

✓「ベルトとサスペンダー」のデザインは避ける。1つの要素につき1つの強調法で十分だ。

✓ 使用する色数は最小限にする。グレーは背景や補助的な情報、グリッド線などの構造的
な要素に使うと有効だ。

✓ 読み手の目の移動を少なくする。ラベルや凡例は、説明するものの近くに配置する。

アイデアをシンプルに視覚化する

COLUMN

「視覚的に考える人は、生まれつきではない。訓練してそうなったのだ」

広告会社のクリエイティブディレクターだったヘイギーは現在、プロのアーティストとして活躍している。「アイデアを視覚化できれば、情報を提示するもう1つの方法を持つ。人々の脳のニューロンを刺激するもう1つの方法だ」と言う。

ヘイギーの活動は主に、一見シンプルで時に叙情的な、概念的なビジュアライゼーションを自身のサイトIndexedで制作することだ。使うのはインデックスカードとインクで、スタイルは超ミニマルだ。仕事をテーマにしたものが多く現代のオフィスライフに深く根づいた真実と歴然たる不条理をシンプルなチャートで明らかにする。漫画『ディルバート』が3コマで何十もの単語を使う鋭い論評を、ペン数筆で表現している違いを除けば、まさに新世代のディルバートと言っていい。

ヘイギーはそうしたカードを毎週発表し続けている。最近はじめたプロジェクトがThe Art of War Visualizedで、孫子の軍事戦略の名著のインフォビズ版だ。彼女はこのプロジェクトのためにスタイルの幅を広げ、大胆で軍国主義的な同書を反映させるために、わずかな色と太く自然体の筆遣いを加えている。しかし、その概念的なビジュアライゼーションはあくまでミニマルで控え目だ。

子どもがジャクソン・ポロックの絵を見た時に思うように、ヘイギーの作品を「すごくシンプルで、誰にでもできそう」と思ったとしたら、それは間違いだ。シンプルさは努力が必要なスキルであり、彼女も日々取り組んでいる。「人々はシンプルなものを見て、それを作ることもシンプルだと思いがちだ」とヘイギー。「何かをシンプルに『感じ』させながらも、洞察や新しいものの見方、パンチラインを生み出すには努力がいる。何をしないかを決めることも含め、多くのことをしなければならない」。1つのチャートを作るのに本を1冊読むこともある。

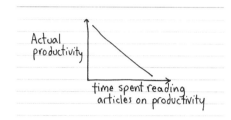

> *視覚的に考える人は、*
> *生まれつきではない。*
> *訓練してそうなったのだ*

ジェシカ・ヘイギーの超ミニマルなインデックスカードは、驚異的なシンプルさを実現している。

自分はラッキーだとヘイギーは言う。シンプルさを実現するのは難しいが「そこにたどり着くことが楽しみ」だからだ。インスピレーションを得るために、身の回りにあるものは何でも取り入れる。「盗み聞きをしたり、ぶらぶら歩き回ったり。流れているニュースから聞こえてきた面白いセンテンスをメモすることもある」

ヘイギーはセンテンスの構成から取り掛かる。本書第4章の対話からアイデアを得てビジュアルが何を見せるべきかを説明するプロセスと似ている。「センテンスを書き出して、それをビジュアルにできるかどうかを考える」とヘイギー。「センテンスの主語を変えて、ビジュアルがどうなるかを考える。センテンスの中のボキャブラリーをいじって、それに合わせて形式を変えている」

要素をいかに削りながらセンテンスの本質を捉えられるかを検討するために、修正も徹底的にする。その工程はいつも難しいのだという。シンプルさを実現するために、1つのインデックスカードを作るのに5枚以上描いて練り上げる。

それをするだけの価値があるとヘイギーは言う。人々はよりシンプルなビジュアライゼーションにより深く反応するからだ。説明するのに5〜6のセンテンスを必要とするようなアイデアが1つのチャートにまとめられ、瞬時に処理されているのを見ると、人は「至福の瞬間」に到達する。

例えば、人事部長からジョブスキルとパフォーマンスと賃金の関係について、どれだけ稼げるかは才能のユニークさとパフォーマンスの良さで決まり、最も価値のある雇用は高いパフォーマンスとユニークな才能が組み合わさっていることだと説明されるのと、右の一番下のチャートを見せられるのとでは、どちらが理解しやすいだろう。

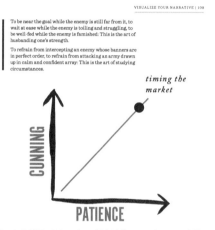

2つのパラグラフを1つのシンプルなビジュアルにするには、時間と自制、そしていくつもの試作が必要だ。

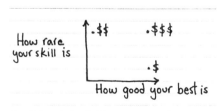

チャートがシンプルなほど、人々とチャートのつながりは深くなるとヘイギーは言う。

第 6 章

説得するための
磨き方

説得力あるチャートにするための
3つのステップ

非営利組織のマネジャーが、寄付をしてくれる可能性のある20人に向けたプレゼンの準備をしている。みな資金力があり、寄付先の選択肢も多い。マネジャーは郊外の貧困の対策プログラムを立ち上げているところで、この問題が深刻化していることを伝えたい。しかし、プログラムを支持するよう聴衆を説得するには、それだけでは十分ではないことを承知している。「なぜ郊外の貧困なのか。都市の貧困ほど悪くはないのでは」といった懐疑的な質問が出ることも見越している。人々は証拠を見たいはずで、それを表したチャートがこれだ。

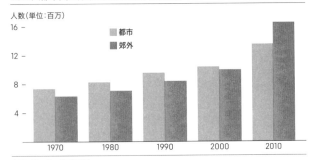

95の大都市圏で都市と郊外に暮らす貧困層

人数（単位：百万）

都市
郊外

出所：ブルッキングス研究所

　よくできている。シンプルでデザインも良く、すべての情報が揃っている。貧困は都市と郊外の双方で増えているが、郊外の方が顕著だ。それでもマネジャーは満足していない。このチャートで最初にわかるのは貧困が増えていることで、郊外

貧困の状況を理解するのに1分はかかる。そこで彼女は、下のようにより説得力のあるビジュアライゼーションを作った。

　理解しやすく、はるかに説得力がある。郊外の貧困の急増が即座に伝わり、現在は貧困層が都市より郊外に多く居住していることもその後すぐにわかる。これなら聴衆を驚かせ、心を動かすだろう。

　さて、マネジャーはどのようにして、正確だが満足できない棒グラフから、プログラムへの寄付者を確保できると確信できるチャートに行き着いたのだろうか。

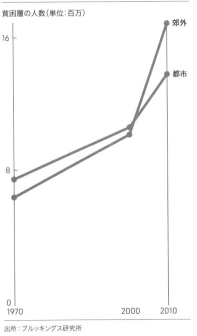

深刻化する郊外の貧困問題

貧困層の人数（単位：百万）

郊外
都市

出所：ブルッキングス研究所

情報の伝達と説得は異なる

　マネジャーは、単に正確なチャートを作るだけでは不十分なことが多い。あなたがデータの中に眠っている真実を明らかにしようとする目的は、主張をする、注目度やリソースや資金を獲得する、クライアントに売り込む、新規顧客を募る、意見

を揺さぶる、もしくは意見を形成することなどだろう。単に人々にチャートが真実であると信じてもらうだけでなく、チャートが行動を促し、前に進む方法を提案することを目指しているはずだ。

説得の科学では、行動や思考に影響を与える方法には3タイプある。「経済的」（飴とムチ）、「社会的」（みんながやっているから）、そして「環境的」（歯科医院で流れる癒し系の音楽など）だ。ビジュアライゼーションは大半が3番目に該当する。

この分野の重鎮で、影響と説得に関する共著書もあるスティーブ J. マーティンは、自身や他者の研究から環境的な説得戦略の成功例を多数示している（注1）。

例えば、調査の参加者を募っていた教授は、手書きのメモを添付して依頼することで参加者数を倍増させた（注2）。ホテルでタオルに添えるカードの文言を変更したら、タオルの再利用率が25%増加した（注3）。食器の色と食べ物の色が対照的だと、食べ物をよそう量が減る（注4）。

インフォメーションビジュアライゼーションが我々を説得するメカニズムも同じで、小さなことだが強力だ。「我々は自分の決定が努力を伴う認知の結果であると考えたいが、現実はいささか異なる」とマーティン。「我々の行動の大半は、環境の中にある意識しない手がかりによって動かされている」

本章はデータサイエンティストの視点からは距離を置いている。彼らの仕事はたいてい「すべてのデータを見せる」ことで、可能な限り客観的になり、分析に利用できるすべてのデータを提示する。探究型のビジュアライゼーションを作るのであれば、これは理にかなっている。目的は事実の発見と仮説の検証、分析だからだ。だが本章で焦点を当てるのは、ビジュアルコミュニケーションが見る人を揺さぶり、変化をもたらす必要がある場合だ。

情報の伝達と説得の違いについて、我々はあまり考えることはなくても認識していて、両方のタイプのコミュニケーションを受け止めている。スポーツ中継では、実況アナウンサーがフィールド上で起きていることを説明しながら大声で叫ぶ一方、解説者は試合運びについての我々の認識に影響を与える。

販売中の住宅を説明するのに「敷地面積1.2エーカー、延べ面積2400平方フィート、ベッドルーム4室、バスルーム2つ」と正確に言うこともできるし、「広大なオープンフロアのコロニアル様式で、最新のモダンキッチン完備。人里離れた木々に囲まれた土地で、景色も壮大」と魅力的に伝えることもできる。中古車も、買い手を探している人は「used」（使い古した）ではなく「pre-owned」（以前に所有されていた）と表現するだろう。

新聞は、同じトピックについて報道記事と社説の両方を掲載する。次の2つの文章を比較してみよう。

報道記事

予算案は今回も、評価の高い「ウォートホッグ」と呼ばれる近接航空支援機A-10を退役させることで、3億8200万ドルの削減を見込んでいる。昨年に同様の案を否決している議会の反発を招くことは確実だ（注5）。

社説

私は国防総省に対してこのところ向けられている予算の圧力は評価している。しかし、これらの議論には重大な欠陥がある。我々が、代替機が開発される前にA-10を退役させれば、米軍が犠牲になる（注6）。

報道記事の方が社説よりも「優れている」だろうか。それは違う。定性的な比較は不可能だ。一方は情報を伝え、もう一方は説得的で、それぞれ異なるレトリックを使っている（注7）。報道記事は事実を描写し、推測（議会の反発を招く）は証拠（以前否決された）に裏打ちされている。一方で社説は一人称を使って読者を巻き込み（「我々」）、より個人的で会話的（「このところ」）だ。重要な主張（「軍が犠牲になる」）は証拠を示さずに述べられている。2つの間に優劣はなく、どちらもそのコンテクストの中で良いものだ（反対に、他方のコンテクストの中では良くない）。

同じことがインフォビズにも当てはまる。巧みなテクニックを採用して、意見の効果を高めることができる。色、コントラスト、余白、言葉、表示するもの、そして重要な「排除するもの」という、無意識の行動を促す手がかりすべてが、アイデアを理解しやすくし、チャートの説得力を高める。上記の報道記事と論説の比較と同じようなデータビズの比較がこれだ。

MLBのスタジアムの小ビールの価格

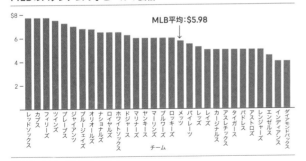

出所：チーム・マーケティング・リポート

野球場でビール1ケースを購入した場合

ファンは不当に高い値段を払わされていることを知っているが、MLBの全スタジアムのビールの価格を理解しやすい単位に変えると、いかに高額かがわかる。

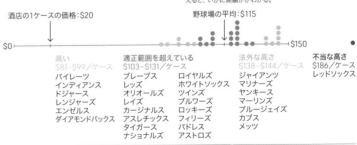

出所：チーム・マーケティング・リポート

もしあなたが野球のスタジアムのビールが高すぎると誰かを説得したいなら、どちらのチャートを使うかは明白だ。しかし、試合観戦に関連するコストを把握したいメジャーリーグのコミッショナーに対しては、そのような説得は不適切だろう。確かにこの例は極端で、説得するのにあからさまな私見を挟む必要はない。ほとんどの場合にマネジャーが目指すべきは、正確で良いデザインだが受動的なチャートよりも、明快で強力に主張するチャートだ。

チャートに説得力を持たせる 3つのステップ

チャートに説得力を持たせるには、重要なアイデアに人々の注意を引きつけやすくし、人々がそれを処理できるようにすることだ（注8）。説得について研究する科学者は、これを顕著な情報の「有効性」と呼ぶ。アイデアが理解しやすければ、見る人はたいていより興味深く、説得力があると感じる（注9）。

右の2つのチャートのうち、西海岸の営業チームに問題があるとあなたをうまく説得するのはどちらだろう。

左のチャートは詳細な情報が含まれているので、より有益だと思

うかもしれない。しかし、説得の科学が示すように、重要なのはいかに詳細かつ正確かではなく、いかに容易に最も重要なものが理解できるかだ。右のチャートの方が説得力があるのはそれが理由だ。

このチャートを作ったマネジャーは、郊外の貧困の拡大をチャート化したマネジャーが使ったのと同じテクニックを多く採用している。説得力を高めたい時は、次の3つを重視しよう。

①アイデアを強化する
②アイデアを目立たせる
③アイデアを取り囲むものを調整する

①アイデアを強化する

第4章で説明したアイデアを明確にする言葉を導き出すためのプロセスは、説得力にもつながる。144ページの都市と郊外の貧困の2つのチャート

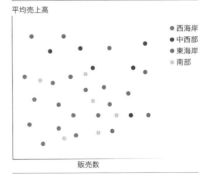

地域別の販売成績

平均売上高

- 西海岸
- 中西部
- 東海岸
- 南部

販売数

出所：企業調査

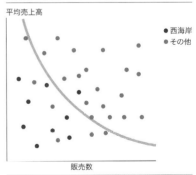

西海岸の販売チームの成績の低さ

平均売上高

- 西海岸
- その他

販売数

出所：企業調査

をもう一度見て、それぞれ「話す・聞く」のステップでどんな言葉が上がったか想像してみよう。次のようなものかもしれない。

説得力がない	説得力がある
郊外と都市の貧困人口を10年単位で比較したい。	郊外の貧困は深刻化している大きな問題で、都市の貧困を急速に上回ったことを説得しなければならない。

しかし、説得力があるチャートのデザインにつながる言葉が出てこないこともある。その場合は「話す・聞く」の簡易版をするといい(いま「話す・聞く」のステップにいるなら、簡易版を追加する)。自問する言葉を「何を伝えようとしているのか、または見せようとしているのか」ではなく、「〜と説得する必要がある」にするのだ。

前者が会話の始まりの言葉として(そして客観的なビジュアライゼーションに)ベストであることには変わりなく、これだけで説得力のある方法にたどり着くかもしれないが、もしそれができず、チャートが期待するほど説得力を持っていなければ、後者が役立つだろう。

例を示そう。

何を伝えようとしているのか、または見せようとしているのか

・野球のスタジアムのビールの価格の分布を示そうとしている。

・製造業における自動化の増加と、雇用減少との関係を示そうとしている。自動化は利益を増加させるが、満たすのが困難な新たな仕事のニーズを生む。
・労働時間を増やしても生産性は上がらず、むしろ低下する可能性があることを示そうとしている。
・アンバンドリング商品と収益減少の関係を示そうとしている。

・ガーデニング人口は大きく、増加していて、多様性があり、サービスが行き届いていない市場であることを示そうとしている。

右側の問いの答えにはより感情的な言葉が出てくることに注目してほしい。アイデアを視覚化する(あることを知ってほしい)ことから、アイデアが良いものであると説得しようとする(あることを信じてもらう必要がある)ことへと変化している。統計的な傾向(増加している、減少している、サービスが行き届いていない)を表す言葉は、自然と印象を表す言葉(損なっている、支える、飢えている)へと変わる。

注意点が1つある。「〜と説得する必要がある」という言葉で自分を駆り立てる時、無用な私見に陥りがちなことだ。例えば、ガーデニング市場に着目しているマネジャーは、「彼らがガーデニング愛好家について間違って認識していて、大きな機会を逃していると説得する必要がある」という意

～と説得する必要がある

・すべての野球のスタジアムでビールが不当に高価であると説得する必要がある。
・利益は上がっているもののロボットが製造業の雇用を奪い、短期的な利益を相殺する大規模な技能格差を生んでいると説得する必要がある。
・時間外労働が逆効果だと説得する必要がある。それは会社の生産性を損なっており、支えになっていない。
・当社のソフトウェアスイートのアンバンドリングが、収益源に打撃を与えると説得する必要がある。
・ガーデニング市場の成長を牽引しているのは、アプリに飢えていて、考えられているより若く、テクノロジーに精通した人々であると説得する必要がある。

見にたどり着いたかもしれないが、それはスケッチやプロトタイピングの出発点として有益ではない。それは彼がチャートで伝えたいアイデアではなく、聴衆に対する印象と、説得できなかった場合に予想される結果を反映している。

それでも、そうしたフラストレーションを同僚にぶつければ、説得に効く言葉に導かれるかもしれない。同僚が「なぜ」という厄介な質問をしてくればなおさらだ。

「彼らがガーデニング愛好家について間違って認識していて、大きな機会を逃していると説得する必要がある」
「なぜ彼らは間違っているの？」

「ガーデニング愛好家はアプリを使い、ネットで買い物をしているから。彼らはiPadを使えないテクノロジー嫌いじゃない。ガーデニング愛好家10人のうち7人は55歳以下なんだ」
「それが逃した機会？」
「そう。ガーデニング人口を増加させている人の大半は35歳以下で、当然ながら彼らはアプリを使う。もっと年齢が上の人々も思われているよりテクノロジーに通じていて、平均的な人よりもネットで買い物をしている。私が示す必要があるのはそれだ」

マネジャーは有益な情報を説明しており、新たに導かれた説得力ある言葉を基にスケッチを始めることができる。

②アイデアを目立たせる

鋭い言葉があれば、スケッチやプロトタイピングは自然とより説得力のある形になる。しかし、デザインの選択とテクニックによって、説得の効果をさらに高めることができる。あなたのアイデアを強調し、差別化できるのだ。

強調する：これだ。たったいま私はそれを実行した。太字と色はビジュアルを強調する。あなたはおそらく「この単語は重要だから注目すべきだ」と自分に言い聞かせてはいないだろう。でもあなたはそれに意味づけをし、今読んでいる箇所の単

語とは異なる扱いをした。私が強調したことで、この単語が記憶しやすくなっているはずだ。

太字、*斜体*、<u>下線</u>、色、ハイライト、英字をすべて大文字にする（ALL CAPS）など、多様な強調方法があるように、ビジュアルも色、ハイライト、ポインター、ラベルなど、重要な情報やアイデアを強調する様々なテクニックがある。何を見るべきなのかを伝え、それを理解しやすくしよう。

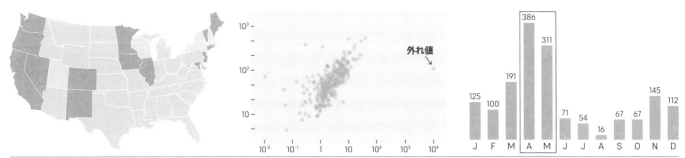

アイデアを強調するにはそれほど手間はかからない。色、シンプルなポインター、境界線によって目を引く。

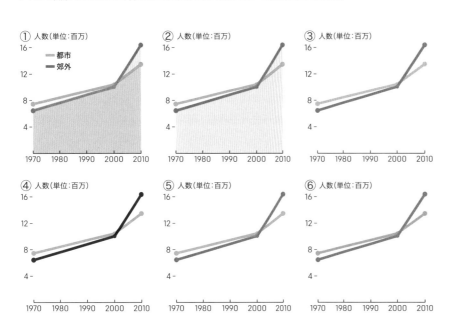

最も明白で一般的な強調の手段は色だ。悩む必要はない。鮮やかな色で重要なアイデアを前面に押し出し、他の情報は薄い色や対照的な色を使って目立たなくする。郊外の貧困のチャートを作ったマネジャーは、自分のアイデアを最も理解しやすくしようと、色を変えてイテレーションを行った。

どのプロトタイプも急増している郊外の貧困の傾向に最初に目がいくようにし、比較情報である都市の貧困を、対立するものではなく、それを支えるものとして使うことを目指している。マネジャーが最初の5つを不採用にした理由は次の通りだ。

①半透明の色を重ねたことで第3の色が生まれ、それがチャートを支配し、線ではなく塗りつぶされた領域に注目を集めてしまう。

②郊外の貧困の方が明らかに強調されているが、塗り潰されているところとそうでないところがあるのはなぜか。塗りつぶされた部分がまだ混乱させる。

③同じ色の濃淡は、同じグループの2つの変数を示唆するもので、比較を示唆しない。ここでは引き立たせるのではなく対比させたい。

④白地に黒はコントラストが最も強いが、黒と青は、黒の線を際立たせるほどコントラストが強くない。

⑤よくなった！でも青がまだ焦点を奪っている。

⑥最終的な色の選択。

シンプルすぎるように思えて、非常に効果があるのが境界線だ。147ページの西海岸チームの営業成績を示したチャートでは、カーブしたグレーの境界線によって、チームの成績が期待を下回っていることが明白だ。

ポインターも伝えたいストーリーの方向に聴衆を誘導できる。右上のネットフリックスの顧客のチャートは、点線とラベルがなければ何を示しているのか理解するのは難しいだろう。

境界線は主張するためにも使える。「鶏肉の消費量の増加」のチャートの作者は、ビジュアルフィールドの境界線を越えることで、データが収ま

るべき合理的な範囲を表現している。2本の線は慣例を無視して境界線を飛び越え、我々の目をすぐに引きつける。これらは、示す値が「過剰」であると説得することを意図している（同様に146ページのMLBスタジアムのビール価格を示した論説的なチャートでは、軸が最大値まで伸びておらず、レッドソック

コムキャストの速度の遅さがネットフリックスの顧客の負担に

リバッファリングとローディングの遅さについての
ネットフリックスへの問い合わせ件数（抽出率20%）

2014年2月：
ネットフリックスが
コムキャストとの直接接続契約
による料金支払いで合意

出典：米連邦通信委員会報告書「ネットフリックス vs. コムキャスト & TWC」

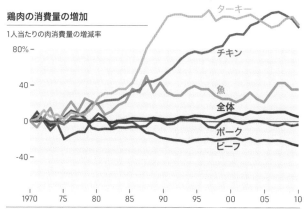

鶏肉の消費量の増加

1人当たりの肉消費量の増減率

ターキー
チキン
魚
全体
ポーク
ビーフ

出所：米農務省経済調査局

スの料金が桁外れに高いことを示している)。

147ページの西海岸の営業担当者の散布図は、アイデアをよりわかりやすくするために、明白ではないが別の方法も使っている。チャートが少数の人や個人を表す場合、全体を抽象的な統計として示すよりも、個人（または複数の人）を表現した方が有効で、このチャートでは各ドットが1人の担当者を表している。次のように同じ情報を抽象的に伝えることもできるが、説得力は弱くなる。

地域別の販売担当者の成績

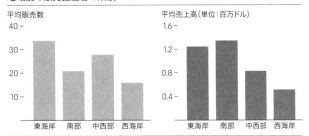

出所：企業調査

　このチャートでは、西海岸の棒の相対的な小ささが強調されたとしても、個人の成績をプロットしたチャートよりも説得力がない。なぜなら、統計は抽象的なもので、我々は心理的により共感できるものに焦点を当てる傾向があるからだ（注10）。例えば、高校のバスケットボール選手がNBAに入る可能性が極端に低いことを示すのに、より説得力があるのは右上の円グラフと単位グラフのどちらだろう。

ドットはデータを構成単位にして示しており、0.03%という数字よりも人に関連づけやすい（3つの赤いドットを見つけるのに時間がかかっただろう。この場合はわかりにくさが有効で、NBAに入る人は非常に稀であるため群衆の中から見つけるのにも苦労することを表現している）。

　単位グラフは個人を想起させるため、人々に関するアイ

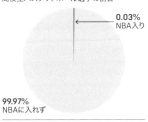

NBAに入る高校生バスケットボール選手
高校生バスケットボール選手の割合

0.03%
NBA入り

99.97%
NBAに入れず

出所：全米大学体育協会調査

高校生バスケットボール選手1万人のうちNBA入りできるのは何人？

出所：全米大学体育協会調査

デアを表現するのによく使われる。また、リスクや確率を視覚化する際にも効果的だ（NBAの例もそうだし、死亡率にもよく使われる）（注11）。もう1つ、単位グラフが有効と考えられるのが、お金についてだ。予算や支出は構成比の内訳を示すことが多いが、様々なグループに配分された個々の金額を示すことで、使途をより慎重に考えるよう読み手を説得できるかもしれない。

高解像度のディスプレイは、小さなドットを印刷物と同じように鮮明に表示できるため、単位グラフの普及に役立っている。単位グラフがプレゼンの大画面でどのように映るかは、事前に考慮した方がいいだろう。

差別化する：アイデアは、強調することもできるが、ビジュアルの他の要素を目立たなくさせることで差別化することもできる。他の要素を目立たなくするには、グループ化するか、削除すればいい。色など属性がユニークな要素はどれも、本来注目を集めたい重要なアイデアと、見る人の焦点を奪い合ってしまう。見る人にとってはユニークな要素が少ないほど見るべきものがわかりやすく、チャートが理解しやすい。

チャート作成のソフトウェアは、効果的な強調を自動で施さない。あなたが最初に聴衆に注目してほしいものや、色やカテゴリーを使って主要な情報と補完的な情報を区別することは考慮せず、すべての変数に色をつけがちだ。

すべての変数が鮮やかな色だと、どれも目立たない。「住宅ローン以外の負債残高」の上のチャートでは、何が最も伝わってくるだろう。多くの人が最初に緑色の線を見るのは、他の線と離れているからだ。しかし、実際はこのチャートの目的は、学生の借金の危機が起きていると説得することだ。そう聞けば目がいくかもしれないが、このままではアイデアは伝わってこない。学生の借金を差別化することで、より説得力のあるチャートになる。

住宅ローン以外の負債残高

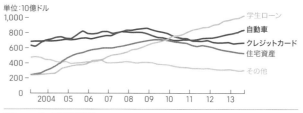

出所：ニューヨーク連邦準備銀行

住宅ローン以外の負債残高

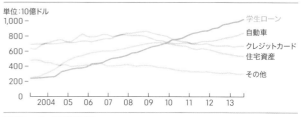

出所：ニューヨーク連邦準備銀行

ソフトウェアやオンラインサービスは、見た目がそれなりのビジュアライゼーションを生成できるが、こうした手掛かりを加えることはまだでき

ない。ソフトウェアはデータをレンダリングする
ものだが、良いビジュアライゼーションとはアイ
デアを提示するものだからだ。

　アイデアを際立たせるための決断やテクニック
を実行するのは我々自身だ。私が今使っている文
書作成ソフトは、私がどの単語を太字やイタリッ
クにしたいかを予測することはできない。どの単
語を強調するかを判断し、適切なタイミングと方
法で実行するのは私だ。

③アイデアを取り囲むものを調整する

　アイデアを浮かび上がらせる最も積極的な方法
は、要点を補完したり対照を成したりする変数、
すなわち「レファレンスポイント」を変えること
だ。これを随時、削除、追加、変化させることで
調整していく。

レファレンスポイントを削除する：「商品に求め
るものの年齢格差」というメッセージと共にツイ
ッターに投稿されていたチャートを模したのが右
上のチャートだ（注12）。これから年齢格差がどれ
ほどわかるだろう。あなたにはわかるだろうか。
年齢格差が実際にあると納得しているか。では下
のチャートではどうだろう。

　レファレンスポイントを削除したことで、アイ
デアが浮かび上がった。これは、より積極的な差
別化と考えてほしい。色を薄くするとか、要素を
グループ化するのではなく、いくつかの情報を完

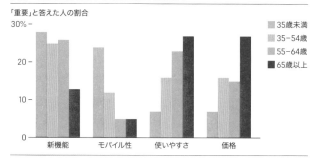

製品の購買意欲を高める最も重要な要素は？

「重要」と答えた人の割合

凡例：35歳未満／35－54歳／55－64歳／65歳以上

出所：企業調査

若者と高齢者の正反対の期待

人々が当社の製品に期待すること

出所：企業調査

全に削除する。この「正反対の期待」のチャート
では、中間の2つの年齢層は、年齢格差について
説明するのに役立たないため、削除されている。
また棒は、期待する要素ではなく、年齢でグルー
プ化されている。ここでの要点は年齢格差であり、
比較したいのはこの2つのカテゴリーだからだ。

レファレンスポイントを追加する：情報を削除す
れば、アイデアと対立するビジュアルインフォメ

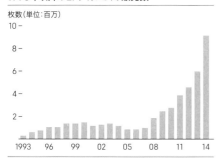

1993年以降のLPアルバムの販売数

枚数(単位:百万)

出所:アメリカレコード協会

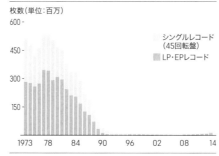

1973年以降のLPアルバムの販売数

枚数(単位:百万)

シングルレコード
(45回転盤)
■ LP・EPレコード

出所:アメリカレコード協会

ンテクストの中では、LPアルバムが小規模な復活を遂げつつあるのは事実かもしれない。しかし、その傾向を新しいレファレンスポイントである、すべてのフォーマットのアルバム全体の売上高と比較すると、LPアルバムはいまだ全体のごく一部(1.2%)に過ぎないことが即座にわかる(下図)。

ーションが減るので、常にアイデアが理解しやすくなるように思える。しかし、レファレンスポイントを追加することが有効な場合もある。例えば、上の左のチャートからは、LPレコードが大々的に復活していると言うことができる。

一方で、右のチャートはLPレコードが大々的に復活「していない」ことを説得力を持って示している。

新たに追加したレファレンスポイントが、説得力あるメッセージを明らかに変化させ、真逆のメッセージになっている。

このテクニックは、新しいレファレンスポイントがなじみのあるものだと特に効果的だ。146ページのMLBスタジアムのビール価格のチャートでは、各スタジアムの小サイズのビール1つの価格を比較している。残念ながら、小サイズのビールの量は球場によって違う。価格を公平に比較するには、1オンスあたりの価格を計算しなければならない。しかし、1オンスのビールとはどれくらいの量だろう。1口か、2口だろうか。我々は通常、ビールをオンス単位で考える(あるいは購入する)ことはなく、レファレンスポイントが理解しにくい。

だが、ケース単位で購入しているので、レノァレンスポイントをケース単位の大まかな金額に変

レファレンスポイントを変える:ストーリーを変え、アイデアを説得する方向性を変える別の方法が、比較を完全に変えることだ。LPアルバムのコ

アルバムセールス(2014年)

フィジカル、
デジタル、配信の
全アルバムの
販売数
← 7億3300万

LPレコード販売数
920万 →

出典:ローリング・ストーン

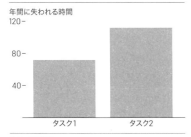

タスク1とタスク2

年間に失われる時間

120–

80–

40–

タスク1　タスク2

出所：企業調査

タスク1とタスク2で失われる日数：時間の無駄

年間に失われる勤務日数

ティム　9日　　　スーザン　14日

出所：企業調査

えることで、チャートは価格について聴衆とより速く、より深くつながることができる。

別の例で考えてみよう。マネジャーが、技術チームの2つの単純作業を自動化すべきだと主張したいとする。それぞれのタスクは数秒で完了するが、どちらも頻繁にしなければならない。日に何十回もその作業をするため時間が経過と共に積み上がっていくことを、マネジャーは示したいと考えた。そこで彼は、上のチャートのように、すべての時間を単純に足して表示した。

1年当たりの時間数はレファレンスポイントとして悪くないが、あまり印象的ではない。1年は何千という膨大な時間であり、100時間程度が多いとは思えないからだ。しかし、その下のチャートのようにレファレンスポイントを変えると、上司は説得されて行動に移すかもしれない。

勤務日数に換算したことで、上司もすぐに理解できる。さらに、マネジャーは作業のために失われた時間に焦点を当てるのではなく、時間を失った人に焦点を当て、「スーザンはこれらの単純作業のためだけに年間ほぼ3週間分の勤務日数を費やしている」という新しいストーリーを構築している（マネジャーが棒グラフを単位グラフに変えたことも注目だ。ブロックの5つで1週間分の勤務日数になり、週の勤務日数というわかりやすい単位も説得に役立つ）。

説得しない時はない

包括的な情報を提供し、自分の主張を支持する詳細で正確な議論をすれば、説得力が高いと我々は考えがちだ。コンテンツが多いほど説得力がある、と。

しかし、本章の例からも明らかなように、たいていはそうではない。論拠の量やデータの幅や深さが増せば必ずしも説得力が高まるわけではなく、実際、アイデアの論拠となる主張を提示しすぎると逆効果になることも証明されている（注13）。説得力のあるチャートはよりシンプルで、たくさんのアイデアを同等に伝えるのではなく、1つか2つのアイデアを強く訴えるものだ。ただ、それも

コンテクスト次第だ。

　本章は説得する（時に私見が入る）ためのチャートを理解し、構築することに焦点を当てているが、あなたが作るべきチャートがどんな種類のものであっても、説得を目的としないことはない。チャートは、それ自体が説得の手段だ。テキストよりも強い説得力で伝えるための、視覚システムの圧倒的な力を利用した操作だ。基本的な宣言型のチャートも、意図的に立場を示してはいないが、説得の一形態だ。個人的な見解を述べずに公正であれば、アイデアが事実に基づいていることや、信頼できることを示すことができる。

　完全に客観的なビジュアライゼーションは存在しない。なぜなら、完全に客観的な脳は存在しないからだ。人は、自分が常に説得されているとは思いたくないもので、他人はそうでも自分は違うと考える。しかし、それは事実ではない。この世界の解釈をヒューリスティックやメタファー、経験に頼っている脳の領域は、強力な影響力を持ち、ビジュアライゼーションを見ている時も働く。

　左の2つの曲線について考えてみよう。それぞれ異なるストーリーを語っている。最初の曲線は、上昇傾向の後に横ばいが

続いており、飛行機の軌道のようだ。2つ目の曲線は、急な上昇の後に、同じぐらい急だが短期的な浮き沈みのある下降に向かっていて、ロケットのようだ。

　実はこの2つの曲線はまったく同じデータを同じスケールで示している。唯一の違いは、右のチャートはY軸を伸ばし、X軸を圧縮したことだ。では、どちらのチャートがより「客観的」だろうか。より「正しい」のはどちらだろうか。例えばX軸が時間をプロットする場合、適切な幅とはどのようなものか。

　もちろん正解はない。幅は恣意的なもので、表示する媒体によって決まることも多い。左のチャートはコンピュータの画面用にデザインされ、右のチャートは、スマートフォン用に作り替えたものだ。

　同じデータでも目と脳がまったく異なる体験をすれば、解釈が異なることもある。このチャートの説得力は、チャートの幅と同じくらい変わりやすいものだ。もし急上昇している活発なトレンドを示す必要があれば、曲線のその部分を強調するためにチャートの幅を狭くするかもしれない。上司がそのトレンドを比較的安定していると考えたがると知っていれば、幅を広げることもできる。

　すべてのチャートは操作であり、説得力あるテクニックを伝授するにあたっては、それを使う際の倫理についても話をしなければならない。

単に正確なチャートを作成するだけでは十分ではないことが多い。マネジャーは、注目やリソース、資金を勝ち取るため、顧客に訴えるため、新しい顧客を獲得するため、意見を揺さぶったり意見を形成させたりするために、データの中に眠っている真実を明らかにして主張しなければならない。チャートの説得力を高めるために、3つのテクニックを使おう。

①アイデアを強化する

「何を伝えようとしているのか、または見せようとしているのか」という問いを、「〜と説得する必要がある」に変える。聴衆を説得するのに、どこにどのようにエネルギーを注げばよいかがわかる。例を挙げよう。

「何を伝えようとしているのか、または見せようとしているのか」	「〜と説得する必要がある」
アンバンドリング商品と収益減少の関係を示そうとしている。	当社のソフトウェアスイートのアンバンドリングが、収益源に打撃を与えると説得する必要がある。

②アイデアを目立たせる

シンプルなデザインのテクニックを使って、アイデアを強化する。

✓注意を向けさせるビジュアルインフォメーションを追加して、アイデアを強調する。例えば、ユニークな色、ポインター、ラベル、マーカーなど。

✓アイデア以外のすべての要素に対してはユニークな属性の数を減らし、アイデアを差別化する。例えば、グループ化したり、グレーにしたりして目立たなくさせることで、アイデアを際立たせる。

③アイデアを取り囲むものを調整する

　要点を補完したり、対照を成したりする変数を操作して、要点を浮かび上がらせる。

✓ レファレンスポイントを削除する。アイデアを妨げたり、弱めたりするデータを削除する。

✓ レファレンスポイントを追加する。それがなければコンテクストが隠れてしまうというデータをチャートに追加する。

✓ レファレンスポイントを変える。アイデアとの比較に使われているデータを変え、新しいコンテクストを形成する。

ネイサン・シェッタリー

ビジュアライゼーションで行動を変える

「ありふれた情報でどう人を動かすのか」

シェッタリーが投げかける疑問は、修辞的でもなければ空理空論的なものでもない。アクセンチュアのコンサルタントだった彼は、クライアントである大手電力会社の顧客の行動を変える方法、つまりエネルギー効率を高めるように説得する方法を探っていた。意識向上プログラムや自動的に照明を点灯・消灯させる技術といった、ありきたりの提案も浮上したが、シェッタリーには別のアイデアがあった。彼は顧客への請求書に載せる情報の見せ方を変えたかった。

そのアイデアは、ケベック市のラバル大学時代にさかのぼる。彼は当時、人々のエネルギー消費行動を変えることを目指すスタートアップに関わっていた。会社はエネルギー消費量を測定するアプリを開発。これにより15%の節約を達成した場合、同社はその節約分をエネルギー事業者と分け合うことになっていた。「会社は当初苦労していた」と振り返る。「技術に重点を置いていたソフトウェアを、グラフィカルでユーザーフレンドリーなものに変更した。それがビジネスに大きく貢献した」

シェッタリーはその後、経営難に陥っていたそのスタートアップにチャンスを見出した。「上司に『年末までにXドルの売上げをあげたら運営を任せてほしい』と言った。私は目標を達成し、ジェネラルディレクター、事実上のCEOになった」

それから数年後、アクセンチュアで同じような課題に遭遇し、わかりやすいデータビズを請求書に採用することで、顧客の習慣を変えられると考えた。彼が見つけたのは、請求書のデザインに他社よりも「約100倍の」労力を注ぐベンダーだった。「そのベンダーは、最も安くもなければ安全な選択でもなかった」とシェッタリーは言う。「だがチームは、特に私は、この非常に退屈な業界においてビジュアライゼーションに焦点を当てることは変化をもたらすと確信していた」

そして、それは現実になった。請求書にシンプルなチャートを加えたことが、人々のエネルギーの使い方に影響を与えたようだった。そのベンダーであるオーパワーは、2000年代半ばのグリーンテックバブルのサクセスストーリーの1つとなった。

この大胆な選択と結果は注目を集め、以来、アクセンチュアのテクノロジーラボでビジュアライゼーションを作る人材が必要になると、彼に声が掛かるようになった。次第にビッグデータのプロジェクトに専念するようになり、中でもビジュアライゼーションの側面に注力したのは「最も関心を持たれていなかった」からだという。当時はまだ、収集されたデータの見せ方はよりも、大規模なデータベースを構築し、データサイエンスの能力を向上させることに主眼が置かれていた。

「ビッグデータプロジェクトの課題は公共料金の請求書と同じで、規模がはるかに大きいだけだ」とシェッタリーは言う。「デー

タから始めて、それを人に突きつけるだけなら、その程度のことしかできない。データを見通すレンズが必要だ。ユーザーが何を必要としているかを考えなければならない。コンサルタント的に言えば『我々が推し進めようとしている結果は何か』というおなじみの問いだ」

データサイエンティストは常にそのように考えているわけではない。彼らは結果について考えることには消極的だ。多くは、データを収集して高速処理すること自体を目的としている。だがクライアントがチャートで見る必要があるのはデータではなく、アイデアである。一方でコンサルタントは、データを見せることに消極的で、クライアントを説得し、アイデアを中心とした賢明な議論を生み出そうとする。

アクセンチュアでは、データビジュアライゼーションのプロセスを「ビジュアル・リテラシー・カリキュラム」（VLC）と呼ばれる一連のワークショップで形式化し、デー

タサイエンティストやその他のデザイナー以外の人々にビジュアライゼーションの基本を指導している。「アーキテクチャーもアナリティクスもビズも、すべて対等な関係にあると我々は捉えている。これらは相互に関連しており、1つを取り除くと他のものの価値が下がる」

シェッタリーのビジュアライゼーションのプロセスは、コンテクストを作るための質問から始まる。「どのような目的を達成しようとしているのか」「聴衆は誰か」「この聴衆を喜ばせ、不満にさせるものは何か」「どんなデータが利用できるのか」。ここで大切なのは、「どんなデータがあるかだけでなく、他に何を取り入れることができるかだ」と彼は言う。

その後、チームはスケッチに取り掛かる。「大半のエンジニアがやっていないので取り入れた」。このプロセスは繰り返し行われ、ビジュアルを作る人とデータサイエンティストが同じ認識を持つようにしたり、方針を変える必要があるかどうかを作業を本格的に進める前に素早く発見したりすることを目的としている。コンサルタントが使う言葉で表現すれば、「デザインのイテレーションによる期待値マネジメント」だ。「スケッチは境界を見つけるのに役立つ。とても有

"ありふれた情報で
どうやって人を動かすのか？"

効だ」

とはいえ、必ずしも簡単に受け入れてもらえるわけではない。「IT業界に30年いる人は、未完成のスケッチを続けるという考えにうんざりする。最初は抵抗し、必須要件と完成形を求める。そういう仕事の仕方に慣れているからだ」。それでも一緒に作業を数回実践すれば、そのプロセスを気に入るという。

一連のプロセスを導入して驚いたのが、エンジニアが逆の立場から同様の要求をしてきたことだ。「あなたは我々に視覚的なリテラシーを高めるよう求めているが、我々はデザイン志向の人たちに、もっとデータリテラシーを高めてもらいたい」。アクセンチュアでは現在、VLCに加えて、デザイナーにデータの基礎を教えている。

シェッタリーはデータとビジュアライゼーションの両方の専門性を持つ。しかし、企業がビジュアライゼーションの取り組みを組織化するための賢明な方法は、ビジュアライゼーションとデータのスキルという類いまれな組み合わせを持つ人材を探すよりも、学際的なチームの構築を重視することだろう。

「アーティスト、アナリスト、ソフトウェアエンジニア、アーキテクト、そしてマネジャーが必要だ。5つの要素がそろったチームだ。5人かもしれないし、3人あるいは6人かもしれない。しかし、データビズをコアコンピテンシーにするためのスケーラブルな方法だ。もしビジュアライゼーションのための1つのユニコーンや1人の人材を探しているなら、問題の見方が間違っている」と彼は指摘する。

「考えてみれば当たり前のようだが、我々はしばらくビジュアライゼーションで先走っていた。特にここシリコンバレーでは、アイデアに興奮し、それがどう世界を変えるのかを語る。そして、その後で『じゃあ、実際にどうやってできるだろう』と考えるのだ」

第 7 章

説得か、
それとも操作か

真実の曖昧な境界

「それは私が送ったものではないし、私が依頼したものでもありません」。テイマーからのメールにはこう書かれていた。「会って話しましょう」。コレットの心は沈んだ。上司で人事部長のテイマーは、コレットが作成したビジュアライゼーションを却下した。その理由はわかっていた。テイマーは、データを分析しながらエクセルで簡単に作ったチャートに、こんなメッセージを添えて送ってきた。

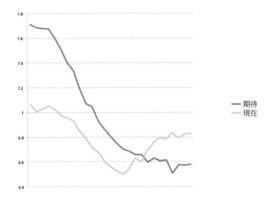

「コレット、データとラフのビジュアルを添付します。役員会でのプレゼンでは、大きな変化を見せたいです。現在の満足度のU字カーブと、若い従業員の現在の満足度と期待する満足度の大きなギャップです。そのギャップは中堅層になると縮まり、逆転します。プレゼンでは、エンゲージメントプログラムへの資金供給を提案する前に、従業員の満足度の問題をどこで解決する必要があるかを示すことが重要です。──T」

従業員が現在の仕事の満足度と5年後に期待する満足度を1〜10で評価するよう求められたことをコレットは知っていた。テイマーのチャートは、平均スコアが収まっている6.4〜7.8の範囲だけを示している。省略されているのだ。コレットはテイマーのチャートを再現し、さらにY軸に1〜10の全範囲のスコアを適用した新しいチャートを作った。

コレットは自分のチャートを見ながら、テイマーのメールにあったキーワードについて考えた。「大きな変化」、「U字カーブ」、「大きなギャップ」「逆転」。これらは元のチャートでは明快だったが、コレットのチャートではほとんど変化がないように見えた。2本の線は差がほとんどなくフラットで、じわじわと近づいて交差する点も目立っていない。

コレットは自分の方がデータとアイデアを

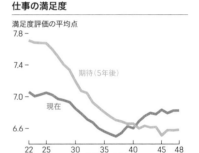

仕事の満足度
満足度評価の平均点

出所：企業調査

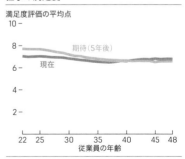

仕事の満足度
満足度評価の平均点

出所：企業調査

正確に描写していると思っているが、テイマーはメッセージから説得力が削がれたと考えた。話し合いの場でコレットは、テイマーのように軸を省略すると、満足度の隔たりと変化が実際よりも激しく見えると指摘した。

テイマーは、そのように「拡大」するのは一般的な慣行だと反論。学術誌の記事やニュース記事でもそうした処理は行われていて、例もいくつか見せた。話をした同僚はみな同じことをすると言ったし、何よりも、変化は「実際に」劇的なのだ。「このケースでは、若い従業員の現在の満足度と期待する満足度の差は大きいんです」とテイマーは主張した。「そして、30代の従業員の現在の満足度の低下と回復は非常に重要で、それを強調しなければなりません。我々はリソースを得るために競い合っているんです。役員会のメンバーにあなたのチャートを見せても、彼らは我々のエンゲージメントプログラムに資金を出さないでしょう。『対処すべき重要な問題を見てください』と私が言っても、彼らが見るのは2本のフラットな線ですから」

真実の曖昧な境界

さて、どちらが正しいのだろう。コレットに味方する（そして共感する）人もいるだろう。「Y軸原理主義者」でなくても、満足度のスケールの上位と下位を切り捨てるとカーブが強調され、データ

から浮かび上がるアイデアが変わることはわかる（注1）。テイマーに味方する人もいるだろう。資金を得るために奮闘しているテイマーは、チャートの軸を全範囲にすると変化が小さく見えるが、その変化は「重大」であり、一目瞭然にすべきだと認識している。テイマーにしてみれば、アイデアを変えるのは省略された軸ではなく、全範囲を示した軸だ。

答えは簡単には見つからない。ビジュアルの説得と虚偽との間に明確な境界線があれば、それが微妙なものであっても倫理的な側にとどまることができる。だが当然ながら、そんなものはない。真実と不正な操作の間にある、曖昧で変化する境界線をうまく扱わなくてはならない。

この不明瞭な境界線の一方の側には、第6章で解説した説得のテクニックがある。強調、差別化、レファレンスポイントの追加や削除だ。もう一方の側には、4つのタイプの不正がある。歪曲、誇張、切り捨て、ごまかしだ。ある人にとっての差別化（注意をそらすビジュアルインフォメーションを削除すること）は、別の人にとっては切り捨てだ。強調も、強引にすれば誇張になってしまうことは容易に理解できる。

歪曲については詳しく述べない。原則は明白なはずで、嘘をついてはいけないし、意図的に誤った方向に導いてはいけない。右のよう

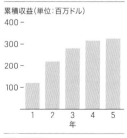

収益の増加

累積収益（単位：百万ドル）

出所：企業調査

収益の増加

累積収益（単位：百万ドル）

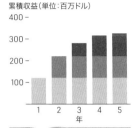

出所：企業調査

5年間の収益トレンド

年間収益（単位：百万ドル）

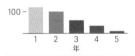

出所：企業調査

なチャートを作ってはいけないのだ。

　このチャートでは、収益が増加傾向にあるように見えるが、それぞれの棒は、前年までの収益に新たな年の収益を加えて「累積」したものだ。「年1」の収益はその年だけのものだが、5年分すべてに含まれている（左上のチャートを参照してほしい）。継続的なデータであるトレンドラインがカテゴリー別の棒グラフの中に隠れていて、各棒が個別の値を表すと思ってしまう。収益のトレンドを公正に示しているのが、内訳を示した左下のチャートだ。

グレーゾーンを探る

　上記のような悪質な不正はそうそうないが（注2）、テイマーの仕事の満足度チャートのようなグラフィックをマネジャーが見たり、作ったりすることはよくある。それは意図的に欺こうとしたのではなく、説得するための必死の努力から生まれたものだが、公正と不正の間の曖昧な境界に陥ることがある。

　説得はナイフのようなものだ。ナイフの使い方は様々で、巧みに、慎重に使うこともできれば、無謀に、さらには違法に使うこともできる。チャートが人を欺く仕組みを解明することは、ナイフの扱い方を学んで、うっかり自分や他人を傷つけないようにするようなものだ。

　やるべきこととやってはいけないことの理論的なリストを作るのではなく、グレーゾーンに位置するチャートを生む、よくある3つの手法を評価したい。そして、なぜそれらの方法を使いたくなるのか、そして、なぜそれらが問題になり得るのかを説明しよう。

①Y軸の省略

トレンドの誇張： Y軸をめぐる議論は、文を前置詞で終わらせることの是非をめぐる文法学者の論争と似ている。間違っていると思っていても、正しい方法だとしっくりこないため、正しくない方法にしてしまう。

有効性： Y軸を省略するとアイデアが強調される。軸から空白の範囲を取り除くと、値の間の物理的な距離が広がり、特徴が明らかになって、変化がより劇的に見える。右の例は、テイマーとコレットのチャートを切り取ったものだ。

　テイマーは、Y軸を省略しなければ重要な違いが見えに

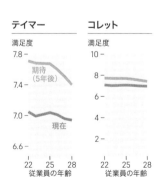

仕事の満足度

満足度評価の平均点

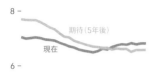

出所：企業調査

くいと主張し、明らかにその通りだ。コレットは、7％の差を表すのにY軸の約7％しか使っていない。テイマーは同じギャップを表すのに、チャートの垂直空間の50％近くを使っている。省略することはアイデアを拡大し、差別化させる手段だ。虫眼鏡で物を見るのと似ている。

　また、データの範囲が一貫してゼロから離れている場合、Y軸の全範囲を維持しつつビジュアルのすべてを見せるには、より多くのスペースが必要になる（注3）。チャートの高さと幅に手を加えなければならず、すると実用的でなくなる。上のチャートのように曲線の詳細はいくらか示せても、奇妙な形のチャートになり、結果的に読み手の注意を逸らしてしまう。

虚偽性：軸の省略は虫眼鏡というより遊園地のびっくりハウスの鏡のようなもので、選択した部分を誇張して現実を歪めていると主張する人もいるだろう。右上の休暇取得のチャートは、80％から55％へと25％減少したことを表している。しかし、その物理的な減少はY軸のほぼ全体にまたがって

休暇の取得

1週間の休暇を取得した労働者の割合

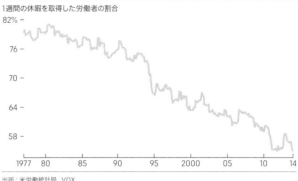

出所：米労働統計局、VOX

いる。言い換えれば、この線は25％の減少を示すのにY軸を100％下降している。

　軸の省略は、ビジュアルの表示スペースを隠すことにもなる。このチャートでは、ラインがスペースを休暇取得者側（下）と非取得者側（上）に分割しているが、どちらのスペースもどの地点においても正確ではない。この「スペース」を大まかにチャート化したのが下で、Y軸を省略したチャートの比率がいかに不正確かわかる。

休暇の取得

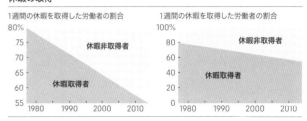

出所：米労働統計局、VOX

Y軸を省略することは開始地点をゼロにしないことだと思われがちだが、軸の上位の範囲を省略すると、ゼロから始まっていても歪んだ効果を生む。この種の省略は気づかれにくいが、表示スペースを隠す点に変わりはない。割合など、Y軸の値が有限範囲の場合は特にそうだ。

省略の効果を理解するもう1つの方法が、データセットから3つのポイントを抜き出して積み上げ棒グラフにし、一方のグループはY軸を省略し、もう一方のグループは0〜100にすることだ。

軸を省略したチャートは、説得力があるとか虚偽的というより、明らかに間違っているように見え、実際に間違っている。例えば、1995年のバーは、67%なので3分の2が濃いオレンジ色、3分の1が薄いオレンジ色になるはずだが、ほぼ1対1に分かれている。分類別のデータの場合は軸の省略は機能しない。こうした使われ方をしているチャートはたいてい、意図的な不正だ（注4）。このチャートの元の折れ線グラフも、連続する多くのデータポイントを用いていることを除き、同じよう

にスペースを分割している。

省略には別の問題がある。脳の経験に基づく部分は、経験、予測、慣例に頼って意味付けし、ストーリーを形成する。脳は経験則を使って意味を素早くつかむので、いつも見ているものについてあまり考える必要がない。そして、研究によると、人はビジュアルの手掛かりとなるものに比喩的な意味を与える。上はポジティブ、下はネガティブといった具合だ（注5）。

我々の頭の中では、予測は生のデータよりも優先される。線がチャートの一番下に近づくと、「終わり」や「底」を予測し、ゼロに近づいているかゼロを示す手掛かりと捉える。チャートが、終点という誤った印象を生んでいるのだ。我々は一番下はゼロだと「予測」し、脳はそのように処理しようとする。ゼロではないことに気がつくと、実際に見ているのは何なのか理解しようと、思考のエネルギーをより多く使わなければならない。

逆に、我々はチャートの最上部を、最大値、頂点、または天井と見なす。右ページ上のY軸が省略された休暇取得のチャートは、「かつてはすべての人が休暇を取っていて、今は誰も休暇を取らない」という考えに導く。だが、Y軸が完全なその下のチャートと比較してほしい。確かに休暇を取る人の数は減少しているが、「休暇を取る人の方がいまだに多い」のだ。軸を省略したチャ

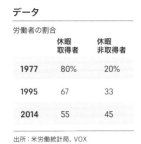

データ

労働者の割合

	休暇取得者	休暇非取得者
1977	80%	20%
1995	67	33
2014	55	45

出所：米労働統計局、VOX

省略された軸

労働者の割合

（80%〜55%の範囲、1977 1995 2014、非取得者・取得者）

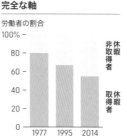

完全な軸

労働者の割合

（100%〜0の範囲、1977 1995 2014、非取得者・取得者）

休暇の取得

1週間の休暇を取得した労働者の割合

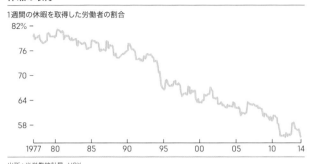

出所：米労働統計局、VOX

休暇の取得

1週間の休暇を取得した労働者の割合

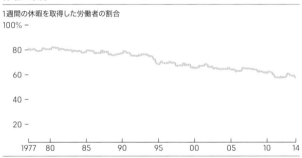

出所：米労働統計局、VOX

ートからそれが伝わっただろうか。そのことが最初に目に入ってきただろうか。その趣旨は理解しやすかっただろうか。約40年間で、休暇を取得する人はかつては圧倒的多数で、今も過半数いるという印象を得ただろうか。

　コレットがテイマーのY軸を省略したチャートと自分のチャートを比較して、顔をしかめたのもそれが理由だ。コレットは、テイマーのチャートは誇張されていて、意図せず虚偽的になっている

と考えた。一方のテイマーは、若い従業員の現在の満足度と期待する満足度との7％の差は大きく、満足度の10％の変動は大幅な変化なので、チャートで目立たせるべきだと主張した。それはテイマーの価値判断であり、彼女のコンテクストだ。省略による説得を正当化するには、テイマーは自分の専門知識に確信が持てなければならず、聴衆も彼女の信憑性を確信する必要がある。

②2軸

無謀な比較：軸の省略と比べ、2軸のチャートが議論になることはほぼない。ネットで「Y軸の省略」と検索すると、上位に表示されるのはチャートの嘘に関するサイトだが、「第2の軸」と検索すると、表示されるのはエクセルで軸を1つ追加する方法を教えるサイトがほとんどだ。それでも、2軸のチャートも同じように注意が必要だ。

有効性：2軸は聴衆に比較を強制する。2つの変数の間に関係があることを説得しようとするのではなく、命令的に関係性を作る。次ページ左のチャートは、「リンゴとオレンジ」（apples and oranges：比較できないもの）という言い回しのメディアでの使用に関するユーモラスな論説のために私が作成したものだ。

　このチャートを見たあなたは、2つのグラフをそれぞれの値を基に捉えることはしないはずだ。一緒に表示されていることで、2つのグラフがた

リンゴとオレンジ

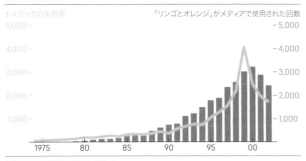

ナスダックの年終値　　　　　　　　　　　「リンゴとオレンジ」がメディアで使用された回数

出所：レクシスネクシス調査、ナスダック

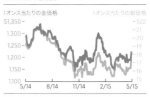

金と銀の価格

1オンス当たりの金価格　　　　1オンス当たりの銀価格

出所：Bullionvault.com

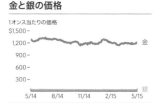

金と銀の価格

1オンス当たりの価格

出所：Bullionvault.com

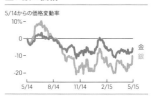

金と銀の価格

5/14からの価格変動率

出所：Bullionvault.com

またま同じスペースを共有しているのではなく、「何か」の意味があるものと考えてしまう。このチャートは何を伝えているのか。おそらくあなたは、私が期待したこんなストーリーを作っただろう。「株価が上昇すると『リンゴとオレンジ』という表現を使う人が増える」

　当然ながら、そのアイデアはばかげている。だが、その関係性を見出さずにはいられない。私はそれを知った上で、「なぜ」その関係性が存在するのかを探ってもらうために、おかしなアイデアを提示した。2軸は、読み手が望むストーリーを形作ることができるのだ。

虚偽性：2つの異なる尺度で測られた線の形状や棒の高さの相対的な同一性や差異は、見た目ほどの意味をなさない。最もわかりやすい例は、同じ種類の値を異なる範囲で示した2軸のチャートだ。

　右の1番目のチャートでは、金と銀の価格がほぼ同じで、同じように変化しているように見える。しかし、第2のY軸の範囲は、第1のY軸の範囲よりも2桁少ない（しかも、どちらの軸も省略されており、線の近さは人為的だ）。つまり、2つの線は偽りの相互作用を示す。チャート上で青い線が上にあっても、実際には銀価格は金価格より低い。線が交差していても価格は交差していない。どちらの軸も単位は米ドルなのに、1つのY軸を使わないのはなぜだろう。

　Y軸を1つにしたのが2番目のチャートで、銀価格の動きが見えず、まったく役に立たない。このジレンマを解決する方法の1つが、価格そのものではなく相対的な価格の変化を示すことで、3番目がそのチャートだ。

　2番目のチャートでフラットな線で示されていた銀価格は、実際には金価格よりも変動が大きい。1番目のチャートからはそれがわからず、どちらかと言えば金価格の変化の方が大きく見える。しかし、異なる軸を使った2つの線の傾きが一致していても、1300ドルから1200ドルへの相対的な変化は、21ドルから18ドルへの変化よりも小さい。

3番目のチャートも新しい課題を生む。チャートの趣旨が金と銀の価格から価格の変化へ、価値から値動きの幅へと変わってしまうことだ。変化率を示したチャートからは、ある時点での金と銀の実際の価格を知ることはできない。

第2のY軸がまったく異なる値の場合は、もっとわかりにくい。下左は、オンライン上に公開されていたチャートだ。このチャートから、小型自動車の販売シェアでテスラが好調に推移するというストーリーが読み取れないことはまずない。小型自動車の全体の販売台数を表す棒の中で、シェアを示す線がどんどん上に伸びている。

しかし、残念ながらこのストーリーは幻想だ。シェアの線は2025年には全体の販売台数の棒の高さの約33%に達しているが、線のY軸は実際の数字ではなくパーセンテージだ。2025年の市場シェア予測はわずか3%で、その年の棒の33分の1に

すぎない。そのシナリオを正確に表したのが下の右隣のチャートだ。

2つの軸の尺度が何の関係もない場合は、右上のチャートのようにとても奇妙なものになる。

チャート上では交差、合流点、分岐、収束が見て取れるが、それらが示唆する関係性は実際には存在しない。第7週と第8週の間にページ滞在時間がページビューと「交差」してもいなければ、ページビューを「上回って」もいない。そもそも、ページビューが秒数を上回るというのが意味をなさない。まるで同じフィールドで行われているサッカーとアメフトを1つのゲームとして理解しようとしているようなものだ。

にもかかわらず、我々はデータが一緒にグラフ化されているのを見ると、1つのストーリーにまとめたくなる。軸の省略と2軸を組み合わせて2つの曲線を似た形状に見せ、読み手にストーリーを作らせることも可能だ。次ページの上のチャートがその例だ。

ここでは2つの変数が統計

ページビューとページ滞在時間

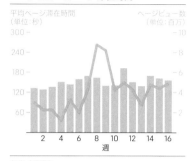

出所：企業調査

世界の小型自動車の市場占有率：1つのシナリオ

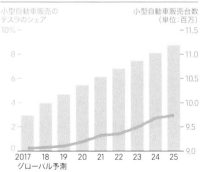

出所：ゴールドマン・サックス グローバル・インベストメント・リサーチ

世界の小型自動車の市場占有率：1つのシナリオ

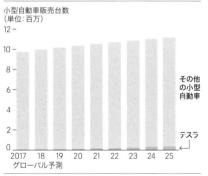

出所：ゴールドマン・サックス グローバル・インベストメント・リサーチ

相関関係は因果関係を意味しない

米国の死者数　販売台数(単位:百万)

階段での
転倒による
死者数

iPhone
販売数

出所：Tylervigen.com

的に相関している。階段から
の転落が増えているのは、ス
マートフォンの画面を見る人
が増えているからというスト
ーリーは、疑わしいが考えた
くなる（注6）。

　このようなビジュアルのト
リックを、もっと現実味のあ
る例に使うとどうなるのか。
膨大なデータセットと、それ
をマイニングする高度なツー
ルを備えた時代においては、スタンフォード大学
医学部教授のジョン・ヨアニディスが指摘するよ
うに、「ノイズに偽の精度のステータスを与えるこ
と」が容易になる（注7）。下の4つのチャートのう
ち、チャート1はその好例だ。

　ここで見られる関係は間違えようがない。売上

げとカスタマーサービスへの問い合わせ件数は、
1日を通して密接に結びついている。この密接な
関係からマネジャーは、時間帯ごとの売上予測に
応じてカスタマーサービスの人員を配置すべきだ
と考えるかもしれない。売上げが多い時は人員も
多くする。2つの線のつながりが何かを意味する
と我々は信じたくなるが、実際にはそれは人為的
に作られたものだ。まず、線が結びついている理
由の1つは、それぞれが異なるグリッドを使用し
ているからだ。

　グリッドラインを表示したチャート2を見ると、
2つの線の密接なつながりが人為的であることが
わかる。それぞれの線が描かれた半透明の紙を重
ね、曲線が重なるようにずらしたかのようだ。

　2つの軸が同じグリッドを共有するように整え
たのがチャート3で、見た目が変わる。類似性は
残っているが、問い合わせ件数は「常に」売上げ

1：売上げとカスタマーサービスへの問い合わせ件数

売上高(単位:千ドル)　カスタマーサービスへの問い合わせ件数

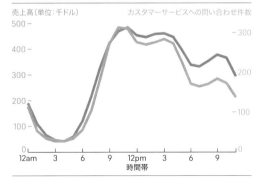

時間帯

出所：企業調査

2：売上げとカスタマーサービスへの問い合わせ件数

売上高(単位:千ドル)　カスタマーサービスへの問い合わせ件数

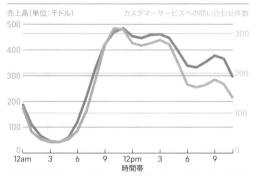

時間帯

出所：企業調査

を下回っている（2つの値はまったく異質なものであり、このことも埋にかなっていないことを忘れてはいけない）。それでも、売上げと問い合わせ件数が連動して上下していると我々は考えてしまう。このチャートも、その日の売上げの傾向に沿って人員を配置すべきだと説得するだろう。

しかし、曲線の人為的な類似性に頼らないデータの見方をするとどうだろう。同じデータを使って、1時間ごとの売上当たりの問い合わせ件数を比較してみよう。それがチャート4だ。

もし売上げと問い合わせ件数が、元のチャートのように本当に密接にリンクしていたら、この線はほぼフラットになる（売上げが増加すると問い合わせも増加する）。だがこのチャートはやや異なるストーリーを語っている。カスタマーサービスチームが10万ドルの売上げごとに処理する問い合わせ件数は、早朝の時間帯が最も多い。そして、そ

の比率は午前中を通して上下している。チャート1では、午前中は2つの線がほぼ完全に重なっていたが、その時間帯は売上げに対する問い合わせの処理件数が最も変化している。

比較は、チャートを使って行う最も基本的で有用なことの1つだ。比較はストーリーを形成し、ストーリーには説得力がある。しかし、異なる範囲や尺度を1つのスペースで扱う簡単な方法がないことは、もうおわかりだろう。誤解を招く問題を1つ取り除いても、別の問題が出てくる。変化率のような正確なチャートも理解しにくくなり、伝えたいアイデアを変えてしまうこともある。

こうした問題を解決する最も簡単な方法は、それを避けることだ。チャートを重ねるのではなく、横に並べて配置する。第8章で解説するプレゼンのテクニックを使えば、嘘のストーリーを作らずに比較することができる。

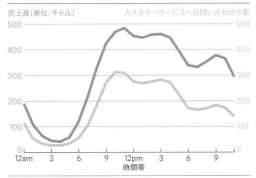

3：売上げとカスタマーサービスへの問い合わせ件数

売上高（単位：千ドル）　　カスタマーサービスへの問い合わせ件数

出所：企業調査

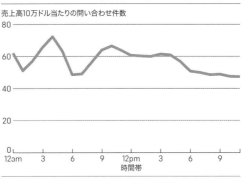

4：カスタマーサービスへの問い合わせが少ないほど売上げが多い?

売上高10万ドル当たりの問い合わせ件数

山所：企業調査

③マップ

モンタナとマンハッタンの不正確な表示：マップはそれ自体がインフォメーションビジュアライゼーションだが、データビズの表現方法としてもよく使われる。タブローやインフォグラムのようなツールは、スプレッドシートから地理的なスペース上に値を割り振るのをはるかに容易にした。しかし、塗り分けマップ「コロプレス」が広く使われるようになったことで、有効性と虚偽性の境界線を引くという点で、データビズの最も困難な課題の1つが生じている。

太陽光発電容量

100万人当たりのメガワット数

出所：Cleantechnica.com

太陽光発電容量

100万人当たりのメガワット数

- 0–99
- 100–199
- 200–299
- 300+

出所：Cleantechnica.com

有効性：マップはレファレンスポイントを見つけやすく、比較しやすくするので、地理に基づいたデータを理解しやすくする。なぜなら、我々はたいていどの場所に何があるかを知っているからだ。例えば、国ごとのデータの比較なら、国の数が多いほどマップ上に値を示す方が簡単だ。左の「太陽光発電容量」のマップと棒グラフを見て、最初に米国と日本、次にスペインとフランス、最後にドイツとオーストラリアを比較してみよう。単純なこの作業にどれだけ時間がかかるだろうか。

コロプレスは、他の形式のチャートではできない地域の傾向を見るのにも役立つ。例えば、棒グラフから欧州とアジアの太陽光発電容量を比べるのは難しいが、マップを見ればほとんど考えずにできる。

虚偽性：地理的なスペースの大きさはたいてい、そこに示された変数を過剰あるいは過少に見せる。それが顕著なのが選挙の際に見るような人口を示すマップだ。これは「モンタナ・マンハッタン問題」と呼ぶことができる。

モンタナ州は面積がマンハッタンの約6400倍だが、人口はマンハッタンの方が多い。このことを表現する別の方法は、1平

モンタナ・マンハッタン問題

人口（2014年）

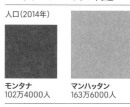

モンタナ
102万4000人

マンハッタン
163万6000人

面積（平方マイル）

モンタナ
14万7164

マンハッタン
23

出所：米国勢調査

人口密度：モンタナ vs. マンハッタン

モンタナ
14万7164平方マイルに
102万4000人が居住

マンハッタン
23平方マイルに
163万6000人が居住

出所：米国勢調査

スコットランド独立住民投票

票の過半数
■ 賛成
■ 反対

スコットランド

北アイルランド　イングランド

出所：ウィキペディア

スコットランド住民投票結果

得票率

38%	47	15
賛成 161万7989票	反対 200万1926票	非投票・無効票 66万3477票

出所：ウィキペディア

スコットランド住民投票

独立に対する投票　■ 賛成　■ 反対

単位（千）

出所：ウィキペディア

方マイル当たりの人口を示すことだ。左のチャートは1つのドットが7人を表している。

見にくいかもしれないが、モンタナ州の1平方マイル当たりの人口はドット1個分だ。選挙でモンタナ州全体としての票をマップで表現すると、人口はマンハッタンの方が6割多いのにもかかわらず、色付けされたエリアはマンハッタンの6400倍以上の大きさになる。

こうしたことは世界中で起きている。左と下は、スコットランド独立の是非を問う住民投票の結果を、マップとシンプルな積み上げ棒グラフにしたものだ。

地理的には圧倒的な勝利に見えるが、実際はそれほど一方的ではない。「反対」が手堅い勝利を収めたものの、「賛成」は、マップ上で占める大きさは5%未満なの

に対し、有権者の38%が票を投じている。スコットランド本土の最北端に位置する赤く塗られた広大な地域、ハイランドでは合計で約16万6000人しか投票しておらず、小さな青の地域の1つであるグラスゴーで「賛成」に投じた19万5000人より少ない。

しかし、マップだからこそ場所についての我々の知識を使って値を理解しやすくし、解決できる問題がある。右の積み上げ棒グラフでは、場所と値を素早く結びつけたり、地域的な評価をしたりすることはほぼ不可能だ。

データをより正確に表すと、地理的な情報がわかりにくくなる。逆に、良いマップはデータの値をゆがめて表現しがちだ。この矛盾はデザイナーや地図作成者、データサイエンティストらをしばらく悩ませてきた。アルゴリズムを使用して地理を歪め、場所の広さと値をマッチさせるカルトグラムが解決策として支持された時期もあった。

次ページ左上のチャートは、スコットランドの住民投票の結果をカルトグラムにしたものだ。ま

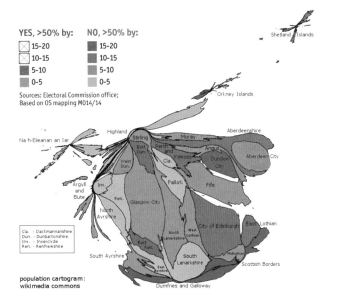

YES, >50% by: NO, >50% by:

- 15-20
- 10-15
- 5-10
- 0-5

- 15-20
- 10-15
- 5-10
- 0-5

Sources: Electoral Commission office;
Based on OS mapping M014/14

Cla. - Clackmannanshire
Dun. - Dunbartonshire
Inv. - Inverclyde
Ren. - Renfrewshire

population cartogram:
wikimedia commons

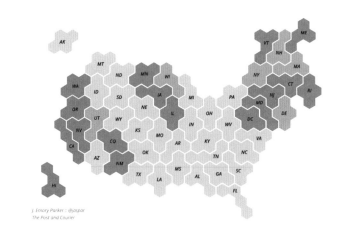

J. Emory Parker :: @jaspar
The Post and Courier

るで噛んだガムのようで、地理的な大きさと値の差が大きいほどマップが歪んでしまい、実際の地形と合致させるのはほぼ不可能だ。例えば北部の広大なハイランドがピンク色に塗られて潰れている。

　別の解決策がグリッドマップだ（左、右上）。すべての地域の大きさが等しく、通常の地図で我々が想定する場所にだいたい配置されている。値は色と彩度で表される。このように様々なタイプのグリッドマップが試みられている（注8）。

　これらは完全なものではなく、通常の地図よりも位置を把握するのに手間が掛かる。左下のマップでは、ロードアイランド州が何とマサチューセッツ州の東側にあり、左上のマップでは首都ワシントンがフロリダ州とほぼ隣接している。また、米国の地図といえば私はカンザス州がほぼ中央にあると想定するが、このマップではその場所にケンタッキー州があり、戸惑ってしまった。

　右上のマップではいくつかの問題は解決しているが、ルイジアナ州とテキサス州が似ていて不自然だ。グリッドマップはまた、地域間の値の違いを色のグラデーションで示すが、データに多くの値が含まれる場合は彩度の違いを見分けるのが難しい。

　グリッドマップは、面積を使って他の変数を符号化するものに比べれば不適当とは言えないが、地形という我々に深く根付いた常識に反しており、

探しているものを見つけるのに少し苦労する。これでは見る人をイライラさせ、説得力も弱くなる。

説得というナイフを使うスキル

説得と虚偽の境界は曖昧だと説明したが、その理由は明白なはずだ。本章で分析した例の多くは、完全に正しいとか間違っているとかではなく、むしろ永遠に議論の余地があるように思われる。

その境界は変化するとも述べたが、説得のテクニックからすれば、折り合いをつけるのがより困難かもしれない。テイマーのY軸を省略したチャートは、ある状況ではよくても別の状況では問題かもしれない。同じ会議に参加した同僚の間でも、説得力があるのか虚偽なのかで意見が分かれる可能性もある。

あなたのビジュアライゼーションが不明瞭な境界線を越えているかどうかを判断するには、他の倫理的な考察と同じで、自分自身に向かい合い、困難で誠実な対話をする必要がある。次の問いを自問しよう。

・チャートはアイデアを理解しやすくしているか、それとも能動的にアイデアを変えているか。
・アイデアを変えているとしたら、新しいアイデアは、説得力の低いチャートのアイデアと対立するか。
・情報を排除すると、私が示しているアイデアに対する正当な反論を隠すことになるか。
・もし誰かがこのようなチャートを提示したら、私は騙されたと感じるか。

もしこれらの質問の答えがイエスなら、おそらく虚偽の領域に入っている。自分のチャートをチェックするもう1つの方法は、チャートを提示した時に人から異議を唱えられることを想像することだ。同僚に頼んで練習してもいい。あなたはその異議に対抗するための裏付けとなる証拠を持っているか。チャートとあなたの信憑性に対する批判に対抗できるだろうか。

テイマーは自分のY軸を省略したチャートが正当である理由をコレットに説明する際、そうやって対抗しようとした。もしコレットが反論するとしたら、値の変化の重要性の根拠となる情報や、新しいビジュアルを示すようテイマーに求めるだろう。仕事の満足度が0.5ポイント上昇しただけでも損益にプラスの影響を与えることを示すチャートなどだ。

少なくともテイマーは、Y軸を省略したチャートを示す時には必ずその点に言及し、反論に備えるべきだ。全範囲の軸ではフラットで変化がないように見えるものが、実際には意味があるという理由を説明できなくてはならない。

自分の説得のテクニックが正しいのか、間違っているのかよりも、そのテクニックによって伝わるアイデアが正当かどうかに焦点を当てるべきだ。

　強調、差別化、レファレンスポイントの追加や削除など、説得のテクニックをあまりに強引に、あるいは無謀に使うと、誇張、切り取り、ごまかしといった虚偽に陥る。説得と虚偽の境界線は常に明快なわけではない。うまく切り抜けるベストな方法は、チャートをグレーゾーンに置いてしまう一般的な手法と、それを使いたくなる理由、それらを使うことが不適切かもしれない理由を知ることだ。その手法とは以下の3つだ。

①Y軸の省略

仕組み：Y軸から有効値の範囲の一部を削除して、ビジュアルノィールドからデータを削除したチャート。ほとんどの場合、Y軸の始まりはゼロではない。

有効性：変化を強調し、曲線の傾斜を強くしたり、ポイント間の距離を大きくしたりする。虫眼鏡のようにデータのある地点を拡大し、データがプロットされていない空白のスペースを少なくする。

虚偽性：変化を誇張したり、偽って示したりして、わずかな増減を「急」に見せることができる。Y軸がゼロから始まるという予測に反しており、チャートが読み違えられることを可能にしたり、その可能性を高めたりする。

②2軸

仕組み：一方の軸は収益、もう一方の軸は株価など、ビジュアルフィールドに異なるデータセットのための2つの縦軸があるチャート。

有効性：本来は関係性のないデータセットの比較を見る人にさせる。同じスペースに異なる値を示して、両者の間に関係性を作る。

虚偽性：異なる値の間の関係性が人為的。そうした値を同じスペースに示すと、実際には意味のない交差、曲線の一致、ギャップが作られる。

③マップ

仕組み：地理的な境界線を利用して、地域別の投票結果など、その場所に関連する値を符号化したもの。

有効性：地理は常識として我々が知っているため、データを場所のリストの中から探すよ

りも、位置に基づいて素早く見つけることができる。地方、地域、世界レベルの
トレンドを同時に見ることもできる。

虚偽性：地域の大きさがそこに符号化されたデータを反映しているとは限らない。例えば、
選挙結果のマップは、80%が赤く塗られていても得票率は40%かもしれない。土
地面積が広くても人口が少ない場所があるからだ。

　あなたのビジュアライゼーションが説得と虚偽の不明瞭な境界線を越えているかどうか
を判断するには、他の倫理的な考察と同様に、自分自身と困難で誠実な対話をすることだ。
次の問いを自問しよう。

✓ チャートはアイデアを理解しやすくしているか、それとも能動的にアイデアを変えてい
　るか。

✓ アイデアを変えているとしたら、新しいアイデアは、説得力の低いチャートのアイデア
　と対立するか。

✓ 情報を排除すると、私が示しているアイデアに対する正当な反論を隠すことになるか。

✓ もし誰かがこのようなチャートを提示したら、私は騙されたと感じるか。

ビジュアライゼーションにキャリアを賭ける

「6年たって自分が何をしたいのかわからず、不安が募っていた」

KPMGコンサルティングのコンサルタントをしていたジャクソンにとって、アナリティクスは仕事の一部だったが、チャートやグラフの作成は違った。しかし、チャートは仕事に役立つと考え、エクセルで作ることに多くの時間を費やした。とはいえ、彼は燃え尽きかけていた。「1つの分野で深い経験がなくてもマネジャーやディレクターになることはできたが、それは通常、良いアプローチではない。それに、私はその道から外れる必要があった」と、当時の疲労を声ににじませた。

ピードモント・ヘルスケアのプロジェクトマネジャーとなった後も、プロセスの改善やスケジューリング、さらにはオフィスの設置場所まで、エクセルを使ってビジュアル分析を続けた。また、データビズに関するブログをフォローし、本を読み始めた。その時もまだビジュアライゼーションは正式にはジャクソンの仕事ではなかったが、それがより多くの時間を占め、やがて注目を集めるようになった。

「光明が差したのは、カテーテル検査室でのスループットについてのプロジェクトを人々と検証していて、すべてのデータをエクセルでチャートにした時だ。その時点でタフテのことは知っていて、私がビジュアライゼーションを非常にタフテらしいものにすると、人々はこれがすこぶる役立つと気がついた」

ジャクソンはまた、患者経験価値向上のため、医師のスケジュールの変更を調べる視覚的な方法も考案した。「医師の働き方が非効率的で、1度に1つのことに集中すればもっと生産的になることを示す必要があった」。医師の報酬は生産性と一部結びついており、働き方を変えれば生産性が上がると理解しない限り、彼らは変えようとしない。「データビズを使ってすべてうまくいくと彼らに示した」

ジャクソンはその後、コーポレートチームから報告書のための40ページにわたるチャートの作成を頼まれた。ちょうど、データ分析のビジュアルに専念する用意ができたと感じていた頃だった。「『これに自分のキャリアを賭けてもいい。これは未来だ』と彼らに言った。つまり『これを仕事にしてもいいか』ということだ」

答えはイエスだった。ジャクソンは現在、ビジネスインテリジェンスとマネジメントレポーティングのディレクターで、ピードモントではデータビズの第一人者として活躍している。

視覚化の方法を説明するのは簡単ではない。「歩き方を説明するようなものだ」とジャクソン。「とにかくやり方がわかるのだ」。ビジュアライゼーションについての本を読み、人が作ったものに目を向け、それを真似ることに多くの時間を割く。人が試したこと

を試し、それから自分のニーズに合わせる。「ビジュアライゼーションで成功するための大きなポイントは、なぜそれをしたいのかを相手に尋ねることだ」と彼は言う。第4章で説明した、「話す・聞く」のステップで繰り返し問いかけるべき重要な質問「なぜか」と同じだ。「誰かが私に『各月の売上げの傾向がわかるレポートが必要だ』とだけ言ってもうまくいかない。まだ答えがわからず、憶測がたくさんある。だから互いに一歩下がって見るようにする。『本当に知りたいことは』『なぜそれを知りたいのか』と私は質問する。深く掘り下げなければならない」

ジャクソンは自身のビジュアルのユースケースに焦点を当てることも好む。1つのチャートにつき、人々がかける時間の推定に照らして、最もシンプルなものから最も複雑なものまでたいてい3つのバージョン

を作成する。幹部は20秒、マネジャーは2分、アナリストは20分といった具合だ。

「人々の使い方にも注目している」とジャクソン。「この会社はまだ紙の文化だ。臨床管理者は印刷して持ち歩いたり、直接人に見せたりできるものを求めている。そのため、ビジュアルをソフトウェアの中に埋め込むのではなく、印刷して見栄えがするものを作っている。同時にインタラクティブなバージョンも、スキルがありビジュアライゼーション探究を望む人のために用意している」

最近では、自らのスキル向上のためデータビズを使った試みを行っている。物議を醸したウィキペディアの記事について、インタラクティブなビジュアライゼーションを作り、目を引く形式や分析結果がオンライン上で大きな注目を集めた。

「まず、第一印象が美しい」とジャクソン。「だが、それ以上に気に入っているのは、美しさを見た後、そのパターンが何かを語っていることに人々が気づくことだ」

ジャクソンはこのチャートで、エンターテインメントとエンゲージメントの価値を表現している。「棒グラフの方が早く学べる場合もあるが、人はビジュアライゼーションを楽しみたがっている。確かにビジネスにおいては注意が必要だ。人々は答えを求めて

> "
> *6年たって自分が*
> *何をしたいのかわからず、*
> *不安が募っていた*
> "

いる。しかし、チャートを美しくしたり、少なくとも見て不快にならないようにしたりして、エンターテインメントとしての価値を取り入れる方法がある。私は会議で、答えにたどり着くまでに聴衆を完全に退屈させてしまったことがある。答えがわかるまで聴衆が興味を示さなかったら、何の意味があるだろうか」

ウィキペディアで削除審議の対象となった記事上位100

線をクリックすると記事の名称が表示され、現在の投票総数がわかる。

記事の最終的な状態
○ 削除
● 存続

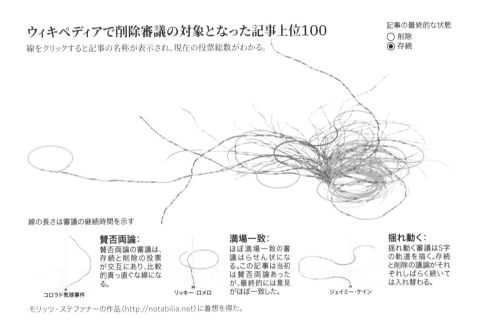

線の長さは審議の継続時間を示す

賛否両論:
賛否両論の審議は、存続と削除の投票が交互にあり、比較的真っ直ぐな線になる。

コロラド気球事件

満場一致:
ほぼ満場一致の審議はらせん状になる。この記事は当初は賛否両論あったが、最終的には意見がほぼ一致した。

リッキー・ロメロ

揺れ動く:
揺れ動く審議はS字の軌道を描く。存続と削除の議論がそれぞれしばらく続いては入れ替わる。

ジェイミー・ケイン

モリッツ・ステファナーの作品（http://notabilia.net）に着想を得た。

提示する・
実践する

Present and Practice

第 8 章

説得するための見せ方

良いチャートを目と心に届ける

ここまでは良いチャートを考え出し、作り、う まく操作することにすべてのエネルギーを注いで きたが、以降は見る人とチャートを結びつけるこ とに焦点を置く。我々はそれがあまり得意ではな い。出来の良いビジュアライゼーションを構築で きれば、おのずと聴衆を引きつけられると期待す る。しかし、素晴らしいスピーチも、聴衆を行動 に駆り立てるのは原稿ではなく演説する人だ。交 響曲も人々を感動させるのは楽譜ではなく演奏だ。

良いチャートをいかにして人々の目と心に届け るかが最も重要だ。効果的なプレゼンが、説明に すぎないビジュアライゼーションと人々の心を動 かすビジュアライゼーションとの分かれ目になる。

チャートを人の目と心に届けるというのは比喩 的に聞こえるかもしれないが、文字通りの意味だ。 1つ目の課題は、人々が最初にビジュアルを見る 時に手助けをすること、つまりビジュアルをどう 提示するか。2つ目の課題は、人々がビジュアル を処理する手助けをすること、つまりどうやって 人々をチャートにエンゲージさせるかだ。順番に 説明していこう。

目に届ける「プレゼンテーション」

大半のマネジャーはどこかの時点でプレゼンの 方法を学ぶ。本を読んだり、講義を受けたり、コー チを雇ったりする（注1）。そうして得たスキル はチャートを提示する時に役立つものの、チャー トを理解しやすくし、説得力を高める具体的なビ ジュアライゼーションの見せ方は教えてくれない だろう。

最初にチャートを示し、話し始めずに待つ

研究によれば、脳の活動の約55%はビジュアル インフォメーションの処理に当てられている。お おまかに説明すると、視覚系には空間情報を処理 する上の経路と、物体や形を認識して処理する下 の経路がある。どのようなビジュアルがインプッ トされても、双方の道が活発に活動する。

チャートを画面上に表示させると、脳の腹側部 がその意味を調べようとする。ハーバード大学の 視覚研究者ジョージ・アルバレスは「主として、 視覚とは脳が行うものだ」と指摘する。

そのため、チャートを提示してすぐに話し始め ると、読み手は理解しづらくなる。彼らの脳は 「見る」ことを望んでいるのに、あなたが「聞く」 ことを求めるため、気が散ってしまう。視覚処理 は集中的に行われるため、色や形など目立つもの を目にすると、（音はもちろん）他の視覚情報を無視 し始める。

チャートを示したら、数秒間はしゃべらないよ うにしよう。頭の中で5つ数えてもいい。見る人 の脳が、新しく目にするチャートに集中できるよ うにすること。ビジュアライゼーションは明快で 説得力のあるものにしてある。情報をわかりやす くし、タイトルとサブタイトルはアイデアを確認

する手がかりにした。努力をふいにしてはいけない。チャートにその目的を果たさせよう。

ビジュアライゼーションについて語りたくなる衝動は悪いものではない。人々に「理解」してもらいたいし、沈黙は不安をかきたてる。しかし、最初の沈黙は、先回りして発するどんな言葉よりも効果的だ。教育現場では、こうした沈黙は「待ち時間」や「考える時間」というテクニックとして定着している（注2）。教師が質問を投げかけた後に3秒以上待つと、生徒がより積極的に関与し、批判的に考え、問題に対してより優れた答えを考え出す傾向がある。

チャートを見せた後に沈黙すると、それと同じことが起きる。やがて聴衆の誰かが質問をしたり、分析や意見を述べたりして沈黙を破るだろう。あなたが何も言わなくても、チャートが議論を促すかもしれない。見る人が自ら洞察を得るようにすれば、ビジュアルの中のアイデアについて、より多く深く語られるはずだ。逆説的だが、沈黙が深くインタラクティブな瞬間を生むのだ。

話す時はチャートの仕組みの説明はしない

プレゼンで聴衆の関心を失う最も簡単な方法は、スライドの箇条書きを一言一句読み上げることだ。同様に、提示したチャートの構造を説明すると聴衆の関心は離れてしまう。左の地図を下記の原稿を読みながら発表したらどうだろう。

「これは省ごとに分けた中国の地図です。地図の上が北で、各省は薄い黄色の境界線で区分けされ、省の名前も書かれています。近隣国はグレー、東シナ海と南シナ海は薄いグレーで示されています。距離は左上の記号で測ります」

見てわかる仕組みを説明するのは、相手を見下すことにもなる。データビズでも同じ懸念が生じうる。以下は、よくあるチャートのプレゼンとその原稿だ。

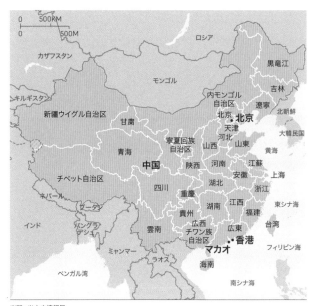

出所：米中央情報局

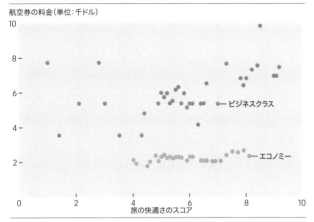

飛行機の旅の快適さと航空券の料金

航空券の料金（単位：千ドル）

出所：カールソン・ワゴンリー・トラベル（CWT）ソリューショングループ 出張ストレス指数調査（2013年）

「これは、旅の快適性と航空券の料金の関係を表したものです。快適性はX軸の0〜10、航空券の料金はY軸に示されています。ご覧のように、青いドットで示したエコノミークラスの航空券は料金にあまり差がありませんが、快適性は差があります。ビジネスクラスでは、快適性と料金との間にもう少し相関関係があるように見えますが、それは最も高い料金のみで、その場合でもそれほど大きな影響はありません」

このプレゼンターが話していることは、我々がすでに見ているものだ。「ご覧のように」とさえ言っていて、明白なものに言及して時間を無駄にしている。人々がわかっているものについて説明する意味はない。

軸や色が何を示しているかを説明する必要はない。ラベルが付いている。話をする時は「アイデア」を議論すべきで、アイデアを示すものについてではない。書き直した原稿がこれだ。

［5つ数えた後で］「飛行機の旅はエコノミークラスでもビジネスクラスでも、最も高額な料金を払わない限り、お金で快適さは買えないようです。ビジネスクラスに5500ドル払おうが、エコノミークラスに2200ドル払おうが、ほとんどが快適さは平均的、中程度です。これが示唆するのは、従業員の旅を快適にするためにコストを費やす価値があるのは、最も高額なビジネスクラスの航空券だけということです。快適さを決めるのは料金ではないことがわかったので、ベストなコストパフォーマンスで生産的な出張になるよう、快適さを決めるのは何かを探るべきです」

ここでは軸や色、ドットの集合の仕方などの話は出てこない。プレゼンターが話すのはすべて、アイデア（お金で快適さは買えない）、アイデアの分析（ビジネスクラスの航空券のほとんどは料金に見合う価値がない）、議論の促進（料金が快適さに影響しないなら何が影響するのか）、アイデアを議論することの重要性の確認（妥当な料金で従業員の満足度を高めることができる）だ（注3）。

データやチャートの構造ではなくアイデアを説明することで、自然と人中心の言葉になっている

ことにも注目してほしい。プレゼンターは料金と
快適性の比較ではなく、従業員の快適さと有意義
な出張について語っていて、それが大事な点だ。

　プレゼンの第一人者であるナンシー・デュアル
テは私にこう言った。「チャートを見せていると伝
えてはいけない。人間の行動の結果を見せている、
線を上昇あるいは下降させる人々の行動を見せて
いることを伝えなくてはならない。『第3四半期の
決算はこちらです』と言うのではなく、『目標を達
成できなかったのはここです』と言うべきだ」

　プレゼンでチャートの構造を読み上げるのは、
たいてい聴衆に理解してもらう自信のなさの表れ
である。情報の強調や差別化が足りないなど、重要
なアイデアを十分に強調できていない可能性があ
る。チャートを読み上げたくなる衝動を抑え、黙
って5秒間数える。そして聴衆から上がった質問
や意見でチャートの有効性がわかるだろう。人々
が軸やラベル、そして何を見るべきかを尋ねてく
るようなら、そのビジュアライゼーションは改善
が必要だ。

珍しい形式や特別なコンテクストの場合は聴衆を
ガイドする

　チャートそのものについての説明は避けるべき
だが、例外もある。珍しい形式や複雑な形式のチャ
ートは、アイデアを議論する前に簡単な説明が必
要だろう。形式になじみがあるかどうかはビジュ
アライゼーションの理解に影響する。例えば、こ

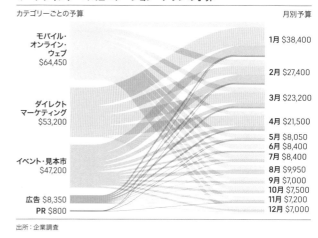

マーケティング・コミュニケーション・プランの予算

カテゴリーごとの予算 / 月別予算

モバイル・
オンライン・
ウェブ
$64,450

ダイレクト
マーケティング
$53,200

イベント・見本市
$47,200

広告 $8,350
PR $800

1月 $38,400
2月 $27,400
3月 $23,200
4月 $21,500
5月 $8,050
6月 $8,400
7月 $8,400
8月 $9,950
9月 $7,000
10月 $7,500
11月 $7,200
12月 $7,000

出所：企業調査

のような沖積図は説明抜きで聴衆に見せるべきで
はない。

　このようなダイアグラムには「おー」と感嘆の
声が上がるかもしれないが、見ている人が意味を
見出せなければ、きれいな図であるとか、悪けれ
ば洞察より見た目を優先したものとして評価され
てしまう。

　だからといって、珍しくて複雑な形式を避ける
べきではない。それらがアイデアをうまく表現す
るのに役立つなら、人々を引き込む強力な方法だ。
しかし、ただ「すごい!」と言われるものから「な
るほど」と納得してもらうまでの時間は短くなく
てはならない。そのためには、アイデアに焦点を
当てる前に、次のようにチャートの仕組みを説明
しよう。

「この沖積図は、マーケティングコミュニケーション費の年間の変化を示しています。ここから3つのことがわかります。1つ目はプログラムごとの予算配分で、左側のバーの厚さで示されています。2つ目は月別の予算配分で、右側のバーの厚さで示されています。3つ目は、各プログラムの費用の年間の変化で、左から右に流れる線で示されています。[5つ数える]マーケティングコミュニケーションは2つのシーズンに分かれていることが見て取れます。1月から4月までの短いシーズンは支出が非常に多く、5月から12月の長いシーズンは、プログラムは多いですが支出は少ない。ダイレクトマーケティングに対する大きな投資は最初のシーズンに行われますが、この時期はイベント事業にも大きな投資が必要です。この配分でよいですか。見直す必要はありますか」

スピーカーは沖積図の機能と仕組みを正確に説明したが、次のように具体例を抜き出して説明するという罠には陥らなかった。

「緑色のイベント事業は予算の25%超を占めており、また1月と2月に太いバーが流れ込んでいることからわかるように、支出は年初にやや偏っています」

チャートの形式の説明は簡潔、明快で、おおまかにし、チャートに示された具体的なデータの説明はしてはいけない。

レファレンスチャートを使う

標準的な例を示すと明確な意味をつかむ認知的なヒントとなり、聴衆をガイドすることができる。平均値、目標値、その他のレファレンスポイントを示すことは基本的なチャートでも役立つが、珍しい形式のチャートの場合には特に効果的だ。

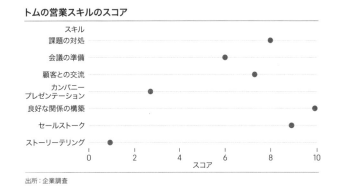

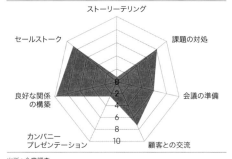

トムの営業スキルを7つの異なる尺度で評価したい場合は、前ページの左のチャートのようなドットプロットを使うことができる。あるいは、複数のデータポイントで形作られるスパイダーグラフ（レーダーチャートとも呼ばれる）を試してみるのもいい。

トムの「総合的な」成績を評価するのはドットプロットでは困難だ。7つの異なるデータポイントを評価し、それらを組み合わせた意味を直感的に判断したいからだ。スパイダーグラフなら、全体が1つの形として表される（注4）。

とはいえ、それ単体では意味がない。このグラフを単独で提示すると厄介な疑問が生じる。これは「典型的な」形なのか、それとも「良い」のか。トムの全体の「スコア」は一目瞭然だが、要点であるトムの全体的な「成績」についてはほとんどわからない。

では、「目標とする成績」と「平均的な成績」という2つの標準的なレファレンスを、次のスパイダーグラフ用の原稿と共に加えてみよう。

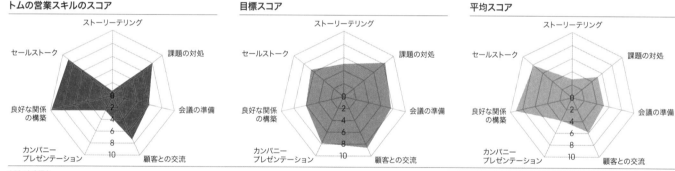

トムの営業スキルのスコア　**目標スコア**　**平均スコア**

出所：企業調査

「望ましい形はチャートの右側に傾いています。これらのスキルは営業の成功とより密接に関係しています。しかし、営業チームは平均的に左に大きく傾いています。右側のスキルの開発がおろそかになっていないでしょうか。トムの成績は平均よりも右に偏っていますが、蝶ネクタイのような形に注目してください。上と下のポイントは平均を下回っています。ストーリーテリングとカンパニープレゼンテーションのスキルを向上させる必要がありますが、特に後者が重要です。そこに投資する必要があります」

レファレンスチャートがトムのチャートに意味を与えていることに注目してほしい。レファレン

スチャートが期待値を設定して、独断的な理解に陥らないよう役立っている。また、形がシンプルなので詳細は必要なく、縮小できる。営業チームの全メンバーを小さなチャートにしても、追加の説明はほとんど必要ない。こうしたビジュアライゼーションに慣れたチームにはラベルすら不要かもしれない（チャートを使う経験を積むにつれて、意味をつかむのが巧みになる）。右の一式のチャートのように、マネジャーがチームの成績の形を一目で見ることができる営業ダッシュボードがあったらどうだろう。ラベルがなくても、先に1つの例を見ただけで成績トップと最下位がすぐにわかる。

大事なことを話す時はチャートを隠す

このプレゼンのテクニックはジョージ・アルバレスから伝授されたものだ。彼はハーバード大学での講義で、データビズをスクリーンに映している限り学生たちはチャートから視線を逸らさないことに気がついた。別の話題に移り、重要な点を説明しようとしている時も、彼らは耳を傾けていなかった。

ある日の講義で、アルバレスはビジュアライゼーションを見せ、大事な話に差し掛かったところでスクリーンを消した。その効果は驚くべきもので、チャートに釘付けだった学生たちの視線がさっと彼に向けられた。他に見るものがなくなり、熱心に耳を傾けた。

これは独特なテクニックで、練習が必要だ（ア

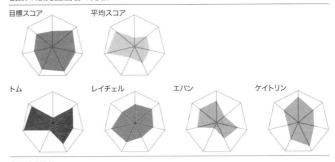

複数の販売担当者の比較

目標スコア　平均スコア

トム　レイチェル　エバン　ケイトリン

出所：企業調査

ルバレスの勧めで私も試してみた。気味が悪いほど即効性があり、慣れるのに時間がかかるが、効果はあった）。しかし、どんなプレゼンでも自分の発言に注目してもらいたい時がある。成績について警鐘を鳴らす時、戦略変更の理由を説明する時、あるいは資金を求める時かもしれない。ここ一番でのベストな行動は、ビジュアライゼーションを見せないことだ。聴衆があなたに注意を向けざるを得ないようにしよう。

シンプルなものを見せ、詳細版を別に作る

良いチャートはコンテクスト次第であることはもうわかっているはずだ。プレゼンという状況では規律あるシンプルさが求められ、聴衆に数秒でそれを理解してもらわなければならない。しかし、詳細なバージョンを作成しておくと、聴衆が自分の時間に好きなペースでビジュアルをより詳しく探究できる。

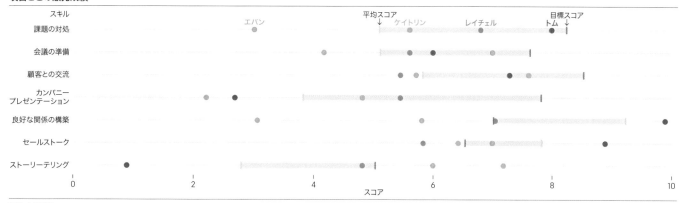

項目ごとの販売成績

スキル

	エバン	平均スコア ↓ ケイトリン	レイチェル	目標スコア トム ↓
課題の対処				
会議の準備				
顧客との交流				
カンパニー プレゼンテーション				
良好な関係の構築				
セールストーク				
ストーリーテリング				

0 2 4 6 8 10
スコア

出所：企業調査

　前出の営業チームの成績のスパイダーグラフ（プレゼンやダッシュボードに適している）と、すべてのデータを1つにまとめた上のチャートを比較してほしい。

　このチャートはスクリーンに映してもうまく機能しないだろう。データポイントも注目すべき点も多すぎて、読み手を特定のアイデアに導かない。縦方向（例えば7つの全項目について平均スコアと目標スコアを比較する）、あるいは横方向（例えば1つの項目について全員を比較する）に使うことはできる。

　スパイダーグラフでは個々の営業担当者の成績が一目瞭然だが、別に作った詳細版は、後で時間をかけて情報をより深く理解するのに有用だ。新しいものを発見するために複雑さを許容する、視覚的発見のデータビズだ。マネジャーは、チームが向上させるべきスキルについて自身の仮説を検

証あるいは反論したいと考えたり、発見に基づいてすべき行動を書き留めたりするだろう。「カンパニープレゼンテーション」の目標スコアの近くにドットがないことに気がつくかもしれない。全体的にそのスコアは目標からは程遠い。

　データの表についても、別途使えるようにするといい。数秒で理解してもらうプレゼン版と、個人的に見て考えることのできる個人版、そして他の人が自分でチャートを作れるよう生のデータを示した表、このセットを作っておくと、あなたのプレゼンがフォーマルな場だけでなく、幅広く役に立つ。

心に届かせる「ストーリーテリング」

　前述のプレゼンのテクニックは、具体的かつ戦

術的で、率直に言えばやや防御的だ。チャートの有効性が損なわれるのを防ぎ、聴衆の関心が離れないようにすることに主に焦点を当てている。それらのテクニックに従えば、人々の目を効果的に捉えることができる。ここからはチャートのアイデアを聴衆の心に届かせることに焦点を当てる。ストーリーを語るのだ。

ビジュアライゼーションにおいて今、最もトレンドになっているのがストーリーテリングだ。ジャーナリズムというジャンル全体がデータを使ってストーリーを語るという概念を中心に構築されつつある。私のツイッターのフィードには、「○○［失業／気候変動／ローマ帝国など］のストーリーを、○○個［1／7／50など］のチャートで語る」と謳ったリンクであふれている（注5）。

データサイエンティストも巨大なデータセットの複雑性を伝える方法としてストーリーに注目しており、ソフトウェアは複数のビジュアルを1つのストーリーにまとめるのを容易にすることを目指している。

ビジュアルのストーリーテリングはある意味、販売や説得、誘導のきっかけにストーリーを活用するビジネス活動という、深くて速い川に流れ込む支流にすぎない。その多くはデザイン思考から生まれ、神経科

学によって支えられている。視覚の専門家が「視覚」は脳が司ると言うのと同じように、神経科学者の多くは「ストーリー」は脳が司ると解く。彼らの研究によると、脳は、箇条書きのリストや一連のデータポイントに対してよりも、ストーリーに対してより積極的な反応をする（注6）。

脳の多くの領域は、ストーリーに触れている時に活発になる。ストーリーは共感や↗

↘理解を高め、記憶を呼び起こす。ストーリーテリングには説得力があるのだ。心理学者のロビン・ドーズは、人はストーリーなしでは統計の意味を十分に理解できないとまで論じ、「ストーリーがなければ認知能力が停止する」と述べている（注7）。

ここに、異なる2つのトピックについての2つのストーリーがある。一方はテキストで、もう一方はビジュアルだ。

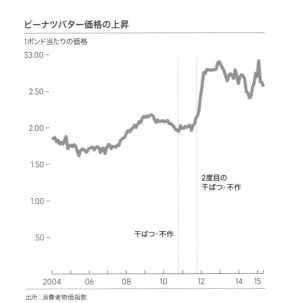

ピーナツバター価格の上昇

1ポンド当たりの価格

$3.00

2.50

2.00

1.50

1.00

.50

2度目の
干ばつ・不作

干ばつ・不作

2004　06　08　10　12　14　15

出所：消費者物価指数

1990年代から2000年代初頭まで銅の価格は安定しており、歴史的に1ポンド当たり約65セントという安値だった。しかし、2003年に鉱山の地滑りにより1ドルを超え、2004年にはチリの鉱山でストライキが起きて2ドルを超えた。これらの出来事と継続的な高需要により、生産量が消費量を下回り、2006年には1ポンド当たり4ドル近くにまで上昇した。

同じストーリーを使うとテキストを先に読んでしまい、チャートの長所を個別に評価することが難しくなるため、異なるスト

ーリーにした。それでも、価格は安定していたが、連続した出来事によって状況が変化し、急騰するというストーリーはほぼ同

じで、２つを比較することができる。

　チャートを見た時の方がどれだけ早く理解できるかに注目してほしい。テキストは情報の伝達のようで、読み、考えて理解する努力をしなければならない。チャートでは、価格の急騰と関連する出来事が目に入ってくる。特定の値（価格と年）を頭に入れたり、変化の時間軸を計算したりする必要はない。価格が安定していた長い期間の後に急騰したことがほぼ瞬間的に理解できる。

　このように、脳はストーリーを捉え、統計の意味を理解するためにストーリーを必要とする。そして、ストーリーはビジュアルだとはるかに素早く浮かび上がる。ビジュアルのストーリーテリングは、アイデアを示す非常に強力な方法なのだ。ストーリーを、関連する事象の連続的な表現として広く定義すれば、シンプルなチャートもビジュアルストーリーになる。我々は直感的にこのことを知っている。

　だがより実際的に、人がストーリーを必要としていることを利用し、ストーリーを瞬時に伝えるビジュアライゼーションの効果を活用して、ビジュアルを提示する方法を知る必要がある。テクニックをいくつか教えよう。

ストレスを生む

　ふざけるのが好きなあなたの上司が会議室に入ってきて、よく知られたこの曲を歌い出す。「ABCDEFG〜、HIJK」。ここでストップし、黙ってしま

った。その場にいた多くの人がストレスを感じるだろう。メロディーを最後まで終わらせなければならないように感じ、心を捉えられてしまう。何も手につかない。とうとう誰かが「LMNOP」と続けるか、残りすべて歌い切るだろう。

　チャートにもメロディー（線の形やドットの散らばり方）があると考えると、同じように聴衆の心を捉えることができる。ビジュアルインフォメーションをすべて明らかにしない限り、メロディーは完結しない。

　その最も簡単な方法は、先の上司がアルファベットの歌でしたように、本来止まるべき地点の前で、いったん止まって間を置くことだ。「これは*前四半期の顧客からの評価です。そして今期の評価は*［間を置く］……」。短く、予期せぬ沈黙は期待感を生み、人々は落書きから顔を上げたり、自分のデバイスの画面から目を離したりして、ビジュアルに集中し、結論を待つ。

　このテクニックは相互作用を生む。聴衆はメロディーがどう完結するのか考えずにはいられず、空所を埋めようとする。それを促そう。収益のチャートを３パターン示し、答えを明らかにする前にどれが現実を示しているか考えてもらってもいい。全体の収益に占める製品の内訳を示す棒グラフで、ラベルを隠して各棒がどの製品か当ててもらうこともできる。カギとなる情報を伏せて発表したのが次ページ左のスロープグラフで、以下はその原稿だ。

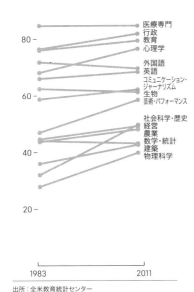

学位を取得する女性の増加

女性に授与された米国の学位の割合
100%－

80 －

60 －

40 －

20 －

1983　　　　2011

出所：全米教育統計センター

（グラフ内ラベル）
医療専門
行政
教育
心理学
外国語
英語
コミュニケーション・
ジャーナリズム
生物
芸術・パフォーマンス
社会科学・歴史
経営
農業・統計
数学・統計
建築
物理科学

[5つ数える]「女性の学位取得者が40％に満たない大学の専攻は含まれていません。このチャートは大きな進歩を示しています。しかし、コンピュータサイエンスと工学はまだ表示していません」[間を置く]

プレゼンターはさらなる情報を見せることを示唆しており、聴衆はその2つの専攻がどこに位置するのかを知りたくなる。多くの人はすでに推測している（あなたもそうだろう）。プレゼンターは「どこに位置すると思いますか」と言って推測を促す。そして、間を置く時間が長くなるほど人々は答えを求め、メロディーが先に進む前にそれを完結させたくなる。

　ストレスを生み出す方法は他にもある。時間と距離を使うと、広さや値の大きさを伝えやすい。シンプルで効果的な例がdistancetomars.comというサイトで、地球の直径を100ピクセルと仮定し、星が飛び交う宇宙空間を地球から火星まで「旅する」アニメーションのビジュアライゼーショ

ンだ。地球を離れて数秒後に3000ピクセル離れた月に到着する。そして再び出発（光の速さの3倍で移動）。10秒ほどすると、いつ火星に「到着」するかわからないためストレスが高まる。さらに20秒、30秒が過ぎる。時間がたつにつれ先が読めない不透明感が募る。火星は極めて遠いという趣旨をすでに理解していても、そこに着きたいと思う。

　最終的に火星に到着するまで1分ほどかかる。長いように感じるが、イライラして「もう言いたいことはわかったよ」とは思わせない程度の長さだ。これは、ストレスを生み出す際の2つの注意点のうちの1つで、ストレスを作ったらすぐにそれを解消しなければならない。

　例えば、先ほどのコンピュータサイエンスと工学の学位取得者の女性の割合がまだわからないことにイライラしていないだろうか。あるいはもう忘れてしまったか。私がストレスの解消に時間をかけすぎて、もはや気が逸れてしまったかもしれない。今となっては効果は低いが、答えは右の通

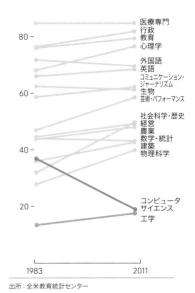

コンピュータサイエンスの頭脳流出

女性に授与された米国の学位の割合
100%－

80 －

60 －

40 －

20 －

1983　　　　2011

出所：全米教育統計センター

（グラフ内ラベル）
医療専門
行政
教育
心理学
外国語
英語
コミュニケーション・
ジャーナリズム
生物
芸術・パフォーマンス
社会科学・歴史
経営
農業
数学・統計
建築
物理科学
コンピュータ
サイエンス
工学

りだ。

　私が間合いをうまく使っていたら、もっと効果的な答えの明かし方になっていただろう。2つ目の注意点は、答えを明かすテクニックは伝えるアイデアが驚きに値するからこそ効果があるため、慎重に使うことだ。驚きのない典型的な四半期収益のチャートは、ストレスを生むのには適さない。あらゆるビジュアルで間を置き推測を促すのは、うんざりされるのが関の山だ。

　ストレスを生む効果が最もあるのは、答えが印象的な場合だ。女性の学位の答えも予想外のものだ。あなたがコンピュータサイエンスの学位取得者が減っていると確信していたとしても、「ここまで」減っていると思っただろうか。「半減」していると予想しただろうか。

　伝える情報が圧倒的な場合にも、このテクニックは効果的だ。『ワシントン・ポスト』のジャーナリスト、クリストファー・イングラムは暴風雨によってヒューストンの貯水池に流れ込んだ水量を読者に伝えるためにこのテクニックを使った。その水量を理解するのは困難なため、イングラムは標準的な体積の単位である1エーカーフィートの水と1人の人間という、関連付けやすい2つの比較から始め、徐々に比較対象を大きくしていった。「かなりの量だろう」と、イングラムは最初の比較について述べる。しかし、これよりも圧倒される量になっていくことは明らかだ。

　2つ目の比較の後に「まだ正しい尺度ではない」と彼は続ける。比較が進むごとに読者のストレスが高まっていくが、ここで語られる水量の規模の大きさが徐々に理解されていく（注8）。こうした断続的なレファレンスポイントによって、読者は

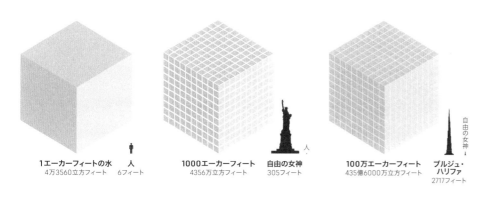

1エーカーフィートの水	人	1000エーカーフィート	自由の女神	100万エーカーフィート	ブルジュ・ハリファ
4万3560立方フィート	6フィート	4356万立方フィート	305フィート	435億6000万立方フィート	2717フィート

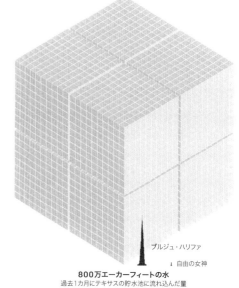

800万エーカーフィートの水
過去1カ月にテキサスの貯水池に流れ込んだ量

ブルジュ・ハリファ
自由の女神

水量がどれほど「常軌を逸している」のかと考えさせられる。

「近づいてきた」と、3つ目の比較についてイングラムは書き、このあたりで我々は彼にじらされていると感じる。メロディーを終わらせたい。ヒューストンの貯水池にいったいどれだけの水が流れ込んだのか。

ついにそれが明かされる。6400万人分の1年間の水の供給量に匹敵するとイングラムは説明する。↗

ストーリー仕立てで説明したことで、災害の規模が理解しやすくなっている。

ビフォー・アフターのチャートもストレスを生むテクニックが有効だ。住居をリフォームするテレビ番組でも、荒れ果てたバスルームが驚くほど魅力的に生まれ変わっていく様子に我々は見入ってしまう。

科学者らが「ルアー法」と呼ぶ、おとりもこのテクニックに適している（注9）。

ロボットの増加と雇用の喪失

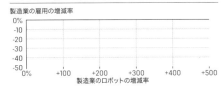

ロボットの増加と雇用の喪失

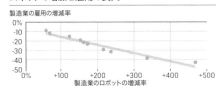

ロボットの増加と雇用の喪失

出所：グレーツ&マイケルズ「Robots at Work」、ブルッキングス研究所マーク・ムローによる米労働統計局データの分析

［5つ数えて間を置く］「ロボットが我々の仕事を奪いつつありますよね。自動化されたシステムが労働者を不要にします。そのトレンドを見るため、過去15年間の10カ国における製造業の雇用喪失とロボットの導入数を比較しました。どんなチャートになると思いますか。［間を置き、答えが帰ってくるのを待つ］そうですね。ロボットの導入が増えると雇用が減少します。このような感じでしょうか」

［5つ数えて間を置き、同意を待ち、うなずく］「正しいように見えますね。さて、実際のデータをプロットすると、こうなりました」［3つ数えて間を置く］

「我々は間違っていました。相関関係はまったくありません。実際には、製造業の雇用が最も失われた4国のうち、英国とスウェーーデンは他国に比べてロボットの導入が非常に遅れています」

この3つのチャートでは、予測を示した中央のチャートが人々をアイデアに引き付けるおとりとなっている。実際の結果はまったく異なり、聴衆はどういうわけなのかと考えざるを得ない。「な

ぜ」予測と違うのか。この矛盾が、修正しなければならないという気持ちを生む（注10）。矛盾が大きいほど解消したくなる。このようなビジュアルの証拠に直面すると、思い込みや深い信念さえも固持するのが難しくなる。これは、説得力の強いプレゼンのテクニックだ。

分解と再構築

アメフトとラグビーの試合のテレビ放映時の時間配分を比較した次のチャートは、私のお気に入りだ。

アメフト vs. ラグビー

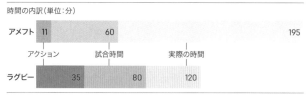

出所：ウオール・ストリート・ジャーナル、ザ・ロー

ここで伝えたい要点は、ラグビーの方がアメフトよりもエキサイティングであることだ。試合時間はより長いが、実際にかかる時間はより短く、アクションが多いのだ。この要点は最終的には伝わるはずだ。

実際のところ、このチャートはプレゼン向けとして素晴らしいとは言えない。示された情報は15以上あり、要点はかなりシンプルだが目に飛び込んでこない。そこで、まずラグビーを、次にアメ

フトを見せるという、シンプルな比較にする。女性の学位取得のチャートと似た方法だ。

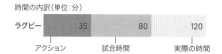

［5つ数えて間を置く］「ラグビーの試合はアクションが多く、ハーフタイム以外はほとんど止まらないので、視聴時間のほとんどは試合そのものを見ています。アメフトと比較してみてください」［3つ数えて間を置いてからアメフトのチャートを足す］

こちらの方がいい。見る人は1度に1つの競技に集中できる。しかし、1つの競技で3つの項目についての関係性を考え、もう1つの競技でも同じことをし、さらに2つのセットを比較しなければならない。対照的に女性の学位取得のチャートは、最初に示しているのは「その他すべて」の1つだけで、答えを明かす時に新しい情報を2つ足しただけだ。

選択肢があると、スピードは遅くなる。数学者ディートリヒ・ブライスが提唱した交通管理の原理「ブライスのパラドックス」を使って説明したい。混雑する経路にルートの選択肢（新しい道路や

新しいレーン）を増やすとかえって移動効率が下がるというものだ（注11）。多くの人が自分の移動時間が短くなるようルートを変更する（そして変更を繰り返す）と、全体の移動時間が増えるのだ。反対に道路がなくなった後に交通渋滞が改善されたケースは多く、ブライスのパラドックスは現実社会で実証されている。

この原理は交通以外にも、送電（システムを分散すると性能が低下する）、絶滅危惧種の保護（1つの種が絶滅すると多くの種の生存見通しが改善する）、群集制御（コンコースからアリーナ席までの経路が複数あると、到着までより時間がかかる）などにも当てはまる。

複雑なチャートで我々が経験することは、厳密にはブライスのパラドックスではないが、類似性がある。「アメフトvs.ラグビー」のチャートの中で、着目するすべてのものをルートの選択肢と考えてほしい。オレンジ色のバーから始めるべきか、それとも緑色のバーか。バー全体で比較すべきか、それとも項目ごとか。具体的な数値は注目するほど重要なのか。どのルートが最速で理解できるか。選択肢があれば選択しなければならず、それには時間がかかる。プレゼンでは、人々がそれぞれ異なるものを選択し、焦点を当てるかもしれない。

チャートを分解すると、理解を阻む他の選択肢を取り除き、最短の道だけを示すことができる。右上は「アメフトvs.ラグビー」のチャートをプレゼンのために分解したものだ。それぞれ1つずつ、上から順番に表示する。

アメフト vs. ラグビー

公式の試合時間は？

アメフト	60
ラグビー	80

試合中のアクションはどれくらい？

アメフト	11
ラグビー	35

実際の試合の長さは？

アメフト	195
ラグビー	120

一番上のチャートは明快だ。試合時間という1つのルート以外はすべて排除してある。単純な比較であり、他に何もないので見る人はすぐに理解できる。サブタイトルは、このチャートが答えを表す疑問文になっていて、読者の注意をさらに喚起している。

2つ目のチャートには新しい情報を追加したが、重要なのは1番目のラベルの一部とサブタイトルを「削除」していることだ。自信を持って削除できたのは、明白ですぐにわかるからだ。残された薄い色のバーが、コンテクストに新しい情報を加えるのに役立っている。聴衆はどこを見るべきか迷うことなく、ラグビーの試合の方がアクションが多いとすぐにわかる。

そして、再び新しい情報を追加し、古い情報を削除し、ルートは１つになった。今回はチャートがはるかに力強くなっている。見る人はどこに焦点を当てるべきか、何が重要なのかを考える必要はまったくない。チャートを理解するのに脳のエネルギーを費やすことなく、要点について考え、議論することができる。また、別々のところから見始めたり、注目したりすることがないように表現されているため、人々がストーリーの意味に反論する可能性も少ない。ここに示されていることに誰もが同意するだろう。

先駆的な神経科学もこの重要性を示唆している。神経科学者でマーケティング教授でもあるモラン・サーフは、サム・バーネットと共著の論文で、ストーリーが記憶に残りやすい、あるいは人を引き込む、あるいは鮮明な印象を残すかどうかは、多くの人の脳が同じように反応したかどうかによると述べている（注12）。別の言い方をすれば、著者らが「クロスブレイン相関」（CBC）と呼ぶこ

の神経系の類似性は、人々のストーリーの評価やストーリーに費やした時間など他の尺度と同じくらいかそれ以上に、ストーリーを記憶するかどうかの指標になる。ビジュアルのストーリーを簡潔かつ明確にできれば、人を引きつけ、記憶に残りやすくなる可能性が高くなる。

アニメーションにする

分解と再構築はアニメーションに適している。アニメーションを巧みに使う、つまり装飾的ではなく控えめかつ機能的に使うと、見る人の理解と関与を深めることができる。

例えば、第二次世界大戦における膨大な死者数の規模を、統計ではなく、人命の悲劇的な損失を伝えるように見せることは、データビジュアライゼーションでも難しい。しかし、ニール・ハロランはインタラクティブドキュメンタリーThe Fallen of World War II（Fallen.io）でそれを実現した。ハロランは動きを巧みに使って（ナレーションとわず

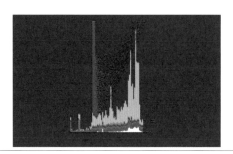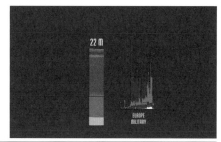

*The Fallen of World War II*は本章で説明するアニメーションとプレゼンのテクニックを使って、第二次世界大戦の悲惨な死者数を見事に視覚化している。死者は１つの単位が1000人を表す単位グラフとして積み上がっていき、それが時間の経過に伴う死者数を示す積み上げ面グラフになる。

かなBGMと共に）データポイントのフィールドを移動し、拡大、縮小しながら戦没者の膨大な規模をわかりやすく見せる。心を動かされるのが、ソ連での死者数を数える場面だ。死亡した人の数（1つの単位は千人を表す）が痛ましい45秒間にわたって追加されていき（ストレスを生むために時間をかけている）、最終的に死者数は870万人に達する。

急速にズームアウトすると、他国と比較した死者の総数が柱状に表示され、その後、時間の経過に伴う全死者が積み上げ面グラフで再び示される。

このデータビズに寄せられた次のコメントは、本章で論じてきたストーリーが、他の形式では理解できないほど無秩序で抽象的な統計を伝える上で効果があることを示唆している。

「100万人、600万人、7000万人。これらの数字は、会話や文章で広まっても理解できない。グラフィックで表現されたことで心に響く。ソ連の死者数が増えて棒グラフが伸びていった時、私はブラウザが固まったのかと思った。棒グラフはもう頂点に達したに違いないと思ったのだ」（注13）

ストーリーを語る

データビズで聴衆に強い印象を与えたい時は、珍しくて並外れて美しい形式にして見せたいと思うかもしれない。だが、そのようなチャートは「見掛け倒し」と言える。瞬間的な話題性はあっても、それが長続きしにくいからだ。

ストーリーテリングは、新たな理解を生み出し、考え方や政策さえ変えるような持続的な印象を生むための最適かつ最強のツールだ。ハロランのアニメーションは人の心をつかむビジュアルのストーリーテリングだ。私がこれまで使ってきた言葉や静的なチャートでは不可能な方法で我々を感動させる。人は1〜2分以上じっと座っていることができないと言われる中で、彼の18分間のデータビズは急速に拡散された。

ハロランのアニメーションは、ほとんど3種類の基本的なチャート（単位グラフ、棒グラフ、積み上げ面グラフ）を繰り返し分解・再構築して構成されている。聴衆を魅了する強力なプレゼンは、巧妙なチャートに頼る必要はない。頼るのは、アイデアをちょっとしたドラマとして作り上げるあなたの能力だ。

どんなストーリーも様々な方法で伝えうるが、最初に行うといいのが、アイデアを「設定」「対立」「解決」という3つの基本的なパートに分割することだ。

✓ **設定**：いくつかの現実を示す。
✓ **対立**：現実を複雑にする、あるいは現実を変える新しい情報を示す。
✓ **解決**：新しい現実を示す。

ストーリーを語る時は一般的に、設定と解決に注意の半分ほどが向けられ、残りの半分は対立に注がれる。対立のパートに筋の展開があり、それ

がストーリーを作る。変化がなければストーリーは生まれない。

この方式は、人がどのようにストーリーを経験するかに深く根付いており、人気を博したストーリーも大半はそれに倣っている。どんなストーリーもストーリーの原型も、この方式におおまかに当てはまる。

ストーリーのマッピング

	白鯨	ハリー・ポッター	ワイリー・コヨーテと ロード・ランナー
✓設定	主人公が捕鯨の航海に出る	魔法使いの少年が、悪の魔法使いからの攻撃に打ち勝つ	ワイリー・コヨーテがスピードの速いロード・ランナーを捕まえようと罠を仕掛ける
✓対立	1頭のクジラに対する船長の復讐心が狂気と化す	悪の魔法使いを倒すには、魔法使いの少年は自らの命を犠牲にしなければならない	罠は見事に失敗する
✓解決	船は沈没し、主人公だけが生き残る	魔法使いの少年は自らの命を犠牲にし、悪の魔法使いは破れる	ロード・ランナーは逃げ、ワイリー・コヨーテがけがをする

これは非常に単純化されているが、意図的にそうしている。当然ながら、素晴らしい小説やシリーズで8作もある映画は、構成をわずかなセンテンスで説明することはできない。だがこれはストーリーを分解する練習に役立つ方法で（自分のお気に入りのストーリーでやってみよう）、データビズのプレゼンがより人を引き込むものになる。

設定、対立、解決は、始まり、中間、結末というように出来事の起きた順序通りでなくてもいい。設定がそれ自体で意味を成し、対立が設定に影響を与え、解決が対立に続くようにストーリーを進めればいい。主に焦点を当てるのは対立だ。対立は不確実性や障害をもたらしたり、単純に現状を変えたりする。ネガティブなものである必要はない。部の運命を変えるスターを採用することかもしれないし、生産性向上に役立つ新しいエクササイズ法かもしれない。

ビジュアライゼーションの中にこうした大まかなストーリーの構成を見つけるためには、話し、スケッチをするプロセスで浮かんだあなたのアイデアについての言葉を分解し、磨くことだ（ビジュアライゼーションの成功のために、この言葉を導き出すことがいかに重要かはご承知の通り）。ストーリーを見つけるのが最も簡単なのは、本質的に順序立っている時系列データだ。194ページのピーナツバターのチャートで示されているアイデアについて考えてみよう。「干ばつによる不作が続いたことで、安定していたピーナツバターの価格は歴史的な高値を記録した」というものだ。その構成はこのようになる。

✓**設定**：価格は何年も安定している。

✓**対立**：干ばつが継続的な不作を引き起こす。

✓**解決**：価格は急騰し、その後高止まりする。

このように分解すると、アメフトとラグビーの比較で行ったように、1つの良いチャートを、一連の複数のシンプルなチャートにし、短いドラマを作ることができるのがわかる。各パートはそれ自体チャートになるか、メインのチャートに新し

ピーナツバターの価格上昇を招いた要因は？

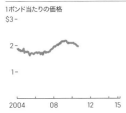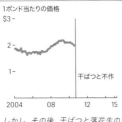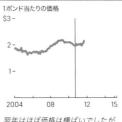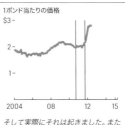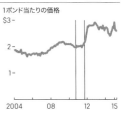

出所：消費者物価指数

[5つ数える] 10年近くの間、ピーナツバターの価格はなだらかに推移していました。景気後退期の小幅な上昇は、大半の食品価格の上昇に対応したものでした。

しかし、その後、干ばつと落花生の不作が起きます。どうなったでしょうか？ 価格はどう変化したでしょうか？ [間を置いて憶測を誘う]

翌年はほぼ価格は横ばいでしたが、次の収穫が近づくと生産者が次の干ばつを恐れて価格が上昇し始めました。

そして実際にそれは起きました。またしても不作でした。価格は50％近く急騰しました。それ以来…[間を置く]

価格は高止まりしています。1度の不作は耐えることができましたが、2度目で価格は1ポンド当たり3ドル近くまで上昇し、5年近く高止まりしています。

い情報を追加する。

　上はピーナツバターのストーリーにプレゼンの原稿を添えたもので、聴衆をエンゲージさせるためにストーリーを使っている。

　複数の経済要因がビジネスに与える影響を説明するなど、アイデアが複雑な場合や、特に説得力を要する重要なアイデアのために、ドラマを用意しよう。

すべてを盛り込む

　チャートにストーリーの理論を適用するのは有効だが、複数のチャートを使ってプレゼン全体やその一部をストーリー仕立てにすると説得力がはるかに増す。

　例えば、起業したてのあなたがシングルサーブコーヒーマシン用の新しいタイプのコーヒーポッドを投資家に売り込もうとしているとしよう。コーヒーポッドの市場は飽和状態だが、あなたのポッドは他とは違う。リサイクルできるのだ。

　「市場の問題を解決するリサイクル可能なポッドです」と言うこともできる。しかし、それで投資家は問題を理解するだろうか。関心を持つだろうか。彼らに問題を「感じて」もらい、解決策を見せる時には、そのニーズに対して疑念が生じないようにしたい。プレゼンの冒頭を短いストーリーにしよう。

　まず、ストーリーの3つの主要なパートを言葉とスケッチで表す。

✓ **設定**：シングルサーブのコーヒーマシンは消費者向けコーヒー市場でシェアを伸ばしている。

✓ **対立**：それらのマシンで使うポッドはリサイク

INVESTOR
PRESENTATION
—
RECYCLABLE
POD

COUPLE
OF
CONCEPT → X ┼ X BASIC
CHARTS   CHARTS

USE MAPS/SPACE
"FILL UP"

STATEMENT:
THE WASTE GENERATED BY PODS IS MASSIVE
EVEN A SMALL GROWTH IN RECYCLED PODS
WILL MAKE A BIG DIFFERENCE.

MAKE THEIR JAWS DROP!
VISCERAL CONNECTION TO
THE VOLUME OF WASTE

SET UP: SINGLE SERVE IS HUGE!
CONFLICT: WASTE PRODUCED. HUGE!
RESOLUTION: WE HAVE A RECYCLING OPPORTUNITY. HUGE!

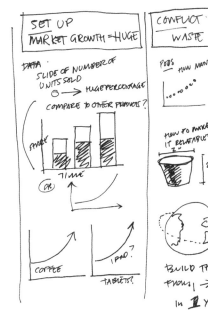

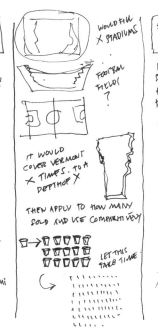

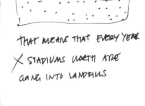
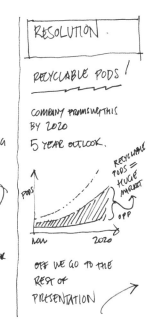

ルができず、驚くべき量の廃棄物を生み、
それは増え続けている。

√ **解決：** リサイクル可能なポッドがこの問題の解
決に役立つ。

　スケッチでは、ドラマが最も効果を発揮する対
立のパートに時間と空間の大半が費やされている
のは、うまくできている証拠だ。もう１つ素晴ら
しい点は、すでにアイデアのプレゼンについて考
えていて、チャートの説得力を高めるためのスト
レス、時間、答えの明かし方について書き留めて
いることだ。

　次はチャートを作る番だ。各チャートは「話
す・聞く」、「スケッチ」、「プロトタイプ」のプロ
セスを経るが、まとめてできるものもあるだろう。
ただし、聴衆がビジュアルよりもストーリーに集
中できるよう、それぞれのチャートはよく練られ、
アイデアを効果的に伝えるものでなくてはならな
い。ここでは省略して、最終的なチャートとプレ
ゼンターの原稿に飛ぶ。チャートを読み上げない
こと、沈黙を活用すること、ストレスを生んでか
ら答えを明かすこと、ストーリーを語ることまで、
本章で論じたすべてが含まれている。

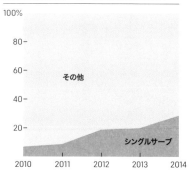

最後に飲んだコーヒーはどう淹れたもの？

√ **設定：**
[最初のチャートを見せ、５つ数え
る]「シングルサーブコーヒーが
広がっているのは自明のことです
が、成長の勢いは目覚ましいもの
です。シェアは過去４年間で４倍に
なっています。2007年にはシング
ルサーブの市場シェアは事実上ゼ
ロでしたが、昨年はほぼ３人に１人
が、最後に飲んだコーヒーはシン
グルサーブのマシンで淹れたと答
えています」

iPhoneのマーケットシェア

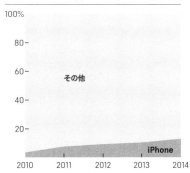

100%
80 -
60 - その他
40 -
20 -
2010 2011 2012 2013 2014
iPhone

販売されたコーヒーポッド（単位：十億）

10
8 -
6 -
4 - コーヒーポッド
2 -
2010 2011 2012 2013 2014

一般的なコーヒーポッド

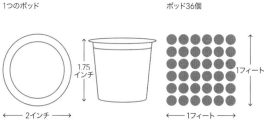

1つのポッド
ポッド36個

1.75
インチ

1フィート

←── 2インチ ──→
←── 1フィート ──→

「比較のために、これは同じ期間のモバイル市場におけるアイフォンのシェアの伸びです」[次のチャートを最初のチャートの隣に表示する]

[3つ数えて間を置く]「シングルサーブのコーヒー1杯ごとにポッドが1つ必要です。ポッドの販売数を把握するのは困難ですが、業界最大手だけで年間100億個近くのポッドを販売しており、5年前の6倍です」[3秒数えて間を置く]「いま私が沈黙した間にも約千個のポッドが販売されました」

✓ 対立：

「ほとんどのポッドはリサイクルできないため、重大な廃棄物の問題が生じています。業界最大手は過去2年に180億個のポッドを販売しています。それが実際にどれだけの廃棄物になるのかを理解するのは難しいので、分解して考えてみましょう。1平方フィートにポッドを並べると36個分になります」

1エーカーを埋め尽くすコーヒーポッドの数は？

↑
**156万8160個の
ポッド**が1エーカ
ーを埋め尽くす
（ドット1つはコー
ヒーポッド100
個を示す）

セントラルパーク
ウルマン・リンク
↑
1エーカーはニューヨークのセントラルパークにある
アイススケートリンクとほぼ同じ大きさ

セントラルパークを埋め尽くすコーヒーポッド

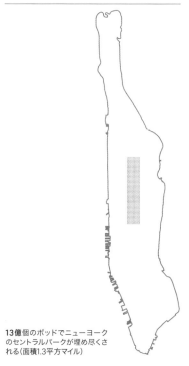

13億個のポッドでニューヨーク
のセントラルパークが埋め尽くさ
れる（面積1.3平方マイル）

［3つ数えて間を置く］「1エーカー
ではどうでしょう。セントラルパー
クのスケートリンクほどの広さで
す。この面積にポッドを敷き詰めて
も、過去2年間に業界最大手が販売
したポッドの1％の1000分の8ほ
どにしかなりません」

「180億個のポッドがどれだけのス
ペースを占めるのかは、もっと規模
を大きくしないとわかりません。セ
ントラルパーク全体をポッドで埋
め尽くせば過去2年間の販売数に
達するでしょうか。少なくとも販売
数の半分ほどになる？」［間を置く］
「いいえ。わずか7％ほどです」

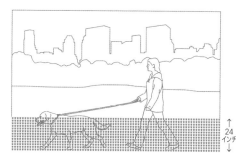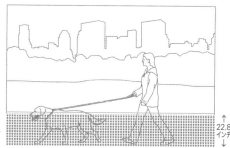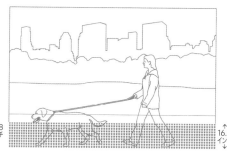

「残りの分のポッドを計算するには、ポッドを積み重ねなければなりません。もしセントラルパークでそれをすると、過去2年間に業界最大手が販売したポッドは、公園全体を2フィート以上の高さで埋め尽くします。リサイクルできない使用済みのコーヒーポッドが腿の高さになるのです。しかし、公平を期すためには、リサイクルができるポッドは差し引くべきです。それをすると、セントラルパークに積まれた高さはどれだけ低くなるでしょう」
[間を置き、同じイメージでリサイクル可能な分を除き、高さのラベルを24インチから22.8インチに変える]「約1.2インチ低くなります。これはポッド1個分の高さにもなりません」

✓ 解決：
「リサイクルできるポッドが極めて少ない

のはデザインが技術的に難しいからです。我々はその問題を解決するデザインを生み出しました。もしこのデザインが2年後に市場の15％を獲得できれば、セントラルパークに積まれた廃棄物の高さをほぼ0.5フィート減らすことができます」[再びイメージのポッドを減らし、高さのラベルを16.8インチにする]「これは大きなスタートです」

このストーリーは成功を保証するものではないが、スプレッドシートで作る一般的なチャートを映し出すより、箇条書きを棒読みするより、はるかに人を引き込み、印象的だ。データについてはほとんど語らず、聴衆がアイデアを理解できることに常に焦点を当てている。そのアイデアは、180億個のコーヒーポッドが捨てられたという単純な話ではなく、「シングルサーブコーヒー

の人気が、現在のリサイクルの取り組みでは対処できない大きな廃棄物の問題を生み出している。でも我々はそれを変えることができる」というものだ。

180億という数字はあまりに大きく抽象的なので、数を述べるだけでは意味するところが伝わらない。イメージ、関連性のあるレファレンスポイント、そして連続するストーリーが合わさって、抽象的な数字が具体的になる。

見る人の脳に刺激を与えると、アイデアをより深く理解し、引き込まれ、それまでできなかった方法でアイデアを記憶する。たとえチャートの出来栄えが完璧だったとしても、真に聴衆をエンゲージさせるにはストーリーが必要なのだ。

まとめ 説得するための見せ方

チャートそのものをうまく操作するだけでなく、プレゼンのスキルを高めることでビジュアライゼーションをもっと効果的にできる。ここでの課題は、聴衆が最初にビジュアルを見る時に手助けをすること（どのように提示するか）、それを処理する手助けをすること（どうやって人々をエンゲージさせるか）だ。

提示する際のヒント

- **チャートを見せ、話すのをやめる**：良いチャートはそれ自体が語る。読み手の能動的な視覚系が働くのを邪魔しないようにしよう。
- **チャートを読み上げない**：チャートの構造ではなく、チャートの中のアイデアについて話す。
- **珍しい形式のビジュアルの場合は、聴衆をガイドする**：チャートを読み上げてはいけないが、その仕組みを簡単に説明する。
- **レファレンスチャートを使う**：「目標」または「平均」のケースを示すビジュアルを一緒に見せると、コンテクストが加わってチャートが理解しやすくなる。
- **大事なことを話す時はチャートを隠す**：ビジュアルが表示されている限り、見る人は耳よりも目を働かせる。話を聞いてほしい時は、見る人の注目を集めるため、少しの間スクリーンを消す。
- **シンプルなものを見せ、詳細版を別に作る**：プレゼンでは可能な限りシンプルな形式を使うが、聴衆が個人的に使うことのできる、より多くの情報を盛り込んだバージョンも作成する。

引き込む際のヒント

- **ストレスを生む**：すべてを示したビジュアルを見せる前に一部だけを見せ、最終的に何が示されるのかを聴衆に推測してもらう。
- **時間を使う**：大きな値を聴衆に理解してもらうためには、少しずつ明らかにする。
- **ズームインまたはズームアウトする**：見る人にスケール感を把握してもらうため、関連のある値から見せ始め、段階的にスケールを増減させて、理解してもらいたい値を示す。
- **おとり**：見る人が期待するビジュアルで引きつけ、その後、期待に反した実際のバージョンを見せる。
- **分解と再構築**：ビジュアライゼーションを複数のシンプルなチャートに分解し、構築し直す。
- **ストーリーを語る**：設定、対立、解決というストーリーの構成を使って、チャートに短いストーリーを語らせる。

COLUMN

インディア・スウェアリンジェン

「アハ体験」を求めて

「これをするために私は雇われたのではない」

サンフランシスコの非営利組織ユナイテッド・ウェイ・ベイ・エリアに勤務するスウェアリンジェンは、新たに築き始めたデータビズの専門性に対して反抗的にさえ思える。「私はプログラムの効果を評価するために雇われたのではない」と言う。「私は統計学のバックグラウンドを持ち、データ分析のやり方も知っている」

スウェアリンジェンは、自分がビジュアライゼーションに長けていることで、優れたデータサイエンティストであることを人々が忘れてしまうのではないかと懸念しているようだ。「大学で何年間も、厳しく高いレベルの統計学を学んだ。それがこの組織にとって最も意味あることだと思っていた」

しかし、彼女が一部を視覚化した統計分析を発表した時、人々は困惑し、ぽかんとした顔をした。そこでビジュアライゼーションをもっと効果的にしようとしたが、予想以上に時間がかかった。「人々はただ何が起きているのかを知りたいのだとわかった。彼らは基本的なストーリーを渇望していた」

独学でソフトの使い方を学び、自分のビジュアルを磨き続けた。そして、ビジュアライゼーションがシンプルになるほど、聴衆の反応がよくなることに気がついた。「人々は全体像を理解しようと必死で、私はそれを提供した」と振り返る。「私は人々が決断を下す手伝いをしている。『アハ体験』を作り出しているのだ」。いつの間にか彼女は夢中になっていた。

スウェアリンジェンのビジュアライゼーションのプロセスは、本書の第4章で紹介した、話し、スケッチし、プロトタイプを作るというフレームワークと共通している。まず聴衆を理解することから始め、次に「ストーリーは何か」と自問する。「そこから形が生まれる。ストーリーを構築する時は、理解してもらいたい重要な知見について考えている。書いては消し、ストーリーの上にス

トーリーを重ねる。そうやってストーリーラインができる」

そしてスケッチをする。「たくさん」だ。ホワイトボードに、壁に、紙に。思いつくどんな形式も「アハ体験」を作り出すのに役に立つ。彼女はこの過程を「視覚化」と呼ぶ。この段階でアイデア、つまりストーリーが視覚的な形になり始めるからだ。実際のチャートを作成することは、ビジュアライゼーションというより、スケッチの過程ですでに視覚化したものを構築することと言える。

スケッチを描くと、同僚に反応を求める。「データのチームもなく、ビジュアライゼーションの研修も、深く批評する機会もない。だから人々の力を借りてやっている」。マーケティング、リーダーシップ、プログラム開発など、様々なチームから「有能な思想家」を招き、チャートに対する直感的な反応を得ているのだ。

「彼らの質問に耳を傾け、どう考えるのかを理解する。私のしていることや彼らがど

んな助けになっているかが完全に理解されているとは思わないが、うまくいっている。こうしたことが有用なのは、チャートを作成する時に見たり考えたりしていることは、他の人が見て理解するものと同じとは限らないからだ。人々の反応をテストする必要がある」

このプロセスを数回繰り返し、質問が少なくなってきたら、ビジュアライゼーションの構築を始める時だ。

スウェアリンジェンは「アハ体験」について「今まで何度も経験したが、一番よかったのは、最近起きた出来事だ」と話す。ユナイテッド・ウェイは寄付者やボランティアのエンゲージメントに依存しているため、それを統計的によりよく把握する必要があると考えた。

「自分たちの役割に対する我々自身の認識と比較し、人々はこの組織の役割をどう捉えているのか。我々の強みと弱みは何か。寄付が減っているとしたら、実際に何が起き

ているのかをどうやって把握するのか」

エンゲージメントについてのディープデータを得るため、彼女は大規模な調査を実施することを提案した。これは小さな投資ではなく、「基本的に全員」からの承認が必要で、良い結果を出さなければならない。彼女の評判、認識される価値が、ある意味それにかかっていた。

全社会議でのプレゼンで、スウェアリンジェンの価値について疑う余地は何もなかった。「本当に素晴らしく、本当に最高の瞬間だった」と彼女は振り返る。「私がここに来て初めて、真にインタラクティブなセッションだった。人々がビジュアルにエンゲージしているのがわかった。彼らは良い質問をし、見たものに基づいて結論を導き出し、議論した。直感の正しさが確認され、または否定された。聴衆からの質問が飛び交い続けた」

エンゲージメント戦略とプログラムが調整され、スウェアリンジェンも恩恵を受けた。データ分析への投資に対する当初の懐疑的な見方が薄れていったのだ。「今では、データを収集し、提出し、追跡することの価値を人々は理解している」と彼女は言う。「良いプレゼンだったが、もっとデータがあれば素晴らしいものになっていただろう」。

" これをするために
私は雇われたのではない "

さすがデータサイエンティストだ。

　その後も目標に向かって進んでいる。「今は多くの人がデータビズに及び腰なので、私は際立った存在だ。しかし、それは変わりつつある。ツールのおかげでデータビズが簡単になり、より多くの人が挑戦している。私はデータビズが得意だが、次のレベルに到達するために努力している」

　その「次のレベル」に含まれるのが、より探究型のビジュアライゼーションとインタラクティブ性だ。インタラクティブなビジュアルを一般ユーザーに提供するのにツールが役立っていることも、そうしたテクノロジーがフォーマルなプレゼンにまで浸透していることも知っている。彼女はこの進化を、エキサイティングで、おそらく転換点になると捉えている。

「画面上に良いビジュアライゼーションを提示し、『若者と女性の結果だけ表示するようにフィルタリングされたデータを見てみよう』と誰かが言い、そのデータを即座に良いビジュアルとして表示できるようになれば、プレゼンのあり方が変わるだろう。聴衆はより主体性を持つようになり、アプローチは共有されるものになる」

　ビジュアライゼーションのために雇われたわけではないが、スウェアリンジェンは

キャリアの転機に満足している。「私はここでデータビズの人間に進化したようなもので、確実にキャリアの役に立っている。それがなければ、私は裏方としてデータに関する質問に答えていただろう。この経験によって、組織内外で私のイメージは格段に向上した」

第 9 章

ビジュアルの
批評

良いチャートを見る
（そして作る）実践法

5つの視点でチェックする

優れた作家は優れた読者でもある。アイデアを求めて他者の作品を見たり、インスピレーションを得たものを取り入れたりする(「盗む」とも言う)。クリエイターは通常、そのようにして作品を作り、ビジュアライゼーションも例外ではない。チャート作成を上達させるベストな方法の1つは、たくさんのチャートを見て、考察することだ。

喜ばしいことに、使えるチャートは山ほどある。ネット上では長時間データビズに遭遇しないでいる方が難しい。ハッシュタグ「#dataviz」をフォローしたり、ビジュアライゼーションを多用するサイト(『ニューヨーク・タイムズ』サイト内のThe Upshotや、日々多くのチャートをツイッターに投稿している『エコノミスト』など)でも格好の材料がたくさん見つかる。

ただし、単に気に入ったものや見た目がいいものを選ぶのではない。シンプルなもの、退屈なもの、複雑で芸術的なもの、そのテーマについてあなたが何も知らないものを見つけよう。目的を持って1つひとつを見る。そのチャートを理解できるか。どんなところがいいと思うか。気に入らないところはどこか。使われているテクニックを分析し、あなたならどんな方法にするか考える。そして、自分のやり方で作り直してみよう。

勉強のように構える必要はなく、気軽に簡単にできる。人のチャートから学び、また自分のチャートを新鮮な目で見るための方法を教えよう。

①最初に見たものを書き出す

人は目立つものを最初に見るので、あなたの目が最初に焦点を当てた要素を書き出そう。「グラフの急な山」や「青の棒」だろうか。「長く滑らかな線」や「あちこちで交差している棒」など、もっと印象的なものかもしれない。しかし、「過去数四半期の金利上昇」ではないだろう。こうした内容に注目するには、最初に目に飛び込んできたものだけでなく、チャートの趣旨を分析しなければならない。ここでは、最初に、瞬間的に視覚が捉えたものを把握する。

②最初に頭に浮かんだアイデアを書き、掘り下げる

チャートを数秒間見た。チャートは何を伝えようとしているだろう。この段階で「金利が上昇していて、しかも急激なことを示している」と考えるかもしれない。頭に浮かんだそのアイデアに対して、「チャートの意図と一致しているか」「チャートが誤解を生んでいるか、あるいは何かが欠けているか」といった批判的な問いをしよう。最初の印象を踏まえ、より深いストーリーを読み取ることができるか、じっくり見ると新たな疑問が出てくるかなど、掘り下げる。

③好きなところ、嫌いなところ、あればよかったものを書く

間違っているとか正しいと思うことに焦点を当てるのではない。その二元的な考えが誤りであることは、本書で繰り返し論じてきた。「ラベルが好きではない」「背景情報をグレーにしたところがいい」「昨年との比較が見たかった」など、あなたが得た印象に注目すること。こうした直感的な印象は、チャートが優れている理由や改善点を知らせるサインの場合もある。

このプロセスを長く続けると、特定のものにいつも自分が反応していることに気づくはずだ。そこから、よくある誤りや自分の美的感覚がわかるだろう。「嫌いなところ」のリストの中では、「トレンドを誇張するので、Ｙ軸の省略が気に入らない」「1990年以前のデータを削除するのは、重要な歴史的データを隠すのでよくない」など、データやアイデアについて誤解を招きやすい、あるいは不正確な可能性がある見せ方の例に注意しよう。

④変更したい点を３つ見つけ、その理由を簡潔に示す

「理由を示す」ことが重要だ。理由は、最終的にチャートの効果を高めるものでなければならない。「青が嫌いだから」では説得力がない。「青はすぐ隣に黄色があると見にくいから」の方がいい。変更したい点を３つに限定することで、強制的に重要な点を優先できる。10個挙げても、グリッドラインのピクセルの重みや、サブタイトルは３行か２行かなど、あら探しにすぎなくなる。ここでの

目的は、重要なアイデアを明確に表すのに役立つものに焦点を当てることだ。

⑤自分なりのチャートをスケッチし、プロトタイプを作成し、自己批評する

ビジュアルを作り直すことは最も効果的な学習方法だ。ビフォー・アフターの比較は、あなたがチャートを改善させると考えたことが実際にそうなのか、確認することができる。データセットがあればいいが、なければ主要な値の推定値でシンプルな表を作ろう（概念的なビジュアライゼーションなら不要だ）。

自分でデータビズをスケッチしてプロトタイプを作成する時のように、ここでは正確さよりもスピードを重視する。自己批評では、効果の有無について学んだことを自分のチャートに当てはめる。批評は肯定的なものも否定的なものも含めるようにしよう。

批評1

ここからは批評のプロセスの実践例を見ていこう。これはネット上で公開されていたチャートだ。

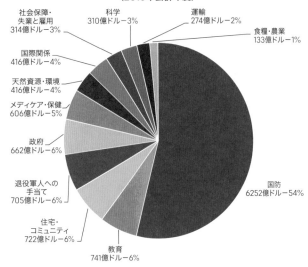

**大統領が提出した
1兆1500億ドルの裁量的支出の予算案**
（2016年会計年度）

社会保障・
失業と雇用
314億ドル−3%

科学
310億ドル−3%

運輸
274億ドル−2%

食糧・農業
133億ドル−1%

国際関係
416億ドル−4%

天然資源・環境
416億ドル−4%

メディケア・保健
606億ドル−5%

政府
662億ドル−6%

退役軍人への
手当て
705億ドル−6%

住宅・
コミュニティ
722億ドル−6%

教育
741億ドル−6%

国防
6252億ドル−54%

①最初に見たものを書き出す
- ✓ 大きな青の扇形
- ✓ 多数の小さなスライス
- ✓ 多数の線とラベル

②最初に頭に浮かんだアイデアを書き、掘り下げる
- ✓ 国防が一番大きい。ほぼ瞬間的に思った。国防はその他すべての「合計」より大きいことは、もう少し見て、考えてわかった。「その他すべて」は1つのものとしてビジュアル化されていないので、すぐには思いつかなかった。そのアイデアを即座に浮かび上がらせる方法をもう考えている。
- ✓ 20秒ほど見ていて気がついたのが、これは裁量的支出の「案」にすぎない。実際の政府の支出だと思っていたがそうではない。支出案であり、さらに予算全体ではなく裁量的な部分だけだ。円の形が全体のように思わせるが、実際はもっと大きなものの一部にすぎない。

③好きなところ、嫌いなところ、あればよかったものを書く

好きなところ：
- ✓ 金額を表示している
- ✓ 国防が多くの部分を占め、引き立っている（そこが要点だと思うから？）
- ✓ 色が多い

嫌いなところ：
- ✓ ラベルがうるさすぎる。パーセンテージが必要？ 言葉をシンプルに？
- ✓ すべての線
- ✓ 色。小さなスライスは値が時計回りに降順だが、

支出の種類が原因でランダムに見える

あればよかったもの：
✓ 非裁量的支出
✓ カテゴリー
✓ 要点がもっと明確な見出し？

チャートの複雑さや出来栄えによって、リストは長くなったり短くなったりする。「好きなところ」の欄が長く、「嫌いなところ」の欄が短い場合、あなたが見ているのはおそらく良いチャートなので、このステップで批評は終わりにして、後の参考のために「良いチャート」フォルダにチャートを保存しておくといい（好きなところのメモも一緒に）。あなたがこき下ろしているチャートは、作り直すべきものだ。

④変更したい点を3つ見つけ、その理由を簡潔に示す
✓ 支出をカテゴリー別にグループ化すれば、見る人はすぐに「種類」ごとの支出の割合をつかむことができる。ほとんどのスライスは小さく、国防に対してほぼ同じに見えるため、カテゴリーごとにまとめた方が違いがわかりやすいかもしれない。国防以外は「その他すべて」にグループ化することもできるが、単純すぎるだろう。
✓ 非裁量的支出（義務的支出）をどうにかして追加すれば全体の政府予算がつかめる。義務的支出

は、支出の議論に大きなコンテクストを加えるデータポイントだ。
✓ 円グラフ以外の形式を試す。スライスの数が多い円グラフは好きではない。それに、義務的支出を追加するのであれば、その範囲が多くを占め、他のスライスがさらに小さくなる可能性がある。ツリーマップと比例棒グラフがいいかもしれない。

注目してほしいのは、自分の仮説が正しいかどうかが不確かでも、なぜ変更すべきかを説明しようとしていることだ。ここでの目的は、自分がもっといいチャートを作れると主張することではなく、ただ改善しようとしている。このプロセスを通して自分が間違っていたことがわかるかもしれないが、それでいいのだ。それもためになる。「あればよかったもの」リストにあるものを実際に加えることもあるが、常にそうとは限らない。あればよかったと思ったものも、それほど重要ではないとのちに判断することもある。

⑤自分なりのチャートをスケッチし、プロトタイプを作成し、自己批評する
ツリーマップを作ることにした。ツリーマップを素早く作成できるウェブサイトRawで、シンプルな予算データのスプレッドシートをインポートすると、わずか数分でプロトタイプが完成した（注1）。あまりに短時間でできたので、義務的支出の

有無で2つのバージョンを作成した。

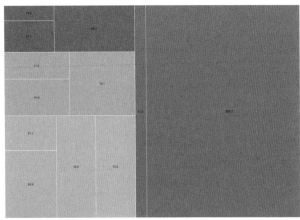

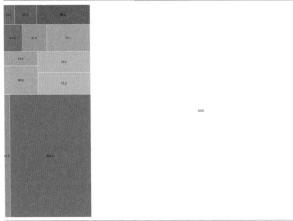

予算のデータのプロトタイプ。上は裁量的支出のみを示し、下は義務的支出を薄いピンクで加えた。

自己批評：どちらも円グラフより効果的だと思う。プレゼンではどちらを使うか、それはコンテクストによる。手のつけられない予算の部分が表示されたことで、政治家が議論する支出を大局的に見ることができ、それでもなお国防費の範囲が他よりはるかに大きいことも目に留まる（義務的支出を薄いピンク色にすることで、何に焦点を当てるべきか、何が補助的な情報かを示している）。

しかし、義務的支出は手をつけられないので、ある意味、支出の議論において重要ではない。義務的支出の部分は議論の邪魔になるだろう。

いずれにしても、カテゴリー分けがチャートの改善に最も有効だと思う。小さくて似たようなスライスが虹のように並んでいたものが、4つの支出のカテゴリーに明確に分類できた。具体的な内訳をじっくり考察したい人のために、元の内訳を

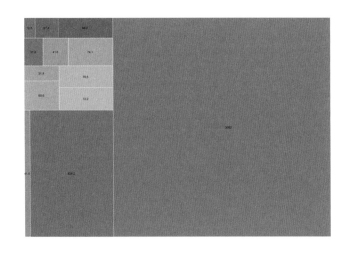

ばらばらにしたものを、色は変えずに保存したが、個々の内訳をユニークな色にはせず、強調させないようにした。

カテゴリー分けをすることでビジュアルが明快になるという自分の理論を検証するため、元の円グラフのようにそれぞれの内訳を色分けした別のプロトタイプを作った。

これは円グラフと同じようにごちゃごちゃしている。国防費は目立つが、色の数が多すぎて色分けがレファレンスポイントとして使いづらく、意味があるように感じられない。

もう1点、色に関係なくツリーマップはラベル付けが課題で、まだ完全に解決できていない。凡例を使うべきか、それぞれのピースにラベルを付けるか？　でもそれも、ツリーマップにするならの話だ。練習の時には最終形のビジュアライゼーションを作る必要はない。より良いものになった、あるいはならなかったかが確認できるまで、自分の案を試せばいい。

批評2

このチャートには解説がついていない。オリジナルがこれだ。

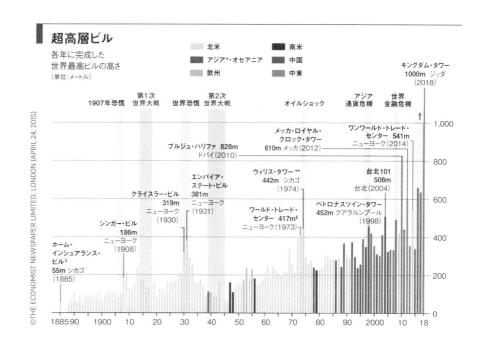

①最初に見たものを書き出す

✓ クライスラー・ビルとエンパイア・ステート・ビル

✓ 多数のストライプ、特にサーモンカラー

✓ 青、その後に多数の色

②最初に頭に浮かんだアイデアを書き、掘り下げる

✓ 高層ビルはかつてすべて北米にあったが、今は違う。色ですぐに理解できた。でも、今どこの建物が高いのか考えるのは、様々な色があるので難しい。しっかり読み込まないと私には「北米とその他」に見える。

✓ 最も高い建物は今、驚くほど急激に高層化している。しかし、大量のラベルや線、時代を表すストライプにかき消されていて見つけにくい。

✓ 世界の重要な出来事を表すストライプは、その時代の高層ビルの高さについて何かを伝えるためにあるのかもしれないが、見れば見るほど無作為に思える。

③好きなところ、嫌いなところ、あればよかったものを書く

好きなところ：

✓ 細い線。高層ビル群のように見えて、高さを感じる

✓ 重要なビルにラベルが付いている

✓ 地域を示すのに色を使っている

✓ 高層ビルの高さをすぐ参照できる右のY軸

嫌いなところ：

✓ 時代の区分が太く強調されすぎている

✓ ポインター。Y軸のグリッドが太い。ラベルが過剰（年）

✓ 色の選択が近年の地域をわかりにくくしている

✓ 脚注と記号が混乱させる

あればよかったもの：

✓ 全体的に要素をもっと少なく

✓ 目を引くタイトル？

✓ 高さや巨大さを示すレファレンスポイント

④変更したい点を３つ見つけ、その理由を簡潔に示す

✓ 時代の区分をなくす。それがどんな意味を与えるのか不確かで、私にとっては明らかに高層ビルの発展を見にくくしている。

✓ ラベルの付け方。棒が見にくくならないようもっとシンプルにする。ポインターをL字にしない。ラベルはビジュアルフィールドの中で邪魔にならないようにする。グリッド線を薄くする。

✓ 色。一目でわかるような色にする。中国とアジアは一緒にする？

⑤自分なりのチャートをスケッチし、プロトタイプを作成し、自己批評する

*自己批評：*プロトタイプのシンプルな印象が気に入っている。時代の区分はなくても問題ない。ブ

レイクスルーとなったのは、ラベルを、下に整然と並べた画期的な出来事と、ビジュアルフィールドの中の歴史的建造物に分けたことだ。1つのスペース内でごちゃついていたのが解消された。また、フィールド内のラベルはビジュアルの高さを反映して次第に高くなっている。「ベルトとサスペンダー」のデザインになっていたものを排除したことも効果的だ。

一部のビルが完成形ではなく「計画値の高さ」であるという問題にまだ対処できていない。色という難問もまったく解決していない。プロのデザイナーに、多くの色を必要とする多数の線を明確に区別して表す方法を尋ねたい。最後に、1000メートルの高さに達するのがいかにすごいことかを感じ取れるレファレンスポイントがあるといいと思う。雑然とせずに入れられるだろうか。まだ批評したいことはあるが、このあたりで止めておこう。

空を目指す競争：高層ビルのブーム
各年に完成した世界最高ビルの高さ 1888〜2020年（計画）

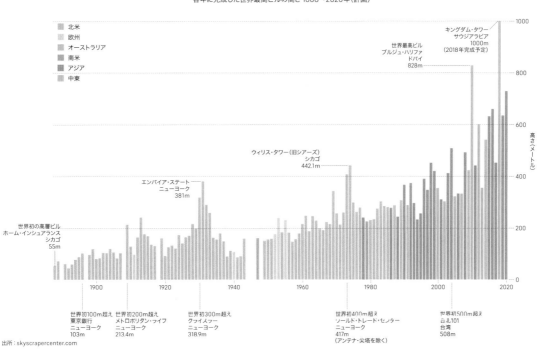

出所：skyscrapercenter.com

批評3

オリジナルのチャートは、ウェブサイト上の動画のパフォーマンスを示すダッシュボードのための案だ。

①最初に見たものを書き出す

✓ グラデーションのバー、「冷たい」から「熱い」へ

✓ 「棒付きキャンディ」のような数字

✓ 目盛り／ラベル

②最初に頭に浮かんだアイデアを書き、掘り下げる

✓ 右側が良くて左側が悪い。求めるのは「ホットな」パフォーマンス。これは非常に明確なメタファーで、色はそれに合っている。

✓ パーセンタイルランクなので、この動画と他の動画との関係を示している。実際のスコアや温度の値ではない。メタファーが矛盾？

✓ この動画はパフォーマンスがいい。棒付きキャンディはどれも明らかに右の赤の側にあるので、示されているすべての評価で平均以上ということだ。それぞれが何の比較なのか、どの比較で突出していて、どれが平均を上回る程度なのかを知るには少し読み込まなければいけないが、概して良いスコアあるいは点数であることはわかる。

✓ 総合的なスコアは？ 最初の、他のすべての動画

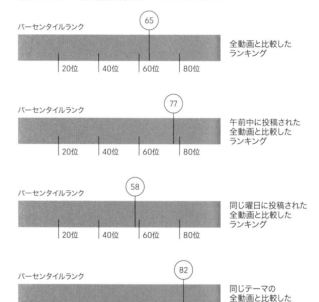

動画Xのパフォーマンス

特定のカテゴリーで他の動画と比較したパーセンタイルランキング

出所：企業調査

に対するスコアが総合スコアを示していて、他のスコアは分析のための細かいデータであることを理解するのに少し時間がかかった。各ランキングの相対的な価値を考えてしまう。すべてのランキングが同じように提示されているが、重要度や価値が同じものとしてすべてに注目すべきなのか。

③好きなところ、嫌いなところ、あればよかったものを書く

好きなところ：

✓ ひと目でアイデアが理解できる

✓ 軸が1つでシンプル

✓ 重要な数字を棒付きキャンディにしたコールアウト

✓「熱い／冷たい」のメタファー

嫌いなところ：

✓ 重要な情報が小さく、すぐにはわからない

✓ パーセンタイルの目盛りが目立ちすぎ？

✓ 重複している要素が重要な値の邪魔をしている

あればよかったもの：

✓ 個々あるいは全体につける全般的な指標。「平均」の線や、パフォーマンスの「低い・高い」の線など

✓ 総合的なスコアを、他とは違う、突出したものとして見せるか

④変更したい点を3つ見つけ、その理由を簡潔に示す

✓ 各カテゴリーが何の評価なのかをもっと目立たせる。各スコアは容易にわかるが、何を示しているのか知るにはキャプションを見なければならない。

✓ 棒付きキャンディをさらに目立たせ、グラデー

ションの度合いを控えめにする。メタファーは好きだが、必要だろうか。新しい情報を示しておらず、棒付きキャンディの水平位置が示していることと重複している。

✓ 重複しているラベルのボリュームを減らす。「パーセンタイルランク」も一度見れば十分だ。スケールは5つに分割する必要があるか。

⑤自分なりのチャートをスケッチし、プロトタイプを作成し、自己批評する

自己批評：初めはグラデーションの「ヒート」のスケールが気に入ったが、プロトタイプでは排除した。グラデーションはメタファーの装飾としてはよいが、水平位置でパフォーマンスのレベルがすぐに伝わるため冗長的で、パーセンタイルラン

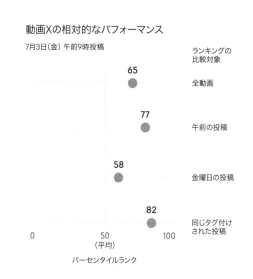

動画Xの相対的なパフォーマンス

クという重要な情報と焦点を奪い合っていた。スケールに示されたデータよりスケール自体が目立っていたので、やむなく削除した。

冗長性（5分割の記号、各バーのラベル）が解消されたことに満足している。余白ができたので、4つのポイントにすぐ目がいく。今後のイテレーションでは、目標とするパーセンタイルランクや、「優秀」なパフォーマンスを示すラインといった定性的な指標など、別のレファレンスポイントが使えるだろう。

総合的なパフォーマンスはここでは区別しておらず、次の段階で考えたい。また、動画を1つずつ比較するために、スモールマルチプルにして多数（おそらく数十）のスケールを同時に見せることも考えている。ドットが混在してしまうだろうか。相対的なランキングが簡単にわかるように縦に並べるか。わからないが、検討すべきだ。しかし、1つの動画のパフォーマンスを確認するダッシュボードの要素としては、元のチャートを改善できたと確信している。

＊　　＊　　＊

読者の中には、ここで私が行ったチャートの変更を一蹴する人もいるかもしれない。そうしてくれることを願っている（お手柔らかにお願いしたい）。ぜひ自分のバージョンを作って改善してほしい。様々なビジュアルの形式を試し、色を変え、私が削除した要素が重要だと思うなら復帰させる方法を見つけてほしい。

こうしたワークショップのセッションは、クリエイティブ系の人々が学校や仕事で行う批評のセッションに似ている。特にデザイナーは、仲間の作品を評価するために集まり、作者も参加する中で作品を改善する手助けをする。編集は、書き手が作品を出版するのに必要な、フォーマルで制度的な批評と言える。

批評が作品を格段に改善させることを知っていて、批評を歓迎するプロにとっても、そのプロセスは過酷で不快なものになり得る（注2）。個人攻撃ではないと自分に言い聞かせても、そう感じることが少なくない。

他のクリエイティブな作品と同様に、インフォメーションビジュアライゼーションも当初から批評を取り入れてきた。ブリントンは1914年の指南書で、チャート作成の粗末なテクニックを否定した。タフテは、悲運に見舞われたスペースシャトル「チャレンジャー」の打ち上げ中止をNASAに促したかもしれない情報を、チャートのデザインの悪さが隠したと大胆にも示唆した。今日でも、ビジュアライゼーションを扱う科学の多くは、視覚化の「正しい」方法と「間違った」方法に焦点が当てられている。

どれも有用で必要なものだが、いま問題になっているのは、ビジュアルの批評がウェブ上、多くがソーシャルメディア上で公開されていることだ。公にされていることは、学びというよりもむしろ辱めのようだ。

訓練としての批評は通常、対面で小グループや1対1で行われるが、今のデータビズはそうではない。

データビズのパイオニアであるマーティン・ワッテンバーグとフェルナンダ・ビエガスは、ビジュアライゼーションの批評に関する有力な論文の中で、インターネットとユビキタスの情報公開がいかにしてビジュアルの批評を粗野で、冷酷なものにしているかを論じている。

> どんなリデザインも、批評する人がデザイナーの個人的な欠点を指摘し、自分の優れたスキルを主張しているかのように、敵対的に見えがちだ。我々はより多くの批評を必要としており、リデザインはビジュアライゼーション批評に不可欠だ。しかし、ウェブ上でこれだけ活発に行われていて、コンテクストもなく行き当たりばったりで公にさらされ、関わった人すべての目にすぐ止まり、世界中で見られるようになった今、そのプロセスは困難なものと言える（注3）。

専門家ではない多くの人々が、データビズのコミュニティは威圧的で、不快だと感じている主な理由がこれだ。公に批判されることへの現実的な恐怖がある。ワッテンバーグとビエガスは、公の批評がなくなることはないと認めており、公の場でチャートを批評する際の賢明で常識的なルールをいくつか提案している。不十分だと思う点だけでなく効果的だと思うことを記す、変更を提案する理由を示す、互いを尊重する、などだ。

彼らのリストに私が追加したいのは、侮蔑的な表現を避けることだ。チャートを「醜い」とか「汚い」と言わず、「色が注意を逸らす」とか「どこに焦点を当てるべきか私にはわからない」と指摘する。私は批評する時、「私には〜と思える」とか「私には効果がなかった」といった表現をしている。人が常に自分と同意見ではなく、私の批評が常に正しいわけでもなく、私の批評も批評を受けるべきであることを認めているからだ。

何よりも、人のチャートを「正す」、つまり相手が「間違えた」ものを「直す」という気持ちで見てはいけない。自分のスキルを向上させるチャンスだと考えるべきだ。作り直したチャートを公開する時には、平等な関係で行い、自分の批評が批評されることを覚悟しなければならない。

ワッテンバーグとビエガスが指摘するように、どれだけ厳しい批評であっても忘れてはいけないのは「どれも個人的な評価ではなく、この分野全体を向上させる手段」であることだ。

まとめ

ビジュアルの批評

優れた作家は優れた読者でもあるように、優れたチャートの作り手は他者のビジュアライゼーションからインスピレーションと教訓を得ることに長けている。チャートの作成が上達するベストな方法の1つが、多くのチャートを見て、考察することだ。批評のセッションは、デザインやライティング、その他の多くのクリエイティブな職業では広く行われている。

最初に、評価するチャートをいくつか選ぶ。気に入ったものや見た目がいいものだけを選んではいけない。すべて異なる種類のものを選ぶ。シンプルなもの、退屈なもの、複雑なもの、芸術的なもの、あなたが何も知らないテーマのものなど。そして、下記の批評と研究のシンプルなプロセスに従おう。

①最初に見たものを書き出す

考えるのではなく、反射的に捉える。何が目立っているか。ピークか、色か、多くの言葉か。

②最初に頭に浮かんだアイデアを書き、掘り下げる

チャートが伝えているアイデアだと思うものを見つける。それはチャートの目的と思われるものと一致しているか。チャートが誤解を招いているか。欠けているものはあるか。

③好きなところ、嫌いなところ、あればよかったものを書く

「正しい」あるいは「間違っている」と思うものに焦点を当てるのではなく、ビジュアルに対するあなたの直感的な反応、あなたが得た印象について考える。グレーの使い方が好きか。ラベルの数が気に入らないか。過去の年から歴史的なコンテクストをもっと見たかったか。

④変更したい点を3つ見つけ、その理由を簡潔に示す

3つに限定することで、最も重要な変更点を優先せざるを得なくなる。「なぜ」を問うことで、好みではなく効果に着目することができる。「青が好きではないから」は変更するのにふさわしい理由はではない。「青は黄色の隣だと見えにくいから」は適切な理由だ。

⑤**自分なりのチャートをスケッチし、プロトタイプを作成し、自己批評する**

　　自分で一からデータビズをスケッチし、プロトタイプを作成する時と同じように、正確さよりスピードを重視する。自己批評には肯定的なものも否定的なものも含める。

前に
進み続けよう

「データビジュアライゼーション」とはある意味、ひどい言葉だ。良いチャートの概念を機械的な手順にし、作成することそのものよりも、作成に必要なツールや方法論を想起させる。『白鯨』を「単語の連続化」、ゴッホの「星月夜」を「色素の分布」と呼ぶようなものだ。

この言葉はまた、データビズの世界で結果よりプロセスにこだわるようになっていることを表している。現在でも、データビズの教育で注力されているのは、「正しい」方法で行うことや、「間違った」方法で行った時にそれを見極めること、正しい形式を選択すること、いつどんな色を使うかなどだ。チャートの批評は、テクニックやどう作られ、どう見えるかに終始している。

どれももうたくさんだ。正しいチャートや間違ったチャートは忘れよう。データは、現象とそれについてのあなたのアイデアの仲介役に過ぎない（注1）。ビジュアライゼーションは単なる手段であり、ただの統計図よりはるかに多くを伝達するアイデアを、その仲介者を使って伝えるものだ。良いチャートを作るということは、ある真実を得て、その真実を人々に感じてもらうことだ。それまで見えなかったものを見て、考え方を変え、行動を起こすよう人々を動かすことだ。それはデータビジュアライゼーションというより、むしろビジュアルのレトリック、グラフィックの対話術と言っていい。

当然ながら、いくつかの基本的な「文法」の共通理解は必要だ。コミュニケーションを取るには、みなが主語と動詞をほぼ同じように使う必要がある。しかし、それらにコミュニケーションを支配させてもうまくいかず、逆効果になる。ルールの細かい部分にこだわり、もっと悪ければそうしたルールを遵守しているかに基づいてチャートを評価していると、ラルフ・ワルド・エマーソンが言うところの「愚かな一貫性を崇拝する小心な政治家」になってしまう。

加えて、ソフトウェアがそうした部分を担うようになりつつある。文法の一部を管理するツールが進化し（注2）、独自の文書テンプレート、スペルチェック、文法チェックの機能によってフォーマットの決定をガイドし、よくある間違いを修正する。色、ラベル、グリッド線、さらには使用するグラフの種類の決定までがビジュアライゼーションのソフトに組み込まれ、デフォルトの状態で少なくともそれなりのものができる。

インタラクティブ性も役に立つ。例えば、ビジュアライゼーションに含めるラベルの数や種類は我々が決めるものだが、判断が難しい場合がある。ラベルが多すぎると雑然として焦点を当てるべきものがわかりづらく、不十分でも見る人は混乱し、やはりどこを見るべきかを判断しづらい。

しかし、ホバーステートがこの問題を解決する。また、トグルボタンで必要に応じて変数を表示・非表示にするなどして、複雑なものもうまく処理できる。シンプルな「次へ」ボタンを使って、ビ

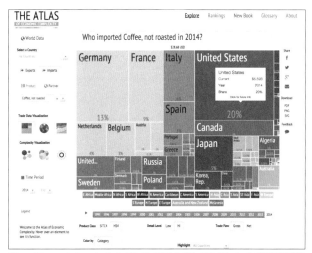

Atlas of Economic Complexityは、プレゼンに適したビジュアライゼーションが将来は本質的にコラボレーティブになることを示唆している。

ジュアライゼーションに対する情報の追加や削除のペースをコントロールすることもできる。

データのビジュアライゼーション（少なくともその機械的なプロセス）の未来をのぞき見したいなら、ハーバード大学とマサチューセッツ工科大学が共同開発し、ハーバード大学の国際開発センターが管理するインタラクティブなサイト、Atlas of Economic Complexityを訪れるといい（注3）。上は、同サイトで作成したツリーマップだ。

配色によって論理的に大陸をグループ化している。これはアプリケーションに組み込まれている。ラベル付けは明快、サイズも適当で、これらも自動的に生成される。ホバーすると詳細な情報が表示され、私は複数のトグルを使って表示するもの

を調整した。これは、オンデマンドの探究型ビジュアライゼーションであり、自動化された宣言型ビジュアライゼーションだ。私がすべきことは、伝えたいアイデアと語りたいストーリーを見つけ、それが実現できるまでイテレーションを行うことである。

要するにビジュアライゼーションツールは、すべてを「利用できる」ようにしながらも、常に「見える」ようにはせずに進化している。それはあらゆるものを顕在化させる。ビジュアライゼーションの本質的な性質を「伝えられる」ものから「共有される」ものへと変える。見せたり渡したりするものから、人と一緒に作り、調整するコラボレーションへと変化させる。

ビジュアライゼーションはインタラクティブ性が高まっている。何を表示し、どこに焦点を当てるかといった決定は、これまでは作り手が前もって労力をかけて行っていたが、近い将来はデータビズが表示された瞬間にユーザーが決めるのが当たり前になるだろう。そしてその決定は変更できるようになる。「もっと見せて」「表示を少なくして」「これを見せて」「あれだけを見せて」といったふうに、ユーザーはストーリーテリングのペースをコントロールでき、オンデマンドで深さや複雑さを選べるようになる。

マネジャーはプレゼンで良いチャートを発表できるようになり、CEOから「若年層を除外したらその曲線はどうなるのか」と質問されたら、フィ

ルターをかけて調整する。すると、すぐに新たな良いチャートがスクリーンに表示される。「今度は女性の回答を見せて」と言われるかもしれない。プレゼンは会話になり、役員室での探究型データビズになる。

データビズコンサルタントのチャールズ・フーパーは、最近はタブローを主に使っているが、以前はエクセルやロータス1-2-3、ハーバード・グラフィックス、ブリオなどを利用していた。それ以前は、ビジュアライゼーションを手書きし、フィルムに転写してオーバーヘッドプロジェクターで表示していた。

「私は来週70歳になる。そして今が最もエキサイティングだ。何でも簡単に挑戦できるようになっているからだ。簡単でなければ人々はスペックに従うだけだ。簡単にして大衆が使えるようにし、私のような専門家ではなくビジネスパーソンに提供すれば、とても革新的な物事の見方をする。ビジュアライゼーションに挑戦している人々から、私は毎日新しいことを学んでいる」

ソフトウェアは、これまでの延長だろうと想像のつかない形だろうと進化し続けるだろう。しかし、ソフトウェアがしないこと、できないことは、あなたのコンテクストを直感で捉えることだ。やはり、コンテクストがすべてなのだ。

ビジュアル思考とビジュアルコミュニケーションは、ソフトウェアにどのような機能が追加されようとも、重要性が低くなることはない。それど

ころか、ソフトウェアの機能が高まるほど、そしてあなたがX軸の目盛りの数について悩む必要がなくなるほど、あなたは伝えたいアイデアに集中できるようになる。コンテクストを理解し、主要なアイデアを見つけ、説得力ある形で視覚化するというプロセスは、あなたが身につけることのできる最も重要なスキルだ。

あなたはついに本書の最後にたどり着いた。それは、あなたがスタートを切ったということだ。ここから前に進み続けよう。

用語集

（アルファベット順）

4象限マトリックス　2×2matrix

平面を水平と垂直に2等分して4つの象限に分けたもの。本書のチャートの「4つのタイプ」など、2つの変数に基づく類型を説明するのに使われることが多い。単に「マトリックス」とも呼ばれる。

- ＋ 要素をカテゴリー分けし、「ゾーン」を作るのに使いやすい。
- － 象限の中に様々な間隔を置いて複数の項目をプロットすると、存在する可能性の低い統計的関係性を示す。

沖積図　Alluvial diagram

値がある点から別の点に移動する様子をノードと流れで示す。月別の支出など、値の構成の時間に伴う変化や詳細を示すのに使われることが多い。「フロー図」とも呼ばれる。

- ＋ 値の変化の詳細や、データの多様なカテゴリーの詳しい内訳を明らかにする。
- － 値や流れの変化が多いと複雑になって交差も生じ、見た目は美しいが解釈が難しいことも。

棒グラフ　Bar chart

棒の高さまたは長さが、カテゴリー間の関係性を示す。CEO10人の給与など、個々のグループを同じメジャーで比較するのに使われることが多い。棒が垂直の場合は「カラムチャート（縦棒グラフ）」とも呼ばれる。

- ＋ 普遍的に理解されているなじみのある形式。カテゴリー間の単純な比較に適している。
- － 棒の数が多いと個々の値が強調されず、トレンドラインのような印象になる場合がある。棒が複数にグループ化されると分析が難しいことも。

バブルチャート　Bubble chart

2つのメジャーでプロットしたデータのドットに、3つ目の次元（バブルの大きさ）や、時には4つ目の次元（バブルの色）を追加して、複数の変数の分布を示す。国別の複数の人口統計データなど、複雑な関係性を示すのに使われることが多い。「散布図」と間違われることがあるが、散布図は通常2次元。

- ＋ 「Z軸」を組み入れる最も簡単な方法の1つ。バブルのサイズが分布を示すビジュアルに重要なコンテキストを加える。

－ バブルのサイズを比例的にするのは注意が必要（面積は半径に比例しない）。3軸および4軸のチャートはその性質上、分析に時間を要するため、ひと目で理解してもらうのに理想的ではない。

バンプチャート Bump chart

順位の時系列の変化を示す折れ線グラフ。週ごとの興行成績の順位など、人気度を示すのに使われることが多い。

＋ 人気度や競争の結果をシンプルに表現する。

－ 変化が統計的に有意ではない（値は基数ではなく序数）。順位の変化が激しいと目を引くが、順位を追うのが難しいことも。

フローチャート Flow chart

プロセスやワークフローを多角形や矢印で示す。意思決定や、データがシステムの中でどう移動するか、ユーザーのサイト上での製品購入プロセスなど人々がシステムとどう関わり合うかを描くのに使われることが多い。「ディシジョンツリー」はフローチャートの一種。

＋ 多くの決定点を持つプロセスを示すのに、形式化され、広く受け入れられている。

－ 確立された規則を理解している必要がある（ダイアモンドは決定点を、平行四辺形はインプットあるいはアウトプットを表すなど）。

地理的チャート Geographical chart

物理的な世界の場所についての値を表す。支持政党など、国や地域ごとの値を比較するのに使われることが多い。「マップ」とも呼ばれる。

＋ 地理を理解していると容易に値を見つけ、また複数の基準で比較することができる（データを国別と地域別で同時に比較するなど）。

－ 場所の大きさを使って別の値を表すと、その場所の値を過大あるいは過小に表す。

階層チャート Hierarchical chart

線とポイントが、要素の集合体の関係性や相対的なランクを示す。家族や会社など組織の構成を示すのに使われることが多い。「組織図」「家系図」「ツリーチャート」はすべて階層チャートの一種。

＋ 関係性や複雑な構成が理解しやすい。

－ 表現できる複雑さに限りがある。会社の階層の枠組み外で従業員がどう協力しているかなど、秩序立っていない関係性を示すのが難しい。

ヒストグラム Histogram

ある範囲内の個々の値の発生頻度に基づく分布を棒で示す。リスク

分析のシミュレーションの結果など、確率の分布を示すのに使われることが多い。「棒グラフ」と間違われることがあるが、それがカテゴリー間の値を比較するのに対し、ヒストグラムは1つの変数についての値の分布を示す。

＋ 統計的な分布や確率を示すのに使用される基本的なチャート。

− 聴衆がヒストグラムを棒グラフと間違えることがある。

折れ線グラフ　Line chart

値の変化を点をつなげて示すもので、通常は経時的変化を示す（連続データ）。複数の企業の収益など、複数の線を一緒にプロットしてトレンドを比較するのに使われることが多い。「フィーバーチャート」や「トレンドライン」とも呼ばれる。

＋ 普遍的に理解されているなじみのある形式。トレンドをひと目で理解させるのに適している。

− トレンドを示す線全体に焦点を当てると、個々のデータポイントが注目されにくくなる。線の数が多いと個々の線を見るのが困難になる。

メタファーチャート　Metaphorical chart

矢印、ピラミッド、円など、一般的な図形で非統計的な概念を示す。ビジネスサイクルなど、抽象的な概念やプロセスを表すのに使われることが多い。

＋ 複雑な概念を単純化することができる。普遍的に認識されているメタファーによって、生得的に理解していると感じさせる。

− メタファーを混同したり、誤用したり、あるいは過剰に表現したりしやすい。

ネットワークダイアグラム　Network diagram

ノードと線をつないでグループ内の要素間の関係性を示す。コンピュータや人など、物理的なものの相関性を示すのに使われることが多い。

＋ 見えにくいノード間の関係性を説明するのに有用。クラスターと外れ値を強調する。

− 複雑になりやすい。美しいが解釈が難しいものも。

円グラフ　Pie chart

円を分割して全体の値に対する変数の割合を表す。人口動態など、単純な全体の内訳を示すのに使われることが多い。「パイチャート」とも呼ばれ、リング状のものは「ドーナツチャート」とも呼ばれる。

＋ 広く普及している。支配的なシェアと非支配的なシェアの対比がわかりやすい。

− 見る人がくさび形の各スライスの面積を推定しにくい。スライスが数個以上になると、値を区別し、計るのが難しい。

サンキーダイアグラム Sankey diagram

値の量と流れを矢印やバーで示す。エネルギーや人など、物理量の流れを示すのに使われることが多い。「フローダイアグラム」とも呼ばれる。

- ＋ 全体の流れの詳細を明らかにする。支配的な要素や非効率性を判別するのに有用。
- － 要素やフローパスが多いと、複雑なダイアグラムになる。

散布図 Scatter plot

データセットについて2つの変数の関係性をドットで示す。収入に対する年齢など、相関関係を検出して表示するのに使われることが多い。

- ＋ 多くの人になじみがある基本的なチャート。空間的に示すため、相関、負の相関、クラスター、外れ値などが見やすい。
- － 相関関係と因果関係はイコールではないが、相関性を効果的に示すため、見る人が因果関係があると勘違いすることも。

スロープチャート Slope chart

値の単純な変化を線で示す。全体的に収益が上昇する中で1つの地域だけ減少しているケースなど、大半のスロープと反する劇的な変化や外れ値を示すのに使われることが多い。「ラインチャート」とも呼ばれる。

- ＋ 個々の値または多くの値の総合的なトレンドを、見やすく、わかりやすいシンプルなビフォー・アフターで示す。
- － 2点の値の間にある詳細をすべて排除している。交差する線が多すぎると個々の値の変化がわかりにくい。

スモールマルチプル Small multiples

同じスケールで測定された異なるカテゴリーを示す一連の小さなグラフで、通常は折れ線グラフ。国別のGDPの傾向など、単純なトレンドの長期の変化を示すのに使われることが多い。「グリッドチャート」や「トレリスチャート」とも呼ばれる。

- ＋ すべての線を1つのチャートに重ねるよりも、複数あるいは数十のカテゴリーの単純な比較がしやすい。
- － 劇的な変化や違いがなければ比較の意味がわかりにくい。変数の交点など、1つのチャートには現れる事象が見られない。

積み上げ面グラフ Stacked area chart

個々の変数の経時的な変化を線が示し、線の間の領域は、量または累計値を強調するため色で塗りつぶされる。複数の製品の年間販売数など、時間の経過に伴う複数の値を表すのに使われることが多い。「面グラフ」とも呼ばれる。

- ＋ 時間の経過に伴う割合の変化がわかりやすい。量や累積の印象

を強調する。

- — 「層」が多すぎると個々が薄くなりすぎて、時間の経過に伴う変化や違い、追跡値が見えにくい。

積み上げ棒グラフ　Stacked bar chart

棒を分割して全体に対する複数の変数の割合を示す。地域ごとの売上げなど、単純な全体の内訳を示すのに使われることが多い。

- ＋ 円グラフの代わりとして優れていると考える人もいる。支配的なシェアと非支配的なシェアの対比がわかりやすい。円グラフよりも、多くのカテゴリーを効果的に処理できることがある。水平にも垂直にもできる。
- — カテゴリーが多すぎたり、複数の積み上げ棒をグループ化したりすると、差や変化がわかりにくいことも。

表　Table

列と行に情報を示す。四半期ごとの財務実績など、個々の値を経時的に、複数のカテゴリーにまたがって表示するのに使われることが多い。

- ＋ 個々の値がすべて見える。同じ値を言葉で表すより理解しやすく、比較もしやすい。
- — ひと目でトレンドを把握することや、値のグループ間の比較を素早くすることが難しい。

ツリーマップ　Treemap

全体の値に対する変数の割合を、分割した小さな長方形で表す。カテゴリーとサブカテゴリーに分割された予算など、階層的な比率を示すのに使われることが多い。

- ＋ 詳しい内訳をコンパクトに表示する。区分が多い円グラフの問題を一部解決する。
- — 詳細を示すためのもので、ひと目で理解させるのには適していない。カテゴリーが多いと、見た目は美しいが分析するのが難しい。通常は長方形を正確に配置できるソフトウェアが必要。

単位グラフ　Unit chart

カテゴリー別の変数の個々の値の集合をドットまたはアイコンを並べて示す。支出や感染病の患者数など、物理的な項目の集計を表すのに使われることが多い。「ユニットチャート」「ドットチャート」「ドットプロット」とも呼ばれる。

- ＋ 一部の統計的な表現よりも値を具体的に感じさせる。
- — ドットのカテゴリーが多すぎると、主要な意味に焦点を当てるのが難しくなることがある。ドットを効果的に配置するのに高いデザインスキルを要する。

▌注

はじめに

1. 「マーケティングの社会化」と「ITのコンシューマライゼーション」という2つの概念は、データビジュアライゼーションにも当てはまるもので、ジョシュ・バーノフの研究によるものである。Josh Bernoff. See Charlene Li and Josh Bernoff, *Groundswell* (Harvard Business Review Press, 2008, rev. ed. 2011)（邦訳『グランズウェル：ソーシャルテクノロジーによる企業戦略』翔泳社、2008年）; and Josh Bernoff and Ted Schadler, *Empowered* (Harvard Business Review Press, 2010)（邦訳『エンパワード：ソーシャルメディアを最大活用する組織体制』翔泳社、2011年）

2. hotshotcharts.comを参照のこと。バスケットボールのアナリティクスは高度な統計が育つ環境にあり、高度なビジュアライゼーションが育つ環境でもある。

3. エドワード・タフテの著書は、データビジュアライゼーションのベストプラクティスという意味において規範と言える。ステファン・フューは、チャートや情報ダッシュボードのデザインのベストプラクティスについて、同じように機知に富んだ教本を出版している。ドナM. ウォンのコンパクトで明快な The Wall Street Journal Guide to Information Graphics (W.W. Norton, 2010)は、素早く参照できるルールブックだ。

4. Joseph M. Williams, *Style: Toward Clarity and Grace* (University of Chicago Press, 1990), 1.

5. Wong, *The Wall Street Journal Guide to Information Graphics*, 90.

6. See "Terabyte" at http://www.whatsabyte.com/.

7. Mary Bells, "The First Spreadsheet—VisiCalc—Dan Bricklin and Bob Frankston," About.com Inventors, http://inventors.about.com/library/weekly/aa010199.htm.

8. ビジュアル型と言語型の学習スタイルに関する研究の概要は、ポッドキャストLearning About Teaching Physicsシリーズ(http://www.compadre.org/per/items/detail.cfm?ID=11566)の Visual, verbal, or auditory? The truth behind the myth behind the truth of learning styles を参照のこと。このポッドキャストでは、カリフォルニア大学サンディエゴ校のハル・パシュラーとカリフォルニア大学サンタバーバラ校のリチャード・メイヤーが、それぞれの研究結果を紹介しており、いずれも内在する学習バイアスについての不明瞭さを指摘している。パシュラーが実施したメタ分析では、学習スタイルを効果的に検証するよう構成された研究はわずかだった。メイヤーは、人はいずれかの方法で学ぶことを好むと感じる傾向がある（実際に脳は異なる反応を示す）ことを発見したが、ビジュアル型か言語型かにかかわらず、視覚的な情報をより価値があると考えることも明らかにした。ポッドキャストの共同司会者マイケル・フックスは、「我々の学習方法に関する直感は、実際の方法とは一致しないことがある」と述べている。パシュラーは「自分にとって何がベストかは……証拠がなく……何気ない直感を強く疑うべきだ」と話す。最終的にメイヤーは、図と言葉を組み合わせた「マルチメディア」の情報こそが「より深い理解」につながると結論づけている。

9. ビジュアライゼーションの現状と批評についての聡明な議論は、Fernanda Viégas and Martin Wattenberg, "Design and Redesign in Data Visualization," https://medium.com/@hint_fm/design-and-redesign-4ab77206cf9 を参照のこと。

第1章

1. 一般的には、脳の活動の80%以上が目に見えるものに当てられていると言われているが、ハーバード大学の視覚認知科学者のジョージ・アルバレスは、その割合はおそらく55%に近いとしている。それでもなお、他の認知活動に比べるとはるかに多い。

2. Willard C. Brinton, *Graphic Methods for Presenting Facts*, (1914) 61, 82, https://archive.org/details/graphicmethodsfo00brinrich.

3. Naveen Srivatsav, "Insights for Visualizations—Jacques Bertin & Jock Mackinlay," hastac.org blog post, February 16, 2014, https://www.hastac.org/blogs/nsrivatsav/2014/02/16/insights-visualizations-jacques-bertin-jock-mackinlay.

4. Jock Mackinlay, "Automating the Design of Graphical Presentations of Relational Information," *ACM Transactions on Graphics* 5 (1986), http://dl.acm.org/citation.

cfm?id=22950.

5. コンピュータサイエンティストでビジュアライゼーションの専門家は匿名で、タフテを「統計学の知識を持つバウハウスのデザイナー」と表現した。

6. William S. Cleveland and Robert McGill, "Graphical Perception: Theory, Experimentation, and Application to the Development of Graphical Methods," *Journal of the American Statistical Association* 79 (1984); "Graphical Perception and Graphical Methods for Analyzing Scientific Data," Science 229 (1985); and William S. Cleveland, Charles S. Harris, and Robert McGill, "Experiments on Quantitative Judgments of Graphs and Maps," *Bell System Technical Journal* 62 (1983).

7. この歴史を素早く理解し、実践的なレッスンに移るために、スティーブン・コスリンやバーバラ・トヴェルスキーなどの重要な研究者については深く触れていない。この時代に、何十人もの重要な人物や論文が影響を与えたことは言うまでもない。

8. 良くも悪くも円グラフは敬遠され、ツリーマップなどの新しい手法が広まった。

9. ビジュアライゼーションのソフトウェア開発についても簡単にしか触れていない。1970年代に誕生したビジュアライゼーションのソフトは、この10年で爆発的に増え、その使いやすさが売りの1つとなっている。しかし、不思議なことにビジネスの主要なデータツールの1つであるエクセルに対しては、ビジュアライゼーションの機能や初期設定が時代遅れだとしていまだに多くの人が不満を感じている。たいていのビジュアライゼーションのソフトは、企業が今後も使い続けると考えられるエクセルのスプレッドシートからデータを簡単にインポートできるようにすることで、この溝を埋めている。

10. See davidmccandless.com and Carey Dunne, "How Designers Turn Data into Beautiful Infographics," *Fast Company Design*, January 6, 2015, http://www.fastcodesign.com/3040415/how-designers-turn-data-into-beautiful-infographics.

11. See Manuel Lima's website, visualcomplexity.com.

12. "A Visual Introduction to Machine Learning," R2D3, http://www.r2d3.us/visual-intro-to-machine-learning-part-1/.は好例。

13. See Alex Lundry, "Chart Wars: The Political Power of Data Visualization," YouTube video, April 28, 2015, https://www.youtube.com/watch?v=tZI-1OHw9MM.

14. M.A.Borkin,et al.,"What Makes a Visualization Memorable?"IEEE Transactions on Visualization and Computer Graphics (Proceeding of InfoVis 2013).この研究はいまだに大きな議論を呼んでいる。記憶に残りやすいというのはチャートの有用な特性だが、この研究では、データの中のアイデアを伝える効果や、チャートジャンクがアイデアに対する考え方を歪めるかどうかを検証している。著者らは「チャートジャンクは禁じられている」という長年の考え方に疑問を呈したにすぎず、真実と思える主張について何も推測しない新世代の研究の挑戦的な傾向を示している。

15. 同研究は円グラフについて、25%や75%といった認識できる比率であれば機能するとも述べている。J. G. Hollands and Ian Spence, "Judging Proportion with Graphs: The Summation Model," *Applied Cognitive Psychology* 12 (1998); and Ian Spence, "No Humble Pie: The Origins and Usage of a Statistical Chart," *Journal of Educational and Behavioral Statistics* 30 (2005).

16. Alvitta Ottley, Huahai Yang, and Remco Chang, "Personality as a Predictor of User Strategy: How Locus of Control Affects Search Strategies on Tree Visualizations," *Proceedings of the 33rd Annual ACM Conference on Human Factors in Computing Systems*, 2015; Caroline Ziemkiewicz, Alvitta Ottley, R. Jordan Crouser, Ashley Rye Yauilla, SaraL. Su, William Ribarsky, and Remco Chang, "How Visualization Layout Relates to Locus of Control and Other Personality Factors," *IEEE Transactions on Visualization & Computer Graphics* 19 (2013); Evan M. Peck, Beste F. Yuksel, Lane Harrison, Alvitta Ottley, and Remco Chang, "Towards a 3-Dimensional Model of Individual Cognitive Differences," *Proceedings of the 2012 BELIV Workshop: Beyond Time and Errors—Novel Evaluation Methods for Visualization* (2012).

17. Anshul Vikram Pandey et al., "The Persuasive Power of Data Visualization," *New York University Public Law and Legal Theory Working Papers*, paper 474 (2014).

18. Brendan Nyhan and Jason Reifler, "The Roles of Information Deficits and Identity Threat in the Prevalence of Misperceptions," December 21, 2017, http://www.dartmouth.edu/~nyhan/opening-political-mind.pdf.

19. Jeremy Boy, Ronald A. Rensink, Enrico Bertini, and Jean-Daniel Fekete, "A Principled Way of Assessing Visualization Literacy," *IEEE Transactions on Visualization and Computer Graphics* 20 (2014).

20. Michael Greicher et al., "Perception of Average Value in Multiclass Scatterplots," http://viscog.psych.northwestern.edu/publications/GleicherCorellNothelferFranconeri_inpress.pdf; Michael Correll et al., "Comparing Averages in Time Series Data," http://viscog.psych.northwestern.edu/publications/CorellAlbersFranconeriGleicher2012.pdf.

21. *Encyclopedia Britannica Online*, s.v. "Weber's law," http://www.britannica.com/science/Webers-law.

22. Ronald A. Rensink and Gideon Baldridge, "The Perception of Correlation in Scatterplots," *Computer Graphics Forum* 29 (2010).

23. 統計学では相関係数を「r」で表し、「r = - 1」が負の相関、「r = 0」が無相関、「r = 1」が正の相関となる。

24. Lane Harrison, Fumeng Yang, Steven Franconeri, and Remco Chang, "Ranking Visualizations of Correlation Using Weber's Law," *IEEE Transactions on Visualization and Computer Graphics* 20 (2014); Matthew Kay and Jeffrey Heer, "Beyond Weber's Law: A Second Look at Ranking Visualizations of Correlation," *IEEE Transactions on Visualization and Computer Graphics* 22 (2016).

第2章

1. ゲシュタルト心理学の原理は、我々がチャートをどう見るかを説明するのによく使われる。例えば、類同の法則は、データカテゴリーのような類似したものは、色などの特徴を共有すべきであることを示唆している。本章や他の章では、ゲシュタルト心理学の原理を借用しつつ、その他の科学にも通じる原理を紹介している。

2. See "Writing Direction Index," Omniglot.com, http://www.omniglot.com/writing/direction.htm#ltr.

3. Dereck Toker, Cristina Conati, Ben Steichen, and Giuseppe Carenini, "Individual User Characteristics and Information Visualization: Connecting the Dots through Eye Tracking," *Proceedings of the SIGCHI Conference on Human Factors in Computing Systems* (2013); Dereck Toker and Cristina Conati, "Eye Tracking to Understand User Differences in Visualization Processing with Highlighting Interventions," *Proceedings of UMAP 2014, the 22nd International Conference on User Modeling, Adaptation, and Personalization* (2014).

4. 変数の数が「多すぎる」と感じるまでの閾値に、魔法の数字は存在しない。最大8色としたのは、ビジュアライゼーションの研究者で著述家でもあるタマラ・マンザーとの議論に基づいており、マンザーは「カテゴリー別に区別できる色の数は少ない。8色以上はない」と語っている。

5. 表示媒体はこのビジュアライゼーションも制限する。ここでは個々のポイントにズームインすることはできないが、グラフを作成したMITのアレックス・サンディ・ペントランドは、サブセットにズームインしてすべてのポイントを見ることが可能なバージョンも作っていた。

6. 研究者のスティーブン・フランコネリは、人間が情報を処理する2つのレベルを区別するためにこの言葉を使用した。「おぼろげなレベル」は、ほとんど無意識のうちに行われる素早い処理で、パターンをすぐに見つけ出すことができる。一方、単一の値を評価したり値を比較したりする意図的な解析は、より時間がかかる。フランコネリが言いたかったのは、良いチャートの作成についての議論では「おぼろげなレベル」は軽視されがちだが、それは間違っているということだ。彼はこういった。「ヒートマップが軽視されるのは、そこからひとつの値を見つけるのが難しいからだ。しかし、一般的に折れ線グラフで示される1年分の販売データをヒートマップにした場合を想像してほしい。ヒートマップでは絶対値を読み取ることは困難だが、平均売上が最も高い月はどこかと人に尋ねてみると、折れ線グラフのようにピークや形の認識にこだわらない分、はるかに優れていることがわかる」。ハーバード大学のジョージ・アルバレスは認知について、同じように「下の経路」と「上の経路」で起こると表現している。

7. Viola S. Störmer and George A. Alvarez, "Feature-Based Attention Elicits Surround Suppression in Feature Space," *Current Biology* 24 (2014); and Steven B. Most, Brian Scholl, Erin R. Clifford, and Daniel J. Simons, "What You See Is What You Set: Sustained Inattentional Blindness and the Capture of Awareness," *Psychological Review* 112 (2005).

8. Jon Lieff, "How Does Expectation Affect Perception," Searching for the Mind blog, April 12, 2015, http://jonlieffmd.com/blog/how-does-expectation-affect-perception.

9. Scott Berinato, "In Marketing, South Beats North," *Harvard Business Review*, June 22, 2010, https://hbr.org/2010/06/in-marketing-south-beats-north/.

10. 悪意のない人々の保護のため、タイトル、項目、データポイントを変更したが、構造や手法は変更していない。

11. Daniel M. Oppenheimer and Michael C. Frank, "A Rose in Any Other Font Wouldn't Smell as Sweet: Effects of Perceptual Fluency on Categorization," *Cognition* 106 (2008).

第3章

1. 「クロップサークル」についての思慮深く愉快な考察は、Gardiner Morse, "Crap Circles," *Harvard Business Review*, November 2005, https://hbr.org/2005/11/crap-circles; and Gardiner Morse, "It's Time to Retire 'Crap Circles,'" *Harvard Business Review*, March 19, 2013, https:// hbr.org/2013/03/its-time-to-retire-crap-circle.を参照のこと。

2. エリック・フォン・ヒッペルが開発。Marion Poetz and Reinhard Prügl, "Find the Right Expert for Any Problem, *Harvard Business Review*, June 2015, https://hbr.org/2014/12/find-the-right-expert-for-any-problem.(邦訳『「ピラミッド探索」で異質の知を獲得する』DHBR.net、2015年04月27日、https://www.dhbr.net/articles/-/3247)

3. ここで紹介した手法は、データ分析会社「クイッド」が使用している手法に着想を得ている。ネットワークダイアグラムはクイッドの例からヒントを得た。Sean Gourley, "Vision Statement: Locating Your Next Strategic Opportunity," *Harvard Business Review,* March 2011, https://hbr.org/2011/03/vision-statement-locating-your-next-strategic-opportunity.

第4章

1. Clayton M. Christensen and Derek van Bever, "The Capitalist's Dilemma," *Harvard Business Review*, June 2014, https://hbr.org/2014/06/the-capitalists-dilemma.(邦訳『資本家のジレンマ』『DIAMONDハーバード・ビジネス・レビュー』2014年12月号)

2. Clayton M. Christensen and Derek van Bever, "A New Approach to Research," *Harvard Business Review*, June 2014, https://hbr.org/web/infographic/2014/06/a-new-approach-to-research.

3. *Advanced Presentations by Design: Creating Communication That Drives Action*, 2nd ed. (Wiley, 2013)はアベーラの最も有名な著書。

4. 本書に掲載したスケッチは、巧みで整然としている。高度な技術を持つデザイナーが、読みやすいように作成したものだ。それらと同じように巧みなスケッチを期待したり、目指したりしてはいけない。スケッチは自分で読み解くことができればよく、美しさより案を重視すること。

5. Andrew Wade and Roger Nicholson, "Improving Airplane Safety: Tableau and Bird Strikes," http://de2010.cpsc.ucalgary.ca/uploads/Entries/Wade_2010_InfoVisDE_final.pdf.

6. See Richard Arias-Hernandez, Linda T. Kaastra, Tera M. Green, and Brian Fisher, "Pair Analytics: Capturing Reasoning Processes in Collaborative Visual Analytics," *Proceedings of Hawai'i International Conference on System Sciences* 44, International Conference on System Sciences 44, January 2011, Kauai, Hawai'i.

7. Roger Nicholson and Andrew Wade, "A Cognitive and Visual Analytic Assessment of Pilot Response to a Bird Strike," International Bird Strike Committee Annual Meeting, 2009.

8. David McCandless, "If Twitter Was 100 People..." information is beautiful, July 10, 2009, http://www.informationisbeautiful.net/2009/if-twitter-was-100-people/.

9. Michael Lewis, *Flash Boys* (W.W. Norton, 2014), 222. (邦訳『フラッシュ・ボーイズ : 10億分の1秒の男たち』文藝春秋、2014年)

第5章

1. Williams, *Style*, 17.

2. 時には、前者のようなタイトルでも問題ないどころか、好ましい場合もある。完全な客観性を追求するなら、事実を文字通りに伝え、チャートの構造をストレートに説明する見出しも機能する

可能性がある。より説明的な補強の要素を使うことで、聴衆の思考を形成することができるかもしれない。

3. マーク・トウェインと同じように、アインシュタインは引用元として引き合いに出されることが非常に多い。ウェブサイト「クオート・インベスティゲイター」にあるように、彼が最初にこの言葉を言ったのかは定かではないが、似たような発言をしたとみられる。http://quoteinvestigator.com/2011/05/13/einstein-simple/.

4. Edward Tufte, *The Visual Display of Quantitative Information*, 2nd ed. (Graphic Press, 2001).

5. プレゼンの媒体が重要であることを忘れてはいけない。ページ上では「控えめ」ながら認識できるグレーでも、大画面や明るい部屋で映されると見えなくなることがある。淡い色も薄くなったり見えなくなったり、あるいは忠実度が低くなる可能性がある。オレンジは、赤と見分けがつかないことがある。使用する機器について理解し、それに合った色を選ばなくてはならない。

6. ネット上には配色を作るのに役立つサイトが豊富にある。筆者が気に入っているpaletton.comは、補色と対比色の配色を簡単に切り替えることができる。

第6章

1. 小さな説得が大きな変化をもたらすことについての近著はSteve J. Martin, Noah J. Goldstein, and Robert B. Cialdini, *The Small Big: Small Changes That Spark Big Influence* (Grand Central Publishing, 2014)共著者のチャルディーニは、説得の科学に関する重要な著書を複数刊行している。

2. Steve J. Martin, from the April 2015 issue of *High Life*, the British Airways in-flight magazine.

3. Noah J. Goldstein, Steve J. Martin, and Robert B. Cialdini, *Yes!: 50 Scientifically Proven Ways to Be Persuasive* (Free Press, 2008).

4. Koert van Ittersum and Brian Wansink, "Plate Size and Color Suggestibility: The Delboeuf Illusion's Bias on Serving and Eating Behavior," *Journal of Consumer Research* 39 (2012).

5. "U.S. Budget Boosts Funding for Weapons, Research, in New Areas," Reuters, February 2, 2015.

6. Martha McSally, "Saving a Plane That Saves Lives," *New York Times*, April 20, 2015, http://www.nytimes.com/2015/04/20/opinion/saving-a-plane-that-saves-lives.html.

7. 現代のブログの世界では、この境界はほぼ認識できないほど曖昧になっており、その傾向を残念に思う人もいる。重要なのは、記者は報道をし、根拠のない意見は入れず、両論を併記するのに対し、社説は見解を提示する優れた構成の主張であることだ。

8. Daniel Kahneman and Richard Thaler, "Anomalies: Utility Maximization and Experienced Utility," *Journal of Economic Perspectives* 20 (2006); Amos Tversky and Daniel Kahneman, "Availability: A Heuristic for Judging Frequency and Probability, *Cognitive Psychology* 5 (1973).

9. Petia K. Petrova and Robert B. Cialdini, "Evoking the Imagination as a Strategy of Influence," *Handbook of Consumer Psychology* (Routledge, 2008), 505–524.

10. 我々は統計的なチャートよりも単位グラフに直感的に反応する傾向がある。これは「分子イメージング」と呼ばれる現象と関係している。この効果を示す重要な研究としては、経験豊富な精神科医らに、ある精神科患者を退院させるかどうかの判断をしてもらったものもある。すべての医師に専門家による分析が提示され、一部の医師は専門家に「このような患者の20%は退院後に暴力行為を起こす可能性が高い」と伝えられ、その他の医師は「このような患者は100人中20人が暴力行為を起こす可能性がある」と伝えられた。
「20%」と言われたグループでは、患者の退院を決定した医師は約8割で、「100人中20人」と言われたグループでは、6割にすぎなかった。再び暴力行為を起こす可能性はどちらのグループも同じにもかかわらず、これほど差がついた理由は、後者のグループは分子をイメージしたからだ。このグループの医師らは「100人中20人」という言葉から、20人が暴力を振るうと考えた。前者のグループは、パーセンテージは暴力行為をしないため、同じような反応にはならなかった。
こうした現象は、脳の統計を分析する理性的な部分よりも、経験的な部分（比喩やストーリーに頼って感情を生み出す部分）が素早く強力に優位に立つことで起こる。単位グラフはこれを利用している。Veronica Denes-Raj and Seymour Epstein, "Conflict Between Intuitive and Rational Processing: When People Behave against Their Better Judgment," *Journal of Personality and Social Psychology* 66 (1994); and Paul Slovic, John Monahan, and Donald G. MacGregor, "Violence Risk Assessment and Risk Communication: The Effects of Using

Actual Cases, Providing Instruction, and Employing Probability Versus Frequency Formats," *Law and Human Behavior* 24 (2000), 271–296.

11. 注意したいのは、リスクを評価する際の分子イメージングはネガティブな現象と考えられることだ。例えば、ディーンズ・ラジとエプスタインの研究では、瓶から小豆を取って金銭を得る機会を与えられた人は、たとえ小豆の数が相対的に少なくても、より多くの小豆が入っている瓶を選んだ。つまり、小豆を取る確率の低い瓶を選んだのだ。分子イメージングはまた、リスクを誇張することもある。ポール・スロヴィックは、ある研究で10億分の1という単位で示されたリスクが、実際よりも重大であるかを伝えるために、研究者が1000トンのサラダの中の1個のクルトンを人々に想像させたと指摘している。残念ながら、分子（クルトン）はわかりやすい概念だったが、巨大なサラダはそうではなかった。人々は結局、10億分の1という単位で示されたリスクが、実際よりも重大であると考えた。このように、単位グラフは説得力を持って個の特徴を伝えたり、統計の抽象性を低くして見る人と値とをつなげるのに役立つが、逆効果になったり、人為的にデータを誇張したりすることもある。

12. デザインとデータはそのままに、項目を変更した。

13. Suzanne B. Shu and Kurt A. Carlson, "When Three Charms but Four Alarms: Identifying the Optimal Number of Claims in Persuasion Settings, *Journal of Marketing* 78 (2014).

第7章

1. マシュー・ザイトリンが、筆者の元同僚であるジャスティン・フォックスとの議論の中で作った造語だ。フォックスはY軸を省略したチャートについて肯定的なツイートをしていた。以下の愉快で思慮深い解説を参照のこと。Justin Fox, "The Rise of the Y-Axis-Zero Fundamentalists," byjustinfox.com, December 14, 2014, http://byjustinfox.com/2014/12/14/the-rise-of-the-y-axis-zero-fundamentalists/.

2. 幹部が収益を累積した棒グラフに欺かれることは考えにくいが、有益であるため掲載した。しかし、政治キャンペーンやケーブルテレビのニュース番組、時にはマーケティングキャンペーンも、テーマに対する人々の知識不足やデータビズの一部のみを利用して、欺こうとする。本書の完成が近づいていた時、Y軸を変えて存在しない交差を示したチャートが米議会で発表された。そのチャートは、NPO「ブランド・ペアレントフッド」での妊娠中絶件数ががん検診件数を上回っているかのように見えるよう作られていたが、実際には検診件数が中絶件数の3倍もあった。そのチャートは大きな物議を醸した。Timothy B. Lee, "Whatever you think of Planned Parenthood, this is a terrible and dishonest chart," Vox, September 29, 2015, http://www.vox.com/2015/9/29/9417845/planned-parenthood-terrible-chart.

3. これはタフテがY軸の省略を論じる際に指摘したケースだ。彼はY軸をゼロで始めるべきとする原理主義者だと思うかもしれないが、実際には省略することを受け入れており、自ら見解の裏付けとして科学界や学術界で、適切に使用されていることに言及している。「科学者らはデータを見せたいのだ。ゼロではない」とタフテは述べた。" See the bulletin board conversation"Baseline for Amount Scale" at http://www.edwardtufte.com/bboard/q-and-a-fetch-msg?msg_id=00003q.

4. Hannah Groch-Begley and David Shere, "A History of Dishonest Fox Charts," *Media Matters*, October 1, 2012, http://mediamatters.org/research/2012/10/01/a-history-of-dishonest-fox-charts/190225.

5. Berinato, "In Marketing, South Beats North,"HBR.org, June 22, 2010.

6. ハーバード・ロースクールの法務博士課程の学生であるタイラー・ヴィーゲンが運営するtylervigen.comから引用した。ヴィーゲンは、無関係なデータセットから統計的な相関関係を見つけ出し、それをグラフ化するスクリプトを作成した。彼が示す例はたいていふざけたものだが、それらを愉快な書籍*Spurious Correlations* (Hachette Books, 2015)にまとめている。

7. ヨアニディスは、特にビジュアライゼーションについてではなく、データについて記している。彼は、栄養素の人体への影響に関する研究がいかに疑わしいかについて、「想像できるほぼすべての栄養素は、ほぼあらゆる結果と関連していることを示す査読つきの論文がある」と指摘している。ビッグデータセットについてのヨアニディスの見解は、そうしたデータセットのビジュアライゼーションにも応用することができる。John P. A. Ioannidis, "Implausible Results in Human Nutrition Research," *BMJ*, November 14, 2013, http://www.bmj.com/content/347/bmj.f6698.

8. このトレンドについての優れた議論は、Nathan Yau, "The Great Grid Map Debate of 2015," FlowingData, May 12, 2015、および、Danny DeBelius, "Let's Tessellate: Hexagons for Tile

Grid Maps," NPR Visuals Team, May 11, 2015を参照のこと。

第8章

1. 筆者が推奨したいのは以下。Nancy Duarte, *HBR Guide to Persuasive Presentations* (Harvard Business Review Press, 2012); Duarte's work at Duarte.com; and Andrew Abela, *Advanced Presentations by Design: Creating Communication That Drives Action* (Pfeiffer, 2013).

2. メアリー・バッド・ロウはこの教育手法の発案者と言われており、その効果は複数の研究で確認されている。Mary Budd Rowe, "Wait Time: Slowing Down May Be a Way of Speeding Up!" *Journal of Teacher Education* 37 (January–February 1986), http://www.sagepub.com/eis2study/articles/Budd%20Rowe.pdf.

3. このプレゼンターには、チャートのタイトルをアイデアを反映したものに変更するよう提案することができる。例えば「お金で快適さは買えない（大金を払わない限り）」など。

4. こうした個別のカテゴリーのデータをつなげることに異論を唱える人もいるだろう。例えば、この放射状のチャートを平らにすると、色で領域を埋めた折れ線グラフになる。それをつなげることで、カテゴリー 別のデータを連続するトレンドラインのように見せられるが、それはチャート作成における数少ない禁止事項の1つだ。なぜなら、営業スキルのスコアのカテゴリー間には本質的な関連性はないが、トレンドは関連性があることを示唆するからだ。これは正論で、これを理由にレーダーチャートを使わないというのも理解できる。しかし、筆者がレーダーチャートは有用だと考えるのは、ポイントを放射状につないでも見る人がトレンドラインを想起することはなく、意味を見出せる形を示すからだ。

5. 筆者が気に入っているのは以下。Gregor Aisch et al., "Where We Came From and Where We Went, State by State," *New York Times* Upshot, August 14, 2014, http://www.nytimes.com/interactive/2014/08/13/upshot/where-people-in-eachstate-were-born.html; and Timothy B. Lee, "40 Maps That Explain the Roman Empire," Vox, August 19, 2014, http://www.vox.com/2014/8/19/5942585/40-maps-that-explain-the-roman-empire.

6. Ho Ming Chow, Raymond A. Mar, Yisheng Xu, Siyuan Liu, Suraji Wagage, and Allen R. Braun, "Personal Experience with Narrated Events Modulates Functional Connectivity within Visual and Motor Systems During Story Comprehension," *Human Brain Mapping* 36 (2015).

7. Robyn M. Dawes, "A Message from Psychologists to Economists," *Journal of Economic Behavior & Organization* 39 (May 1999), http://www.sciencedirect.com/science/article/pii/S0167268199000244.

8. イングラムのストーリーは、ライブのプレゼンではなく、オンラインの記事だ。そこで彼は、読者がプレゼンのスライドのようにビジュアライゼーションを1つずつ見ることができるように、テキストでページを分割した。そうすることで、最後の見せ場の効果を最大限に高めることができる。ビジュアライゼーションに続くテキストは、ライブのプレゼンの巧みな原稿の役割を果たしている。単にビジュアライゼーションが見るものを繰り返すのではなく、読者が見ている水量にコンテクストと理解を与えているからだ。Christopher Ingraham, "Visualized: How the Insane Amount of Rain in Texas Could Turn Rhode Island into a Lake," Washington Post Wonkblog, May 27, 2015, http://www.washingtonpost.com/blogs/wonkblog/wp/2015/05/27/the-insane-amount-of-rain-thats-fallen-in-texas-visualized/.

9. See "Bait and Switch," changingminds.org, http://changingminds.org/techniques/general/sequential/bait_switch.html; and Robert V. Joule, Fabienne Gouilloux, and Florent Weber, "The Lure: A New Compliance Procedure," *Journal of Social Psychology* 129 (1989).

10. See "Consistency," changingminds.org, http://changingminds.org/principles/consistency.htm.

11. Dietrich Braess, Anna Nagurney, and Tina Wakolbinger, "On a Paradox of Traffic Planning," *Transportation Science* 39 (November 2005), http://homepage.rub.de/Dietrich.Braess/Paradox-BNW.pdf.

12. Moran Cerf and Samuel Barnett, "Engaged Minds Think Alike: Measures of Neural Similarity Predict Content Engagement," *Journal of Consumer Research*, in review.

13. writzter, comment on "The Fallen of World War II," http://www.fallen.io/ww2/#comment-2044/10/01.

第9章

1. Raw's URL is raw.densitydesign.org.

2. 5000字の特集記事を12人の学生に提出し、車座になって彼らから1時間にわたって批評を受けたことは、筆者の大学院時代の強烈な記憶の1つだ。

3. Viégas and Wattenberg, "Design and Redesign in Data Visualization."

おわりに

1. この文は、カーク・ゴールズベリーの言葉を意訳したもの。

2. ビジュアライゼーションの専門家の一部は、企業データの多くを占めるエクセルのチャートやグラフについて、マイクロソフトが機会を逸したことに驚愕している。データビズの経験が豊富で、*The Grammar of Graphics* (Springer, 2nd ed., 2005)の著書もあるリーランド・ウィルキンソンは、エクセルは最初はグラフの作成が苦手だったわけではないと話す。最近タブローに加わったウィルキンソンは著者に「初期のチャートはかなり良かった」と話し、「人々がチャートジャンクをするようになって、臆病になった」と指摘した。ここで言うチャートジャンクとは、グラデーションをかけた3Dチャートや、フラットな棒グラフの代わりの円錐グラノ、分割円グラフなどだ。1990年代から2000年代初頭にかけてのエクセルのチャートは、典型的なビジネスのプレゼンと密接に結びついている。グレーの背景、太い水平方向のグリッドライン、データポイントである大きな四角のドット付きの青いラインなどだ。「悪いソフトウェアが悪いグラフィックスを作らせる」とウィルキンソンは言う。「私はパワーポイントに満足している。正しく使えば素晴らしいものだ。エクセルでチャートを作成するのとはほぼ対照的だ」。いずれにしても、他のソフトやオンラインサービスがエクセルの空白を埋め、スプレッドシートのデータのインポートとエクスポートが容易になったことで、スプレッドシート自体が優れたチャートを作成する必要性はなくなった。

3. http://atlas.cid.harvard.edu を参照。書籍にもなっている (http://atlas.cid.harvard.edu/book)。ブラジル経済に関するサイトDataVivaも素晴らしい。

❘ イラストクレジット

All sketches by James de Vries

9（左上） Sportvision Inc.

9（右上） Bloomberg Business

19 Catalin Ciobanu, CWT

25（すべて） Wikimedia Commons

26（すべて） Internet Archive

29（右上） Martin Krzywinski, BC Cancer Research Centre

29（右下） Poppy Field is the result of a collaboration between D'Efilippo Valentina and Nicolas Pigelet. The project is a reflection on human life lost in war, and it was launched on Commemoration Day of 2014, which marked the Centenary of the Great War. It was a war without parallel—its scale of destruction eclipsed all previous wars. Sadly, the sacrifice of lives did not end with "The war to end all wars." D'Efilippo Valentina, www.valentinadefilippo.co.uk. Nicolas Pigelet, http://cargocollective.com/nicopigelet.

29（左） David McCandless

33（すべて） Lane Harrison

47 Alex "Sandy" Pentland, MIT

48（左下） James de Vries

50（左）　Wikimedia Commons

62（上）　HBR.org Visual Library

62（下）　Jeremykemp at English Wikipedia

63（左上）　Created in Plot.ly

63（左下）　Direct Capital, a Division of CIT Bank, N.A.

66（下）　HBR.org

70（左）　Carlson Wagonlit Travel (CWT) Solutions Group, Travel Stress Index research (2013)

71　Sean Gourley, Quid Inc.

79　David Sparks

89　Tom Hulme/IDEO

90　HBR.org

101（すべて）　Created in Datawrapper.de

102-103（すべて）　Produced using the IN-SPIRE™ software developed at the Pacific Northwest National Laboratory, operated by Battelle for the U.S. Department of Energy, and Tableau Software

120（左）　"The Modi Bounce," Pew Research Center, Washington, DC (September, 2015) http://www.pewglobal.org/2015/09/17/the-modi-bounce/

120（中央）　HBR.org

120（右）　Peter Dunn

125（左）　From The New England Journal of Medicine, Willem G. van Panhuis, M.D., Ph.D., John Grefenstette, Ph.D., Su Yon Jung, Ph.D., Nian Shong Chok, M.Sc., Anne Cross, M.L.I.S., Heather Eng, B.A., Bruce Y. Lee, M.D., Vladimir Zadorozhny, Ph.D., Shawn Brown, Ph.D., Derek Cummings, Ph.D., M.P.H., and Donald S. Burke, M.D., Contagious Diseases in the United States from 1888 to the Present, 369, 2152–2158, Copyright © (2013) Massachusetts Medical Society. Reprinted with permission from Massachusetts Medical Society.

125（右）　Republished with permission of Dow Jones Inc., from WSJ.com, "Battling Infectious Diseases in the 20th Century: The Impact of Vaccines" by Tynan DeBold and Dov Friedman; permission conveyed through Copyright Clearance Center, Inc.

126　Max Woolf

127　Getty Images/Mark Wilson

129（右上）　Matt Parrilla

141（すべて）　Jessica Hagy

151（下）　USDA/Economic Research Service, www.ers.usda.gov, Feb. 1, 2011

170（左）　Scott Berinato

172（上）　Tyler Vigen, tylervigen.com.

176（左上）　Wikimedia Commons

176（左下）　NPR

176（右上）　J. Emory Parker

182　Mark Jackson

187　Bonnie Scranton

188　Carlson Wagonlit Travel (CWT) Solutions Group, Travel Stress Index research (2013)

190-192（すべて）　Methodology courtesy of Lynette Ryals, Iain Davies

197（すべて）　Christopher Ingraham, Washington Post

201（すべて）　Neil Halloran, fallen.io

220（すべて）　Created with Raw

221　© The Economist Newspaper Limited, London (4.24.15)

233　"The Atlas of Economic Complexity," Center for International Development at Harvard University, http://www.atlas.cid.harvard.edu

謝辞

本を出版することは、決して小さなことではありません。しかも本書のような、横長でオールカラー、数百枚にも及ぶチャートの入ったものを出版するのは、まともなことではありません。

幸いなことに、私の周りには、多少の非常識を受け入れてくれる、聡明でエネルギッシュな人たちがいます。

特に、編集者のジェフ・キーホーには感謝しなければなりません。彼のこのプロジェクトに対する揺るぎない熱意は、著者に対する彼の忍耐に勝るとも劣らないものでした。ジェフのように本作りに長けた人と仕事ができるのは、私のような初学者にとって編集の宝くじに当たったようなものです。

この本のチャートに感動したなら、それはボニー・スクラントンの情報デザイン能力の高さによるものです。取り消し線だらけのスケッチ、乱雑なデータセット、ラフなプロトタイプ、時には電話で説明しただけのものなどが渡されたにもかかわらず、その素材をもとに、効果的でエレガントなチャートを作り上げたのです。

説得力のある構成と豪華なデザインは、ジェームズ・ド・ブリースが手がけたものであり、本書の隅々まで洗練と遊び心をもたらしています。フリーハンドのスケッチもほとんどが彼の手によるものです。ビジュアライゼーションにおけるデザインの役割、そして人生におけるデザインの役割について私が知っていることのほとんどは、友人のジェームスから得たものです。

ハーバード・ビジネス・レビュー（HBR）のリーダーシップチーム、特にこのプロジェクトを推進してくれたティム・サリバンとアディ・イグナティウス、そしてHBRの同僚たちにも感謝します。マーサ・スポールディングはありふれた文章を特別なものにしてくれますし、エリカ・ドレクサーは数えきれないほどの、気が遠くなるような細か

い作業をこなし、アリソン・ピーター、デイブ・リーベンス、ラルフ・ファウラーは本の構成を担当してくれました。

また、時間と知識を惜しみなく提供してくれたタフツ大学のデータビズ研究者、レーン・ハリソンにも特別な感謝を捧げます。

そのほかにも、私の話を聞き、代読し、ずっと私を支えてくれた多くの同僚や友人たち、特に、エイミー・バーンスタイン、スーザン・フランシス、ウォルター・フリック、マルタ・クシュトラに感謝したい。

このほかにも、私がうっかり漏らしてしまった方々の時間、知識、そしてサポートに感謝します。アンドリュー・アベラ、ケイト・アダムス、ジョージ・アルバレズ、アリソン・ビアード、キャサリン・ベル、ジェレミー・ボーイ、レムコ・チャン、カタリン・チョバヌ、#dataviz on Slack、ジュリー・デヴォル、リンジー・ディードリヒ、ナンシー・デュアルテ、ケビン・エバーズ、スティーブン・フレンコネリ、カイザー・ファング、ジェフリー・ヘール、エリック・ヘルウェグ、デイビッド・・カシュク、ロバート・コサラ、ジョシュ・マハト、ジョック・マッキンレー、スティーブ・J・マーティン、雑誌チーム、サラ・マッコンビル、ダニエル・マッギン、マギー・マグロイン、グレッグ・ムロチェク、タマラ・ムンザー、ニナ・ノッチョリーノ、マット・ペリー、キース・フェッファー、カレン・パルマー、ロナルド・レンシンク、ラケル・ローゼンブルーム、マイケル・セガラ、ロメイン・ビュレモット、アダム・ウェイツ、webチーム、ジム・ウィルソン。

最後に、家族全員に感謝します。サラ、エミリー、モリー、ヴィン、ポーラ、私の兄弟、そして私の親戚たちです。彼らは、切り捨てられたY軸をめぐって怒鳴り合い、侮辱し合う過酷な一夜を耐え抜いてくれました。

著者略歴

スコット・ベリナート
Scott Berinato

『ハーバード・ビジネス・レビュー』(HBR) シニア・エディター

HBRおよび公式サイトHBR.orgにて、主にデータ、科学、テクノロジーに関する執筆・編集を担当し、ビジュアル・ストーリーテリングのフォーマットを作成。2010年のHBRのリニューアルでは、雑誌のフロントセクションである「Idea Watch」を制作、「Defend Your Research」などのコーナーを立ち上げる。また、HBRのiPadアプリ開発チームを率い、「HBR's Big Idea」の立ち上げを主導した。

HBR入社以前は、IDGのエグゼクティブ・エディターとして『CIO』の創刊に携わり、特集記事を執筆・編集するほか、9.11以降の世界のセキュリティについて書くコラムニストでもあった。ビジネス誌のピューリッツァー賞と呼ばれるJesse H. Neal賞の年間最優秀特集記事賞を6回、ビジネス誌への総合的な貢献度からなるGrand Neal賞を2回受賞している。

ウィスコンシン大学マディソン校で学士号、ノースウェスタン大学メディルスクールオブジャーナリズムで修士号を取得。

作家であり、自称「データビズオタク」。コミュニケーションやデータの課題に対する視覚的な解決策を見つけることに意欲を燃やす。データビジュアライゼーションのトピックで頻繁に講演を行い、チャートスキルの向上を支援するワークショップも開催する。

ハーバード・ビジネス・レビュー流
データビジュアライゼーション

2022年4月12日　第1刷発行

著　者——スコット・ベリナート
訳　者——DIAMONDハーバード・ビジネス・レビュー編集部
発行所——ダイヤモンド社
　　　　　〒150-8409　東京都渋谷区神宮前6-12-17
　　　　　https://www.diamond.co.jp/
　　　　　電話／03・5778・7228（編集）　03・5778・7240（販売）

編集協力——前田雅子
校正————加藤義廣（小柳商店）
ブックデザイン—青木 汀（ダイヤモンド・グラフィック社）
製作進行——ダイヤモンド・グラフィック社
印刷————加藤文明社
製本————ブックアート
編集担当——前澤ひろみ